DIPLOMACY by CITIZENS

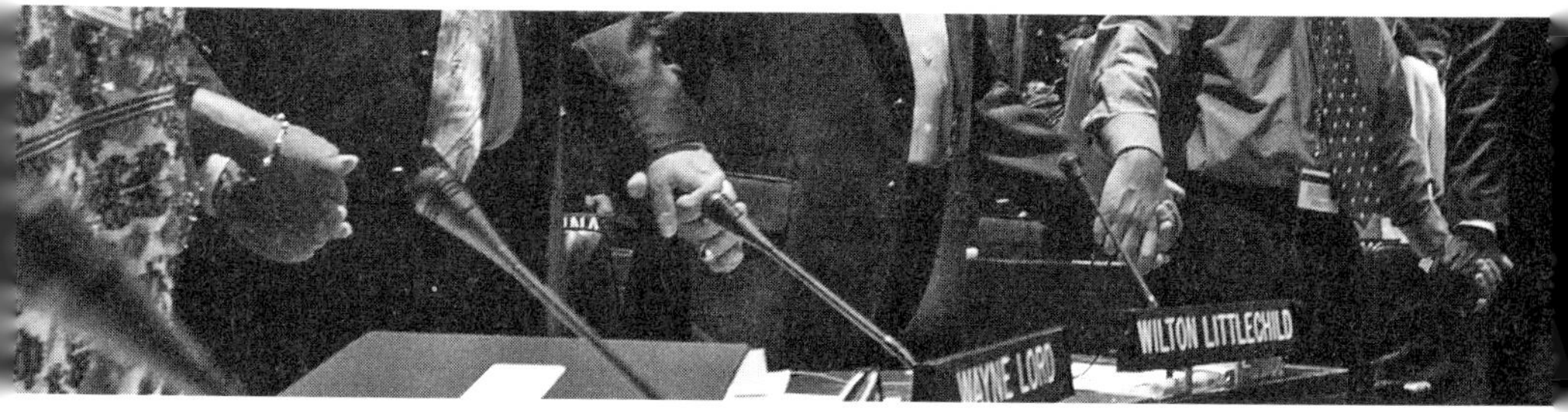

市民の外交

先住民族と歩んだ30年

上村英明
木村真希子
塩原良和
編著

市民外交センター
監修

法政大学出版局

はじめに――この三〇年間の市民運動の意味を改めて考えながら

上村英明

市民外交センターの設立日は一九八二年三月一五日だというのが、センターの公式見解だが、これは二〇周年のころに作り上げた「物語」である。事実は創設者である僕でさえ、その日を覚えていない。当時は、「ロード・オブ・ザ・リング」の旅の仲間よろしく、冷戦構造に終わりが見えない時代に、日本社会をどうにかしたいと、いろいろな縁で知り合った仲間たちと市民運動をやる組織を作ろうと意気投合した。国際的なこと、新しいことをやろうという方向性は見えたが、具体的な理念も決まらないまま、まず事務所を置くのが先だと、無謀にも事務所探しを始め、その契約をしたのが、一九八二年三月であった。代表の僕と、最初の事務局長を務めてくれた石沢巳行さんとで、高田馬場の不動産屋に出かけ、結局初台の三畳一間のアパートを決めたことは記憶しているが、その日付などに関する記憶は残っていない。その後、団体には設立記念日があってしかるべきだという議論があり、三月の真ん中の一五日がその日となった。

三〇年に及ぶ市民運動といえば、本書の出版にあるように、一定の記録に値すると思われるが、これだけの年月に関する記録は、活動の中核にいた本人たちの実体験を越えて「物語」、もっと端的にいえば「美しい物語」に陥りやすい。それは消え去る団体には不可欠なことかもしれない。しかし、今後とも活動の継続を自覚している団体には避けなければいけないことだ。ましてや団体の継続ばかりでなく、市民社会そのものの発展に貢献できたかどうかを問おうという団体には好ましいものではない。その意味で、本書は一定の「輝かしい歴史的記録」として読んでいただきたい半面、日本の市民社会における市民運動・社会運動に取り組んだ人々の「葛藤と失敗の記録」としても批判的にも読んでもらいたい。

ともかく、組織としての市民外交センターは、「情けない団体」である。例えば、この三〇年間、専従職員を置いたことはないし、年に一度の年次報告書を出す他はニュースレターも出していない。ピースタックスという会員制度もあやふやなもので、会員総会も存在しなければ、代表の僕も創設以来交代していない。また、設立当初は、先ほど述べたように、活動の理念もあいまいで、国際社会に向けて、「平和」という広い分野の中で最も声を挙げられない人たちの声を発信し、それを結び付けて行こうという暗黙の合意があっただけだ。近代組織は明確な理念を持たなければならないという組織論からみれば、センターは非近代的組織といえるかもしれない。正直にいえば、センターの理念が、先住民族の権利確立に向けた「人権」を活動分野とするNGOとして固まったのは、一九八六年の中曽根康弘首相による「単一民族国家発言」とこれに対するアイヌ民族の抗議が行われたころである。

先住民族を支援する人権NGOとしての活動は後述するとして、センターはこうした理念から外れた活動にも取り組んできた。非近代的組織だったこともあって、一九八二年の第二回国連軍縮総会に対しては、「どうぶつ反核署名」という運動を始めた。核兵器で死ぬのは人間ばかりではないと、「どうぶつ」たちの反核署名を集めたのだ。署名さえ集めればよしとする反核運動へのパロディを込めた運動で、「ふざけているのか」とお叱りの匿名電話などももらったが、メディアでも紹介され、最後には全国から寄せられた約二〇〇匹分の署名をニューヨークの国連本部に送ることができた。また、その中で出会った第二次世界大戦中の日本で起きたどうぶつの強制処分運動（「お国」のために飼っているどうぶつを供出しようという運動）を調査し、これは一九八四年に『ワンニャン探偵団』（ポプラ社）として公刊された。これによって、すっぽり抜け落ちたひとつの「歴史」を明らかにすることができたが、しばらくの期間、センターは動物愛護運動の団体と勘違いされた。

他方、自分たちが、戦後の社会運動の、あるいは近代市民社会の既存の思考枠組の問い直しをしなければならないという強い思いをもっていたことも事実である。この理念から外れたもうひとつの運動としては、二〇〇四年に同じ関心をもつ韓国のNGOと共同でウェブサイトを立ち上げ、インターネット投票という形で、米国の大統領選挙に国境を越えて「干渉」したこともある。二〇〇〇年に誕生したジョージ・ブッシュJrの政権は、二〇〇一年の9・11後、ネオコンの思想を背景に、対テロ戦争という名の暴力を世界に拡大し、人権運動や環境運動の多くを後退させた。こうした状況は、米国一国の問題ではなく世界の市民社会に共通の問題であり、古い考え方からみれば「選挙干渉」であったが、僕らの視点からすれば、新たな「グローバル民主主義への挑戦」であった。ヨーロッパとオーストラリアに同じようなサイトが立ち上がったのは面白かったし、僕らの集計では、圧倒的に反ブッシュであったが、実際の米国大統領選挙は、前回選挙にもまして、ブッシュの圧倒的な勝利で終わった。

開発協力の団体と間違えられることもある。それは、センターが設立当初から主に南太平洋の島嶼諸国を対象に活動を展開し、一九九〇年からは南太平洋のバヌアツとソロモン諸島で「平和の奨学金」を設けて中等学校への進学を希望する子どもたちの支援を始めたからである。しかし、こうした支援は、「貧困」社会への救済が目的ではなかった。南太平洋では、これら独立したての諸国が中心となり、一九八八年には南太平洋非核地帯条約（ラロトンガ条約）が採択された。本来であれば、非核問題ではヒロシマ・ナガサキを経験した日本政府がイニシアティヴを取ってしかるべきである。しかし、日本政府は対米追随外交に終始し、この動きに冷やかであった。そうであれば、日本の市民社会がこうした南太平洋の非核運動に連帯すべきであると始めたのが「平和の奨学金」プロジェクトであった。この奨学金は、各国の政府を通じて支給されたが、人口が数万あるいは数十万規模であるためにマイクロステーツと呼ばれる政府と市民が外交関係を構築する手段となった。例えば、一九九三年には、国連が主催する世界会議と呼ばれる大規模会議のひとつ、「世界人権会議」がオーストリアのウィーンで開催され、センターも草の根NGOとして参加したが、会場ではプロジェクトのお陰で、バヌアツ政府の代表団と何度か意見交換をすることができた。また、こうした関係性のお陰で、一九九四年にはナウルやマーシャル諸島から戦後補償の犠牲者を東京に招待することができた。しかし、残念ながら、政府を相手とした南太平洋地域における奨学金制度は、二〇〇九年には終了することとなった。失敗にはいくつかの理由があるが、最大のものは、独立から時間が経つにつれ、各国に大規模な政府開発援助（ODA）が流れ込むようになり、センターの少額な資金プロジェクトの手続きを政府機関が煩雑だと考えるようになったことによる。例えば、バヌアツの独立は、一九八〇年であり、当初センターの奨学金は貴重な財源の一部であったが、二〇〇〇年代の後半になると、オーストラリアや日本などから多額のODAが流れ込むようになった。実はこの奨学金は非核運動の連帯を目的としていたが、もうひとつの文脈は、先住民族運動への連帯でもあった。南太平洋島嶼諸国は、独立によって植民地支配から脱したとは言っても、その規模からすれば、実態は依然として先住民族であったからである。この奨学金制度は、その後タイの北部山岳地帯に位置するモワキ村というカレン民族の民族小学校の支援プロジェクトとして継続している。

さて、理念をもった、先住民族を支援する人権NGOとしての活動は、本書の記録の中核であるから、細かい内容は、それぞれの座談会や論文などに任せることとしたい。それでも概略を記しておくべきだろう。まず、日本国内での活動は、アイヌ民族と琉球民族の先住民族としての権利回復運動の支援、具体的には、その国連人権機関への参加を支援するものであった。この活動は、アイヌ民族に対しては一九八七年に、また琉球民族に対しては一九九六年に始められた。それぞれのきっかけは、一九八六年の中曽根首相の「単一民族国家発言」と一九九五年の大田昌秀知事の「米軍用地代理署名拒否」に対する最高裁判所での敗訴である。この市民運動には、共通の難しさ、そして個別の難しさがあった。共通の難しさとは、国連人権機関への参加の意味と可能性を、とくに先住民族という視点から説明することにあった。国連機関は、スイスのジュネーブと米国のニューヨークが中核で、人権機関の多くはジュネーブにある。参加には多額の費用がかかるうえ、コミュニケーションはすべて英語を中心とする国連公用語で行われる。また参加手続きでも国連機関独特の煩雑なやり方を理解する必要がある。さらに、費用は、定期的な参加が必要だとすれば、膨大な額になる。それに対して、参加のメリットは何であるのかを、北海道や沖縄で説明することは決して易しい仕事ではなく、参加を勧めるにあたっては、センターが提供できる資金や人材の確保が前提であった。ピースタックス制度がなければ、その意味での支援活動は難しかっただろう。加えて、先住民族の権利保障を支援するNGO活動は、とくに国内で展開する場合、加害者サイドの組織として、被害者への配慮や礼儀が不可欠である。つまり、僕らは基本的に支援者であって当事者ではない。しかも、その人権侵害問題の発生に責任を負わなければならないという点で、当事者であるアイヌ民族や琉球民族との間にまず大きな

「溝」があることを自覚しなければならない。少なくとも彼らとの間に横たわる歴史的な不信感を一定程度信頼関係に転換しない限り、支援運動は不可能であった。

個別の難しさとは、アイヌ民族と琉球民族が置かれた状況の違いである。「先住民族」という人権の主体を説明するに当たって、民族概念のあるアイヌ民族には、こうした説得は比較的容易であった。アイヌ民族最大の団体である北海道ウタリ協会（当時）が、一九八四年に「アイヌ新法案」を提案しており、また中曽根発言に抗議をしていたことからも、大和民族の得体の知れないNGOと共同作業をするという最初の英断を除けば、そのスタートは順調であった。他方、琉球民族に関しては、その当時、「沖縄県民」としての反基地平和運動が主流であり、人権運動ましてや先住民族という「民族運動」にはほとんど関心が集まらなかった。そこで、琉球民族の運動では、本土と沖縄の平和運動を分断するのかという批判を浴びつつ、小さな勉強会をなんども開き、賛同者にジュネーブに参加してもらうという時間のかかる方法を取った。本書に登場する「琉球弧の先住民族会（AIPR）」は、国連会議に参加した琉球民族自身の手で、一九九九年に結成されたNGOである。

ともかくも、「情けない団体」ではあったが、「市民的」あるいは「市民的」であろうとする軸はぶれなかったといえるかもしれない。センターは、一九九九年に、国連・経済社会理事会との協議資格を獲得して、日本の草の根NGOとして初めて国連NGOとなったが、現在でも政府のNPO法人認定を受けておらず、国内では「任意団体」として政府の如何なる「監督」も受けていない。同時に、実質二〇〇万円台の財政は常に九〇％以上が会費（一九八六年に始まったピースタックス）、つまり市民からの直接の寄金であり、運営委員会は、その使用目的を自由に決めることができる。また、NPO法人になってはいないが、センターは一九九〇年に制定された「規約」に基づいて運営されて、現在も代表・副代表は選挙で選ばれており、運営委員会も毎年一〇回近く開催されている。さらに、会計状況も活動報告とともに年次報告書で毎回公開され、これはウェブサイトにもアップされている。また、見えない努力としては、若いメンバーの国際会議への参加を奨励してきたことも、センターの特徴といえるかもしれない。

こうした運営のあり方は、ひとつの目的のために存在している。それは、僕らが政府に対し、いつでも自由に、そして十分に批判的であり続けるためである。

目次

第1章

座談会

日本の市民運動の三〇年

大橋正明＊特定非営利活動法人国際協力NGOセンター　古沢希代子＊東ティモール全国協議会
上村英明＊市民外交センター

聞き手：編集部

学生運動の隘路《あいろ》

上村　みなさん、今日はお忙しい中ありがとうございます。二〇一二年は市民外交センターというNGOが設立三〇年を迎えます。今回は、ほぼ同時代にそれぞれの領域で市民運動をしてきたみなさんと、私たちはどう時代に向き合い、どういう市民社会を作ってきたのか。また、そこにはどのような可能性や課題があるのかを語りたいと思います。

まずは大橋さんからお願いします。大橋さんは一九七二年に設立された国際協力NGO「シャプラニール＝市民による海外協力の会」の事務局長や役員を長く務められました。発足時は「ヘルプ・バングラデシュ・コミッティ（HBC）」でしたが、名称を変えたシャプラニールは南アジアにおいて経済発展や開発から取り残された人々への支援を、現地NGOをパートナーとして行ってきました。そして、現地社会への働きかけとともに日本社会におけるフェアトレード活動なども展開してきました。

大橋　日本の市民運動の歴史と私自身の個人史は切り離せません。私は一九五三年生まれです。おやじが大学の教師で、六〇年安保のころは学生の付添いでデモに行っていました。小学生だった僕はその場の興奮を教えてもらい、大人になったらそういうことをやるものだと思っていました。ベトナム戦争が一番盛

大橋正明（おおはし・まさあき）
1953年東京生まれ．80～87年シャプラニール＝市民による海外協力の会バングラデシュ駐在員および事務局長，90～93年，国際赤十字・赤新月社連盟兼日本赤十字社バングラ駐在員．現在は恵泉女学園大学教員，国際協力NGOセンター（JANIC）代表理事，シャプラニール副代表理事，日本NPOセンター副理事長等．主著は『グローバル化・変革主体・NGO』（共著，新評論，11年），『バングラデシュを知るための60章　第２版』（共編著，明石書店，09年）他.

んな一九六九年に高校に入学しました。高校二年のとき、ベトナム戦争反対のデモに行きました。その時代にはもう全共闘運動[*1]は山を越していて、日本共産党の活動はいまいち肌に合わなくて、べ平連[*2]系のベトナム戦争反対運動に入りました。三里塚空港反対闘争など、へっぴり腰ながらいろいろやりました。一番印象に残っているのは大学一年、七二年八月に相模原の戦車補給所からベトナム戦争で使われている戦車が修理されて、ベトナムに送り返されるのを阻止する座り込み運動をやったことです。幸い逮捕はされませんでした。

その頃母校の早稲田大学では革マル派がほとんどの学部の学生自治会を支配していて、日本共産党系の民青を始め他の党派や異なる考えの人たちを、一人一人自治会室に連れ込んでリンチして転向を迫っていました。左翼運動の暗さみたいなものをどーんと目の前に突きつけられた。自分は権力に対して批判的であろう、だから左派的であろうと思うのですが、一方でそういう暗いものを乗り越えられない。どうしたらいいかよくわからないう

＊1　全共闘は、全学共闘会議の略。一九六八～六九年の全国的な大学闘争の中、共産党系や新左翼系の全学連に対して、党派的な政治に関心の薄い学生によって大学単位で作られた運動組織。ピーク時には、全国一六五大学が紛争状態で、七〇大学でバリケード封鎖が行われた。

＊2　一九六五年に結成された無党

ちに七二年一一月八日、直接知り合いではありませんでしたが、大学の一年上の川口大三郎さんが自治会室に連れ込まれて、リンチされて殺される事件が起き、学生大衆運動が起きます。大学の管理支配体制を非難するという運動を私は全面的にやりました。

しかし、その学生運動も革マル派に対する、あるいは大学の管理支配に対するという、ちょっと対権力の闘争とは違う。非常に微妙な運動でした。最初は一般学生がたくさんついてきたけど、僕らがヘルメットをかぶり出したら離れていった。革マルに何回も鉄パイプで追いかけられて、最後の起死回生策で、当時の村井資長総長を教室から学生団交の場に連れ出した。総長の確約を得て学生団交は成功したのに、結局全部裏切られた。そして私、少年Oに総長の「逮捕監禁」の疑いで逮捕状が出るという状況になって、運動は終わりの段階に近づくわけです。

そんな私は、別件でも捕まるとかわいそうだからと運転手役にされ、仲間二〇人ぐらいと一緒にトラックに乗って早稲田の図書館に突っ込んだ。アナーキストがリーダーだったから、図書館のマルクスの本から捨てた。すぐ警察に捕まって、ぽんと花火が上がったようにこの運動はおしまい、これも負け方の一つだ、みたいな話です。

社会運動との出会い

大橋　それで大学に行く気がなくなって、やめようと思っていた。おやじは数学者で、インドには統計学者がたくさんいたから、インドに行かないかと。でもおやじの言うなりになるのは嫌だから、大学を休学して、バイトで金を貯める傍ら、ヒンディー語の教室に通った。そのヒンディー語の先生が、マハトマ・ガンディーのサルボダヤ運動[*3]の系統の人で、その縁で七四年一〇月にインドで「不可触民」の生活向上の諸活動をしていたサルボダヤ運動のアーシュラム——今でいえばNGOですが——に行きました。

だから、自分の中に運動に対する裏切り感がある。周りの仲間は狭山差別裁判反対運動[*4]とか労働運動とか、いろいろな運動を続けますが、私はインドの社会に関心をもちました。自分の好きなインドを社会学的に見ると、不可触民とか、搾取とか、差別とか、とても興味深い。ただ、どうやってインドとつき合っ

派市民によるベトナム戦争に反対する運動組織。正式には「ベトナムに平和を！市民連合」で、一九七四年に解散。

＊3　マハトマ・ガンディーの「サルボダヤ＝すべての人の平等なる興隆」という思想に基づき、ガンディーの弟子たちが独立後のインドで展開した農村や被差別カーストの人々の生活向上を目指す諸運動・活動を指す。大地主から土地を寄進させ、土地なしの貧困層に分配するブーダン運動はその典型。スリランカには同じ思想に基づいたサルボダヤ・シュラマダーナ運動があり、日本ではそのほうがよく知られている。

＊4　一九六三年に埼玉県狭山市で発生した高校生殺害事件で、被差別部落出身の石川一雄さんが容疑者とされた。被差別部落出身者に対する冤罪事件として、石川被告の支援運動が行われた。

ていったらいいかわからない。

　半年間ぐらいインドに行って、大学四年生のときに日本に帰ってきた。インドが好きだから夜学でヒンディー語を勉強し、四、五、六年生までかけて大学を卒業しました。そのあいだ運動とはつかず離れず関係を続けていた。アジア太平洋資料センター（PARC）*5ができていました。そこを訪ねて行くと、「何しにインドに行ってるんだよ」などと言われた。三里塚闘争に行くと、七七年の鉄塔撤去抗議闘争の最中。救護所の救急車の運転手をやっていたら、救護所への乱入を防ぐために私の右隣でスクラムを組んでいた東山薫さんが、警察の機動隊の新型ガス銃の弾で直撃されて殺されるという事件に遭うわけです。いろいろなところに顔を出すけれども、どこにも居所が定まらなかった。

　私はもともと心の中では、自分は全共闘とは違うと思っているのです。全共闘の何が嫌いかというと、自己変革論や前衛主義です。その無謬《むびゅう》的な考え方は、共産党を嫌う発想とある意味では同じです。

「自己変革」への違和感

大橋　それで自分の好きなインドに関わり続けていた。一方私たちと一緒に早大闘争をやっていた同級生の一人が、ニエレレ大統領が進める「ウジャマー村建設運動」*6に加わるためにタンザニアに行って、その帰路にバングラデシュに立ち寄って、シャプラニールに関わることになった。そいつから「大橋、大学を卒業したらシャプラニールに入ってバングラデシュに行かないか」と誘われました。しかしその当時はNGOとか貧困のことをよくわかっていなかったので、社会保険を扱う私学共済組合に就職しました。だけどインドに行きたいと思っていたから、結局一年半で仕事をやめてしまって、インド政府の奨学金をもらって、ヒンディー語の留学生として七九年から再びインドに行きました。しかし留学は一年間だけだったので、その後に日本に帰ってきても仕事がない。それで、無給だったけどシャプラニールに「バングラデシュに行くよ」と答えたのです。

　最初はNGOとは何かも知らなかったし、バングラデシュはインドとビルマの間にある小さな国だということはわかっていたのです

*5　一九七三年に設立された、グローバルな市民社会の連帯を目的としたNGO。ベ平連等の市民運動をベースに誕生し、国内外の社会問題に対する民衆の視点からの取り組みを続けている。

*6　「ウジャマー」とはスワヒリ語で「家族的な連帯感」の意味。タンザニアのニエレレ大統領は、一九六七年に「ウジャマー村構想」を発表した。この構想によると、まずタンザニアの農村で多い散村（村のあちこちに家屋が分散している村落）を集村（一カ所に家屋が集まった村落）にして行政サービスを普及させ、次に一部を共同農地にして共同作業を行い、最終的には中国の人民公社のような集団化を図るものであった。農民の側にそのニーズがなく村建設は失敗したが、ウジャマーの思想は国民に根付いたと言われる。

が、貧困も開発も何も実態を知らなかった。ただインドあたりに残りたいがゆえにこの仕事を引き受けました。

当時、シャプラニールの内部で自己変革論が盛んでした。自己変革をしてない人は、バングラデシュに関われない、というのです。私は「自己変革なんてばかじゃないの」という感じでした。このあたりの経緯はシャプラに関する本を読んでいただくとわかりますが[*7]、自己変革をしなくてはバングラに関われないなどということはないと言い続けていました。

古沢　全共闘の自己変革論とは何なのですか。

大橋　自己変革なくして社会変革なしという考え方です。自己変革というのは自己革命なので、その過程で誰かに暴力を振るっても革命的暴力として正当化されかねません。自己変革というのは、私は信心と同じだと思っています。麻原彰晃をどれだけ信じているか、仏様をどれだけ信じているか。尺度のないもの、主観的な尺度の問題であって、自己変革して新しい自分が新しい関係から新しい社会をつくるなんてことがあるか、と思ってしまいます。

上村　マルクス・レーニン主義は本来エリート論。前衛として労働者、農民を率いて指導しなくてはいけない。そこに自己変革論が関わるわけです。指導している共産党員たちが自分たちを優位に立たせるために、エリートとしての理論武装が不可欠なわけです。

大橋　私は自分が強い性格だと思っているので、宗教団体や共産党に入ったら、本当に熱心に指導してしまうだろうと思います。そうなったら「正義の味方」になって、「遅れた大衆」を導いてしまうので、そうならないぞという意識がすごくあります。それが私の今までの運動を支えている一貫したモチーフです。だから、アンチ全共闘世代としての全共闘世代かもしれません。古沢さんとは時代が違って、上村さんがちょうど中間です。

市民による国際協力

大橋　とにかく、自己変革論で内部批判を繰り返して運動がどんどん縮まっていくのではだめだ、もっとちゃんと国際協力、開発、貧困という問題を考えないといけない。その頃バングラデシュ駐在員としてシャプラニールの道を開いたのが、いま日本福祉大学にいる斎藤千宏さん[*8]です。現地のＮＧＯの多くはパ

＊7　『シャプラニールの熱い風』（一九八九年）、『シャプラニールの熱い風〈第二部〉』（一九九三）、『ＮＧＯ最前線―市民の海外協力二〇年』（一九九三）、『進化する国際協力ＮＰＯ』（二〇〇六）など。

＊8　一九五四年生まれ。一九七七〜八一年シャプラニールのボランティアとしてバングラデシュに駐在、また、一九九五〜二〇〇一年シャプラニール代表。現在、日本福祉大学教員で、専攻は国際社会開発。

ウロ・フレイレ*9の影響を受けていて、広い意味では中国からの影響も受けたのだと思いますが、主に農村の貧困層を組織化し、そのメンバーが、識字教育等を通じて意識化を獲得し、その人たちが団結して共同で社会的・経済的地位の向上を図っていく。土地なしの貧困層だけに目を向けていく。今で言うエンパワーメント論です。それまでの、主に農民を対象にしていた適正技術論*10や総合的農村開発は、ことごとくうまくいかない。バングラデシュのシャプラニールでは、斎藤さんともうひとりの人が、貧しい村人のグループ（ショミティ）をつくって、識字教育をやって、人々をエンパワーしてという方法論をつくって、それを私とその後の人々が本格化させていきます。NGOというのは、本来そういうプロの集団だと私は思っています。自国の開発や国際協力をプロがやる。

ところで、市民外交センターはどうしてそのような名前になったのですか。

上村　市民〇〇センターというのがはやり始めた時代でした。ただ、古い考えも残っていて、どうして人民・民衆を使わないのかと叱られ、むしろエリート主義だと言われた時代でもあります。

古沢　「市民運動」だと階級意識が欠落していると思われたのですね。

上村　教育があって、財産にゆとりのある人たちが市民革命をやったという歴史があったでしょう。

大橋　私はバングラデシュから東京に八二年末に帰って、八三年の三月か四月に団体の名前を、「シャプラニール＝市民による海外協力の会」と名前を変えました。そのときに外部の人からなる名称選定委員会に参加していたアメリカ人に、市民という言葉は日本に定着しているのか、市民社会的な市民というのは日本に成立しているのかと問い詰められました。また、市民と言ってしまうと、在日の外国人などが排除されるのではないかとも言われました。

それから、海外協力をなぜ市民がやるのかという議論もありました。「市民による国際協力」という考えは、それまでの左派の人民連帯論とはなじみづらい。その辺りは鶴見良行*11さんがすごく支持してくれました。「市民による国際協力」があっていい。それは素人がやるという意味ではなくて、市民性にサポ

*9　一九二一年生まれのブラジルの神父であり教育者。貧しい農民に対し、自らの境遇を知り、自らの生活や社会を意識しながら変革するための識字教育を行って注目される。「エンパワーメント」の概念化は、彼の仕事のひとつで、その代表的著書は『被抑圧者の教育学』。

*10　W・W・ロストウの近代化論で用いられた開発＝貧困撲滅のために外部から導入される、大規模で多額の費用がかかる近代技術に対する対抗概念のひとつ。こうした対抗概念としては、E・F・シューマッハーが一九七三年の『スモールイズビューティフル』で展開した「中間技術」が有名だが、その後、技術が利用されるコミュニティの社会的、文化的、環境上の条件に適合した技術としてこの用語が用いられるようになった。

*11　一九二六年米国生まれのアジア研究者、市民運動家。一九六五年のベトナムに平和を！市民連合、一九七三年のアジア太平洋資料センターの設立に参加す

ートされたプロがやる国際協力という意味だと。では政府開発援助（ODA）とどう違うのかという難しい議論もあるのですが。市民性をどう確保するのか、市民をどういうふうに規定するのかという議論がシャプラの内部では長い間行われていました。

「市民運動」と「市民活動」

大橋　こうして私は八二年末に事務局長になって、シャプラニールに積極的に関わっていくわけですが、その少し前の八〇年は日本のNGO元年なのです。なぜかというと七九、八〇年にインドシナ難民が数十万人出ることによって、日本国際ボランティアセンター（JVC）[*12]とか曹洞宗ボランティア会（SVA）[*13]という今のNGOの中核のグループが生まれたからです。それまで「NGOって何？　インテリのお遊びね」と言われていたのが、急に光が当たってくる。シャプラが成長できたのは、その波にうまく乗れたからです。

　私は八八年までシャプラの事務局の責任者を務めて、シャプラの独裁者とかいろんなことを言われましたが、なんとか土台は作ることができたように思います。ただ私は運動性を重視し、あまり組織性を重視しなかった。でも規約をつくってきちんとした組織にしなければならなくなったとき、僕は一回シャプラから離れました。組織が変わるときに、それまでいた人間がいたらだめだと思ったからです。その後シャプラは川口義行さんを事務局長に迎えて、いい意味でも、悪い意味でも市民活動として飛躍する。

　一方私は、政府系の奨学金を得てアメリカのコーネル大学に留学しました。九〇年から九三年までは、国際赤十字・赤新月社連盟と日本赤十字社のバングラデシュ駐在員として、サイクロン避難所の維持や住民による利用、サイクロン被災者の緊急救援、ビルマからの難民救援、スラムや農村の保健などの問題に関わっていました。

　九三年に恵泉女学園大学に教員として就職すると同時に、シャプラに戻りました。それからずっと役員をやって、二〇〇一年に法人化して六年間代表をやりました。その後、国際協力NGOセンター（JANIC）の代表になったのです。JANICは一九八七年に設立された、日本の国際協力NGOを会員とする最大のネットワーク型NGOです。

るとともに、雑誌『思想の科学』を中心に草の根の視点からの言論活動を展開。古典的名著として『バナナと日本人』（一九八二）、『ナマコの眼』（一九九〇）がある。

*12　一九八〇年にインドシナ難民救援を契機に設立された国際協力NGO。地域開発、人道支援から政策提言まで、幅広い分野をカバーする一方、政府に対する批判的な態度を維持しながら活動している。

*13　一九八一年カンボジア難民の救援を目的に「曹洞宗ボランティア会」が結成される。活動地域をアジア各地に展開しつつ、一九九九年に名称を「シャンティ国際ボランティア会（SVA）」に改称。

このように、私は八〇年代に市民運動をやっていて、シャプラがNPO法人化され、市民運動から市民活動へと変わっていく時期にはその経営者として関わってきました。

上村　さすがミスターNGOですね。

大橋　そんなにお褒めいただいて。

上村　いえいえ、褒めているわけではないです（笑）。たいへんだっただろうと同情したまでです。

植民地という視点

上村　私は田舎が九州の熊本で、七五年に大学生になって東京にやってきました。もともと家庭は台湾からの引揚者で、在地の人間であったわけではありません。生まれたところも日本の各植民地からの引揚者用に行政が作ったコミュニティでしたが、擬似的な植民地体験があり、また地方都市からみた「向こう」の世界にあこがれていました。高校で話し相手になってもらった図書館の司書の先生が、社会問題に敏感でなくてはいけないといろいろな本を勧めてくれましたが、その縁で本多勝一[*14]さんのルポルタージュ、ベトナム戦争を題材にした『戦場の村』とかを読みふけりました。本多さんからはアイヌ民族問題との関係で、大学院を出るころからいろいろ教えてもらいましたが、実は彼の本で僕が一番好きなのは一九七九年の『北海道探検記』です。彼が朝日新聞社に入って最初の赴任先が札幌で、その初期の本ですが、北海道の各地を丁寧に回っています。そして、高度成長の中での北海道のいわゆる「辺境部」の農村と農民の実態がショッキングに描かれていました。

大橋　なるほど。六〇年代の話ですね。

上村　例えば、教科書の中では、根釧台地のパイロットファームは大成功と書かれていたのに、多くの入植農民の実態は惨憺たる状況だったというのです。

大橋　あの時代は農業の集団化が夢でしたから。コルホーズ、ソフホーズ。

上村　昨日まで北海道の紋別にいたのですが、紋別は全学連委員長として有名な唐牛健太郎[*15]が学生運動を辞めた後、漁師をしていた町です。彼は函館の出身ですが、他にも北海道出身で社会運動に入った人も少なくありません。

先ほど述べたように、僕も北海道ではありませんが、九州という日本の「辺境」から出

*14　一九三一年信州伊那谷生まれ。ジャーナリスト。朝日新聞記者として多くのルポルタージュを発表。『戦場の村』（一九六八）、『アメリカ合州国』（一九七〇）、『中国の旅』（一九七二）、『アイヌ民族』（一九九三）など。

*15　一九三七年北海道函館市生まれの学生運動家。北大に入学後、砂川闘争に参加し、六〇年安保闘争では、全学連委員長を務める。その後各地を放浪するが、一九七一～七八年には北海道紋別市で漁師となっていた。

てきた人間です。先ほどのベトナム戦争や高度成長もそうですが、同時代の人間としては、資本主義と社会主義の問題あるいは市民運動や市民社会のあり方に関心を持ちながら、大学時代を送るのですが、東京という都会で語られる「革命」とか「市民運動」に「辺境」出身者は何かウソ臭さというか、空々しさを感じたのです。憧れて東京に出てきたのにという点では、何かピエール・ブルデュー[*16]みたいですよね。ともかく、僕は、入植者の家系ですが、例えば、東京で語る市民運動の土台は、植民地を犠牲にしていた宗主国社会であったはずなのに、そこに目線が行かない。その関係は何も清算されていないのに、植民地問題はもう過去の問題のように資本と労働のことあるいは日米安保が話題の中心になる。僕自身は、子どもの頃から植民地問題に関心があったので、大学でこれをもう一度勉強したいと思いました。ところが、授業で聞くと、日本の最初の植民地は一八九五年の台湾だと言われます。一方で、台湾で植民地や大戦の実態を経験した祖母の僕への戒めは「日本政府はいつもうそつきだ」でした（笑）。そこで、僕自身にとっての「最初の植民地」という考え方との格闘が始まります。台湾の前に日本の植民地はなかったのか。そもそも植民地とは何か、あるいは誰が決めるのか。実際に、北海道や沖縄にも足を運び始めながら、考えるようになります。

こうして植民地問題の延長上に、まずアイヌ民族の問題が見えて来るようになったのです。極端にいえば、共産党系の人は、植民地北海道やアイヌ民族の権利を考えなかった。民族運動は右翼がやることだから。また、一部の活動家は、北海道＝アイヌモシリから世界革命をやると煽って、過激な実力行使に出るわけです。北海道をぶらぶらして、アイヌのおじさんたちに話を聞きに行ったら「おまえは道庁を爆破したグループの仲間か」とよく言われました。世界革命を北海道から実現するというグループが、一九七二年の風雪の群像爆破事件、一九七六年の道庁爆破事件を起こしていました。

大橋　太田竜とかが辺境革命論[*17]を提唱したころです。

上村　こうした運動は、北海道で日本人との間に深い溝を抱いて生活をする、たくさんのアイヌの思いとは何もつながっていません。

＊16　一九三〇年生まれのフランスの社会学者。スペイン国境に近いダンガンに生まれたこと、植民地アルジェリアでの戦争体験などから、「辺境」の視点を持つ社会階級分析を展開。新自由主義やグローバル化を鋭く批判。代表的著作に『ディスタンクシオン』。

＊17　K・マルクスは、社会主義革命は、資本主義の中心であり、矛盾が最も深刻な英国で起きると予想したが、レーニンは、資本主義世界の「辺境」であるロシアが革命に成功し、辺境こそが革命の土地になると主張した。これを受けて、一九七〇年代、一部の学生運動家が、日本における革命の中核として、アイヌ革命論や沖縄独立運動を煽り、「世界革命」の原動力だと主張した。

当時の理論によれば、アイヌ民族の社会は資本主義から最も遠い原始共産制だから、世界革命の拠点になるという、僕の視点からいえば、同じ植民地主義の目線なのです。革命のためにアイヌ民族を利用する、あるいは東京で失敗したから北海道でやりなおすという意味しかなかったと思うし、僕が会った多くのアイヌがそう思っていた時代です。

市民による外交

上村　八二年に自分で市民外交センターというNGOをつくったのは、既存のとくに大きな団体や政党の「運動」にウソ臭さを感じたからです。日本を変えると言いながら、すごく中央的でエリート的な発想が随所にみえました。田舎の少年は劣等感がたくさんあるので、距離感あるいは不信感がありました。

それで当時、本書でコラムを執筆してくれた広岡守穂さん、名村晃一さん、土屋真美子さん、黒岩美枝子さんを含めて一〇人ぐらいのメンバーとNGOを作りました。先住民族のことをやろうという意識は、まだ明確ではありませんでした。広岡さんのコラムにもありますが[*18]、その頃は仲間たちとさまざまな試みをしましたが、同じ頃、ピースボート[*19]も同じような方向性で設立されます。たぶん八〇年代はじめは、既存の大きいけれども硬直した組織ではなく、新しいことを自分たちの責任でやろう、という人たちが少し出てきたかなという時期でした。その意味で「市民」という言葉に意味があったのです。

古沢　ピースボートの事務局にはオルグに行きました。辻元清美さんなどが中心の会議で「東ティモール問題について一〇分間お話しさせてください」と。同じ世代ですね。

上村　古沢さんと私もその頃出会いました。

古沢　突然、菅直人さんの国会事務所で（笑）。引きあわせてくれたのは菅さんの地元後援会長、故貴島正道さんです。貴島さんは戦後社会党の中央執行委員を務めましたが、江田三郎さんと「社会市民連合」[*20]を結成して社会党と袂を分かちました。代表作に『構造改革派――その過去と未来』（一九七九）があります。貴島さんは大戦中、主計将校として東ティモールに駐留した経験があり、日本軍占領により現地の人たちに多大な犠牲をしいたという認識の持ち主でした。

上村　私と菅さんの関わりについては、黒岩

*18　本書四一ページ参照。

*19　教科書問題を契機に、アジア各地を訪ねるクルーズを企画した国際交流NGO。初めてのクルーズは一九八三年だが、世界一周クルーズも一九九〇年から開始。現在も、脱原発世界会議（二〇一二年）など、陸上でのさまざまな活動も行っている。創設メンバーのひとりが現国会議員の辻元清美。

*20　アントニオ・グラムシなどの理論の下「マルクス・レーニン主義」や「プロレタリア独裁」路線から転換したイタリア共産党をモデルに「構造改革」を提唱した江田三郎を中心に一九七七年に結党。菅直人もこれに加わる。翌七八年には「社会民主連合」に移行し、菅は一九八〇年に国会議員に初当選を果たした。

さんのコラムに書かれています。[*21] そういえば、菅さんが、一九七七年に最初に参加した団体も「社会市民連合」でした。

大橋　なぜ団体の名前に「外交」という言葉を使ったのでしょうか。

上村　その理由は二つあって、ひとつは、本来だったらアイヌなど先住民族と言われる人たちも「国家」を作ってしかるべきだからです。植民地主義の思想的背景は「文明化の使命」ですが、これはある種の「優生思想」です。先住民族は近代国家が一方的に野蛮だと決めつけ、その権利を剥奪するところから始まります。国家を形成した「人民」と対等な立場をとるため、先住民族の団体はNGOという言葉を嫌います。市民外交センターが対応するのは本来ひとつの政府や人民であって、その関係はやはり外交だと思っています。

もうひとつの理由は、市民が外交するという単純な理屈につながっています。先住民族の問題は国内の論理や制度だけでは絶対解決しません。北海道のアイヌの住民は三〜五万人とも言われていますし、「沖縄県」の人口は一三〇万人程度です。総人口一億三〇〇〇万人の日本にあって、民主主義の制度の下では、多数決の論理でその意思は基本的に否定されてしまいます。つまり、その権利を議論するには、国際的な論理、システムを使わないと解決しない。この意味で国際人権や市民外交という発想が僕の頭の中に浮かびました。

しかしアイヌ民族と、彼らの呼び方でいうわれわれ「シャモ」あるいは「シサム」との間にある不信感は根強いものでした。先ほどの大橋さんの話で面白かったのは、前衛としての自己変革論から、当事者のエンパワー論にフレームワークを変えなければいけなかったという話です。ただ単に彼らをサポートすればよいだけでは済まない部分がある。アイヌ民族はマイノリティなのか、先住民族なのか。福祉対策の対象なのか、人権政策の主体なのかと理論的な枠を変えなければいけません。

また、国連に訴えるあるいは国連機構を使うといっても、資金はどうするのか、通訳はどうするのか、国際法の専門家はどうやって集めるのかを考えなくてはいけなかった。資金の点でいえば、一九八六年に自分たち自身で一定の財源を作るピースタックス[*22]という制度を設計し、このキャンペーンを始めました。

＊21　本書四〇ページ参照。

＊22　本書巻末資料参照。

一九九四年頃、東京早稲田のアイヌ料理店「レラ・チセ」で開かれた市民外交センター事務局の打ち上げ
（写真提供：上村英明）

大した額ではないのですが、人権活動では政府からの資金援助はほぼ皆無です。アイヌ民族が自前で国連に行くのはかなり難しいし、その支援を政府や財団から得るのは無理でした。そうであれば、支援するNGOが自分たちの財源を作るしか、当時としては方法がありませんでした。

住民運動から脱植民地運動へ

上村　古沢さんは、東ティモールの独立運動の支援に長い間携わっていらっしゃいました。古沢さんに会ったのは、一九八〇年代の中頃だったかと思いますが、一九七六年に東ティモールがインドネシアに武力併合され、それに異議を唱える国もほとんど無くなって、問題自体が消えるのではないかという危機感のあった時期ではなかったかと思います。そんな中、東ティモールに関するNGOを創設し、さらに一九八八年には全国協議会（東ティモールに自由を！全国協議会）を組織して、日本政府や政治家に粘り強い働き掛けをしていました。また、こうした運動の国際化のためにニューヨークやリスボンなどによく出かけていたのを記憶しています。この中で、前大統領のラモス・ホルタ[*23]さんもよく日本に来ていましたし、一九九六年彼がノーベル平和賞を取った後の日本での講演会では、僕もボディ・ガードを務めました（笑）。日本政府は完全に無視でしたが。そして、その後の紆余曲折を経て、東ティモールは、二〇〇二年、二一世紀最初の独立国になりました。古沢さんは、その運動の中心的な人物として活動を続けてきました。

古沢　実は私の親は市民運動というか、住民運動をやった人なのです。私は東京の下町で生まれ育って、地域でいろんなお祭をしたり、週末には小学校の体育館で映画やフォークダンスの集いがあったりというという環境で育ちました。父はサラリーマンでしたが、祖父と祖母が駄菓子屋を営んでいたので、そこで児童労働していました（笑）。

大橋　それで悪いものを食べる習慣がついたのですか（笑）。

古沢　しかし千葉県に引っ越し、ガラッと環境が変わりました。一九七〇年代初めの船橋市は急激な宅地造成が進み、一方インフラの整備は遅れていました。例えば、人口増加で新しい小学校が建設されると、私たちの町は

*23　一九四九年生まれ。東ティモールの独立運動を外交面で支え、一九九六年にはノーベル平和賞をベロ司教と共同受賞。独立後は外務大臣や第二代大統領（二〇〇七～二〇一二年）を歴任した。

遠い方の校区に編入された。その学校は、初めは水道が出なかった。図書館もなかった。グランドの石は生徒が一例にならんで拾った。住民は最初我慢したけど、さらに人口が増え、さらに遠い新設校に通えということになった時、親たちは船橋市の教育委員会を相手に学区の変更を求める運動を始めました。その過程で子どもを学校に行かせないボイコット戦術も取ったりして。私の家の応接間に近所の人たちが集まって、ああだ、こうだと話し合う光景も見ました。その頃千葉県では成田空港建設用地の収用をめぐり三里塚闘争が起きていました。小学校に行くと共産党員の担任が「三里塚では小学生たちも頑張っている」と話していました。でも結局親たちの運動は負けて、さらに中学校も遠い新設校に行かされることになるに至り、私の親はキレて、私を東京の私立に通わせようと決めました。親が民間セクター志向に切り換えたため、私は泣く泣く東京の私立女子校に通うことになったのですが、その学校が茗荷谷にありました。当時の地下鉄茗荷谷駅前では東京教育大のお兄さんやお姉さんたちがベトナム反戦の署名を集めていて、刺激を受けました。そこで初めて署名というものをしました。

　当時の私は、世の中がアメリカやヨーロッパばかり見ているのが気に食わなくて、文学者の堀田善衛さんの『インドで考えたこと』（一九五七）と『キューバ紀行』（一九六六）、本多勝一さんの『殺される側の論理』（一九七一）などを読んで共感しました。カストロと一緒に沼地にはまったジープを引き揚げたいと思ったりして。でも冷静に考えると、自分がキューバでできることは何もないとうなだれ、それでも第三世界に対しての関心は残りました。入った大学には政治的な運動は一切ない。でも東南アジアには行きたくて。それで……

上村　東南アジア青年の船ですか。

古沢　はい。「東南アジア青年の船」とは、総理府（当時）主催の青少年交流事業ですが[*24]、発足の経緯はいわくつきです。一九七四年に田中角栄首相がタイとインドネシアを訪問した時、「日本企業による搾取」を糾弾する反日デモが起こったのですが、この事業はいうならば事件後の対日感情対策だったのです。参加者は日本ＡＳＥＡＮ五カ国なので、完全に反共同盟ですよね。日本とＡＳＥＡＮ各国

＊24　日本政府（内閣府）と東南アジア各国の共同事業として、一九七四年に始まった青年交流事業。現在では、日本からの四〇名を含む約三〇〇名の青年が五二日間船内で多彩な交流活動を行うが、その他日本国内プログラム、東南アジア各地での寄港地活動などが含まれている。

から三〇名程度の参加者が選抜されて、船で各国を回りました。

しかし、船上では人生を変えるような出会いがありました。私のキャビンメイトの一人はタイ人で、タマサート大学の「血の水曜日事件」[*25]の生き残りでした。彼女はテレビ局のディレクターで、社会問題に関する番組をつくっていました。彼女の家は貧しくて、幼い頃から水を運んでお金をもらう労働をさせられ、背骨が曲がっていました。彼女はそうした自分の経験もあって児童労働問題に熱心でした。彼女はタイの参加者の中ではとっぴな言動で疎まれているほうだったのですが、私は彼女が大好きで、彼女から学生運動やジャーナリストの仕事を学びました。各国参加者の言動は当時の政治状況を反映していて、マルコス政権下[*26]のフィリピンから参加した人たちはほとんどが政府系青年組織カバタンバランガイのメンバーで、絶対に国の批判はしない。スハルト政権下のインドネシアからの参加者もそうでした。

船から下りると自分に何の土台もないことがわかりました。しかし、そんな自分にも心躍る先達の研究というものはあり、『朝日ジャーナル』でその存在を知った技術論の中岡哲郎氏が大阪市立大学経済学部で教授をしていることを知り、彼のもとでインドネシアの開発問題を研究するため大学院に進学しました。まずはインドネシアの政治と経済状況について調べていたら本多健吉先生から「君、インドネシアに関心があるなら東ティモール問題を知っているかね」と声をかけられたのです。本多先生はアムネスティ・インターナショナルの会員で、インドネシアの9・30事件[*27]の政治犯釈放キャンペーンに参加していました。しかし、当時の東ティモールはインドネシア軍によって封鎖されており外国人は入国できなかった。この問題には触れるなと、日本のインドネシア研究者からは言われました。

そこで「そうか、この問題は怖いんだ。早く研究者になるためには、そんなことにかまってはいけないんだ」とは思わなかった(笑)。幼い頃から手塚マンガで倫理観を構築されているものだから、おかしいと思うと逆に走ってしまう。結局、九九年までインドネシアとその支配下にある東ティモールに入国を許可されない身になってしまいました。

*25　一九七六年一〇月六日、タイのタマサート大学で、ベトナム戦争の終結に刺激されて民主化を要求し、また独裁や腐敗のため国外に逃亡したタノム元首相の帰国に反対する集会に参加した学生や市民が軍隊や右翼によって襲撃され、虐殺された事件。

*26　フェルディナンド・マルコスに率いられた政権（一九六五〜八六年）。一九七二年には戒厳令を布告して憲法を停止し、独裁政権となる。一九八六年の人民革命で政権は崩壊し、コラソン・アキノが大統領に就任。

*27　一九六五年九月三〇日にインドネシアで発生した、国軍によるスカルノ政権へのクーデター未遂事件。これをきっかけに台頭したスハルトは共産党関係者を弾圧し、政権の座についた。

私が大阪でグループを立ち上げる時、背中を押したのは、アムネスティ大阪事務所でつながった呉YWCAのジーン・イングリスさんたちの活動でした。彼女は日本がこの問題にどのような態度を取ってきたか知ると、外務省に電話をかけました。日本はインドネシアの東ティモール侵攻に対して、国連総会等の投票で七五年以来一貫してインドネシアを支持していました。当初世界では九カ国しかインドネシアを支持する国はなかった。その九カ国の一つが日本です。彼女は外交青書でそれを確認し、電話で抗議したのです。すると外務省は、ほとんどの日本の人はそんなことは知らないし、関心もないからよいのではないかと言ったというのです。「知らないからよい」と言われるのなら、私たちが知らせますと彼女たちは啖呵を切り、私はその啖呵に一〇〇パーセント共鳴しました。そんな風にして私たちの運動は始まったのです。

国際人権法と国連の重要性

上村　国際人権の視点から取り組むには、制

古沢希代子（ふるさわ・きよこ）
1959年東京生まれ．現在，東京女子大学経済学専攻教授．専門はジェンダーと開発．1985年，現在の大阪東ティモール協会を設立．1991年，故栗野鳳元日本平和学会会長や故赤谷鑑氏（戦後初の日本人国連職員）とともにInternational Federation for East Timorの設立を支援．1999年の住民投票でIFETは最大の選挙監視団体となる．独立後は東ティモール政府の首相府平等推進局や農漁業省でジェンダー推進政策を支援．近著に「ジェンダー主流化を越えて――紛争後の東ティモールにおける灌漑復旧の現場から」（『平和研究』第37号，2011年）．

度とその利用に関する高い専門性が必要になります。一九八〇年代はジュネーブの国連人権センター（当時）に久保田洋[*28]さんという担当官がいて、この制度を利用して、日本も国際基準で人権を前進させなければならないと力説していました。実は、僕は大学では一度も国際法の授業をとったことがないのですが、この時期、彼の本を読んだり、帰国時に個人的に話を伺ったりして学びました。久保田さんが亡くなり、そのお葬式には、国連人権法と制度について彼から学んだ仲間が集まりました。狛江のお寺で会った後に、喫茶店でみんなで飯を食いながら、ネットワークを作ろうと話をしました。こうして八九年一〇月に第一回の実践国際人権法研究会が始まりますが、講師は、現在は国際人権法の重鎮ですが、当時大学院生だった阿部浩己[*29]さん（神奈川大学）で、参加者が古沢さんと私と岩井信[*30]さんでした。

　人権に取り組むNGOは特に小規模で、財政的にも脆弱でしたから、NGO間の日常的な協力が必要でした。この勉強会をもとにして[*31]一九九〇年には国際人権NGOネットワークという人権NGO初めてのネットワーク組織が誕生します。

　人権NGOはほとんどそうですが、中心に当事者の運動があり、また周辺に支援NGOがあるという構造ですから、こうしたネットワークが、路線対立や思想闘争という形になるのを一定防げたのではないかと思います。

古沢　事態が切迫していますからね。

　私たちが運動を始めた八〇年代は東西冷戦の最後の一〇年で、米ソが自陣営の政権には軍事援助をつぎ込み、かつその人権侵害には目をつぶるというダブルスタンダードがまかり通っていました。なかでもインドネシアではスハルト独裁の安定期です。そのインドネシアに対して日本は最大の援助国・投資国・貿易相手国という立場にありましたが、インドネシアの東ティモール侵略に関する日本政府の政策はどうなのかマスコミは取り上げません。なので、運動の第一歩は、資料を集めて小さな本を書くことでした[*32]。その本に日本政府の政策を変えようというメッセージを込めました。

　次に、問題を訴えられるところには、国会議員でもマスコミでも、地域のイベントでも、はたまた国連の公聴会でもどこでも出て行き

＊28　一九五一年東京生まれ。ジュネーブにあった国連人権センター（現在の国連人権高等弁務官事務所）の人権担当官として、一九八〇年代、日本における国際人権法およびこれに関する国連手続きの普及や活用を精力的に促進した。一九八九年六月、国連ナミビア独立支援グループ（UNTAG）の担当官として赴任中に殉職。

＊29　一九五八年伊豆大島生まれ。早稲田大学大学院で国際法を専攻後、九三年から神奈川大学教員。現在、日本平和学会会長。国際人権法学会理事長。『国際人権の地平』（二〇〇三）など。二〇〇〇年、市民外交センターがサミットに合わせて沖縄で開催したワークショップでパネリストを務める。

＊30　一九六四年東京生まれの弁護士。国際基督教大学卒業後、アムネスティ・インターナショナル日本支部の事務局長を務め、国際人権NGOネットワークを支える。アムネスティ時代から死刑廃止運動にも取り組む。

ました。そうして国連機構に関わるようになって、国連というところはつくづく主権国家の集まりだと思いました。例えば、東ティモールのように、独立する過程で外国に侵略された人たちは、国がなく、国連に席がないのです。そういう立場の人たちが訴えることができる場が国連のなかにないだろうかと私たちは探した。国連には「非植民地化特別委員会」と呼ばれる植民地独立付与宣言履行特別委員会の公聴会が存在した。また、人権委員会では、個別の問題を討議し、決議を出すこともできた。ただし、専門委員で構成される小委員会も政府代表で構成される人権委員会も激しい政治的駆け引きが展開される場でした。しかし、私たちはこのフロントを重視し、世界の仲間とスクラムを組んで、結果を出すべくロビー活動を続けました。国をもたない東ティモール人とともにこのフロントを維持することは、彼らの存在証明のために絶対に必要だと考えたからです。

世界の仲間と言いましたが、西側諸国の関与は似たりよったりでした。武力侵攻への制裁どころか、アメリカはベトナム戦争で使い残した対ゲリラ戦用の武器をインドネシアに援助し、英国はじめヨーロッパの国もインドネシアに武器を売っていました。日本は世界最大の経済援助を与え続けました。オーストラリアは、インドネシア侵攻のときに自国のジャーナリストが殺されたりしたこともあり、当初インドネシアの併合を認めていなかった。しかし東ティモールとの国境海域に存在する石油や天然ガスをインドネシアと共同開発するため、インドネシアによる併合を認めてしまいました。

こうした恥も外聞もない西側諸国の結託があった一方で、これはおかしいという市民がそれぞれの国で運動を起こし、国際的なネットワークをつくりました。また八〇年代末には国際的な国会議員のネットワークである東ティモール国際議員団（Parliamentarians for East Timor）も結成され、市民運動とスクラムを組みました。これらのグループが最初はファクス、次はメールとインターネットでつながりながら、自国と国連でロビー活動を展開して、九九年の住民投票にリーチをかけたのです。

上村　僕は距離を置きながら見ていたのですが、東ティモールが忘れ去られようとしてい

＊31　久保田洋さんの殉職を機に創設された、国際人権法や国連の人権機構を使って、人権問題の改善に取り組む人権NGOのネットワーク組織。正式な発足は、一九九三年。市民外交センターの他、アムネスティ・インターナショナル日本、反差別国際運動日本委員会、東ティモール全国協議会などが参加している。

＊32　『小さな島の大きな戦争――東チモール独立革命戦争』（一九八五）。自費出版だったが、朝日新聞に写真入りの紹介記事が掲載された。

た時に、運動を起こすというのはものすごい勇気とエネルギーを必要としたと思います。ヨイショ！ではないですよ（笑）。

古沢　現地の状況をつかむためにポルトガルやオーストラリアに飛んで、難民の方たちから聞き取りをさせてもらいました。東ティモールはインドネシアによって封鎖されていたため、情報を得ること自体が闘いでした。私たちが山中で活動を続ける東ティモール民族解放軍の写真を入手した時はテレビ朝日が取り上げ、そのリーダーであるシャナナ・グスマオ（現首相）のインタビュー動画が日本に届いた時にはＮＨＫで放送されました。当時は抵抗運動の存在自体がスクープでした。

開発と人権のリンクの欠如

上村　全国協議会をつくるときの苦労話は何かありますか。

古沢　全国協議会の最初の名称[*33]は「東ティモールに自由を！全国協議会（Free East Timor Japan Coalition）」です。八八年に結成され、札幌、仙台、東京、長野、大阪、岡山、呉、善通寺、下関、長崎、大分の連帯グループと日本カトリック正義と平和協議会（正平協）から構成されました。連帯グループは一つ一つが小さかった。でも、ピーター・ドラッカーが「ネットワーク組織」の利点を強調したように、顔のよく見える小さなグループが、それぞれつながっていったのがよかったのかもしれません。一〇人程度のメンバーが集まって、わあわあ議論して動く。このイベントをやるならこのメディアに声をかけようとか、この国会議員に話しに行こうとか、国会質問とか質問趣意書の提出をしてもらわなきゃとか、社会科教科書の地図で東ティモールがインドネシア領にされちゃっているかどうかチェックするとか、虐殺事件の後にはデモをするとか。国会では八六年に江田五月議員が「東ティモール問題を考える議員懇談会」を設立し、運動側の提案を取り上げてくれました。また、正平協の貢献は大でした。カトリック教会経由で現地の情報を収集し、故相馬信夫司教は多くの国を訪問し支援を呼びかけて下さいました。全国協の名物は全国会議です。旅費をシェアして全国から参集し、活動のアイディアを練りました。

大橋　シャプラニールが取り組んでいるような具体的な一つ一つの現場も大事だし、おふ

＊33　インドネシア軍の撤退と国連暫定行政の発足後、会の名称を「東ティモール全国協議会：East Timor Japan Coalition」に変更。二〇〇〇年九月、大戦中の日本軍占領期に「慰安婦」にされた女性たちの調査を開始し、現在まで日本政府との交渉と被害者の支援を続けている。

たりがやっているようなアドボカシーも大事です。

古沢　オックスファム[*34]は積極的に政策提言の活動をしていますね。

大橋　ヨーロッパの開発NGOは、日本の開発NGOよりかなり先に行っています。彼らの意識とか目のつけどころ、特にアクションエイド[*35]は先鋭的ですが。あれを支える市民の力はすごいと思います。

古沢　オックスファムは、八〇年代から活動展開国における構造調整政策の影響について、現場での知見をベースに声をあげていました。自分たちの個別のプロジェクトにとどまらずナショナルな政策に関わるところを評価しています。

大橋　それに比べて日本では、開発NGOと人権NGOがまったくリンクしていないのです。

上村　日本の市民運動の課題ですね。

大橋　開発問題は、広い意味でのチャリティーの文脈で語られることが多い。ODAは長らく、社会主義勢力に対抗する戦略的援助の側面があったということを認識している人も一部でしかない。アドボカシーを行う市民運動の場合には国民国家の矛盾という視点があるけれど、僕らのような開発NGOの多くには、そのような視点がないし、多くは植民地支配の反省にも立っていない。オックスファムにはそういう視点がある。贖罪《しょくざい》の意識もあるわけで、それは結局人権問題と結びつきやすい。けれど日本の開発NGOの場合は、一見自分たちと関係のない、貧しい、遅れたアジアやアフリカへの支援だから、人権の視点と結びつきにくい。そのうえ日本では市民ファンドみたいなものがいろいろな活動を支える環境は、今もってちゃんとできていない。

NGO／NPOと政府の関係の変化

上村　国際協力に関わるNGOを中心とするネットワーク組織である国際協力NGOセンター（JANIC）に関わるようになってからはどうですか。

大橋　JANICは、開発系の国際協力をやっている約一〇〇団体が参加する、日本では最大のネットワーク型NGOです。人権、環境、国際協力の分野などで、ある程度の規模のNGOは日本に四〇〇ぐらいあると思います。小さいものを入れても五〇〇くらいでし

*34　OXFAM。一九四二年英国オックスフォードの住民が、当時ナチス軍による攻撃で窮地に陥ったギリシャ市民の支援のために設立したNGO。その後、ヨーロッパの復興支援から国際的な開発援助を展開。「チャリティではなくチェンジ」をスローガンに、積極的な政策提言も行っている。

*35　一九七二年にイギリスでインドおよびケニアの貧困児童の経済的里親になることから始まったNGO。現在ではOXFAMなどと並ぶリベラルな大規模国際NGOとして、四二カ国の一三〇〇万人を対象に貧困削減、人権や公正の実現のために支援を行ったり、様々なレベルでアドボカシー活動を行っている。

ょう。

　ただしJANICは、日本のNGOを代表していません。それはもともとのJANIC設立構想で、NGOが協力して共通する課題に取り組んでいくためのセンターを志向したからです。一九八七年一〇月にJANICが設立されますが、その前の六月に「関西国際協力協議会」（現関西NGO協議会）ができました。関西にしてみると、東京中心でNGOがまとまったように見られるのが嫌だと。私も、すべてのNGOが簡単に一つにまとまってしまうのは危険なことだと思います。

　一方でNGOに対する政府の資金的支援は、九〇年前後に始まりました。さらに、NGOを積極的に育成しようという政策が、自民党時代の末期から始まりました。自民党の大臣や議員が、年間予算が数百億円のイギリスのオックスファムのようなNGOが日本にもあるべきだ、と考えたようです。特に民主党政権になってからは、外務省から私たちの事務所にかかってくる電話の件数が増えました。外務省には、緊縮ムードの中で自省の予算を増やすためにNGOの存在を活用しようという思惑があったのだと思います。それで僕を含めてNGOの数名が外務大臣の岡田克也さんのアドバイザーになるなど、日本政府とJANICの関係がすごく様変わりしていく。今はNGOに対する補助金も増えています。政策対応のレベルでは大臣・副大臣・政務官の三役の誰かがNGOと外務省の定期協議会に参加してくれるようになりました。三役が出てくれれば、大使や局長レベルも定期協議会に出てくる。この会は、NGO関係者に開かれています。

　そういうわけで、NGOと政府のコミュニケーションは自民党時代よりさらによくなっています。ただ、昔はNGOへの補助金が一七億円あって、私がJANICの理事長になったときにはそれが使い切れなかったのですが、今は二五億円でも足りていない。いい意味で言えばNGOの活動規模が大きくなった。悪い意味で言えば、いわば体制の一部として政府の意を受けて下請け的に展開する形式が整ったと言えなくはない。NGOはいい意味でも悪い意味でも主流化してきている。

　その中でJANICは、政策提言で中心的な役割を果たさざるを得ない。NGOとして物を言わなければいけない場に市民社会の意識を持って発言していくことが大事だと思って、政府から呼ばれたときにはおつき合いしています。日本のＮＧＯを代表するとは言えませんが、情報を共有し、他のＮＧＯに声をかける、まとめる役はやらざるを得ないでしょう。二〇〇八年のＧ８サミットのときに、それまでは意思疎通があまりよくできていなかったＮＧＯとも幅広く一緒に活動したことで、ＪＡＮＩＣの存在を許容していただけたのではないかと思います。

話は少しずれますが、私は日本ＮＰＯセンター*36の副代表理事もしていて、ＮＰＯの流れもずっと見ています。田中弥生*37さんの研究によれば、地方行政の委託機関になって自己資金もなく、寄付もとらずに行政の委託金だけで活動しているＮＰＯがたくさんある、というかそっちのほうが多い。こうした団体は非政府、非営利だけど市民活動ではない。

僕らの若いころは、社会福祉運動はものすごいインパクトがありました。障がい者の自立生活運動とか、「青い芝の会」*38の権利運動は私たちに訴えかけるものでした。でも、そういう熱気がいまはありません。今、私は社会福祉法人の監事もやっているのですが、制度の中に組み込まれて助成金頼みです。障害者自立支援法のせいで赤字になる傾向もありました。職員はいい人たちだし、いい活動もしている、だけど社会に対する訴求力が感じられない。最低限の活動だけをさせられている。国際協力ＮＧＯもそういう方向に変わっていくのではないか。わかりやすい言い方をすれば、市民がユニセフや赤十字に資金を出さずに、怪しげなシャプラなどのＮＧＯに金を出す、そういう市民力をつくっていかないとまずいかなと日々考えているところです。

女性のネットワーク力

上村　その市民力という考え方は、重要だけれども、難しい課題ですね。古い話になりますが、一九九一年に郵政省の「国際ボランティア貯金」が始まり、多くの市民のお金が集まり始めた時に思いました。市民力を上げるには、政府機関が代行するこうした制度に寄付するのではなく、市民が個々のＮＧＯとその活動への支援を選択できるようにならないといけないのです。

もうひとつ、女性のネットワークについて古沢さんから。

＊36　一九九六年、民間非営利セクターの活性化を図りながら、ＮＰＯの基盤を強化し、行政・企業との新しい対等な関係を作るために設立されたネットワーク組織。ＮＧＯが国際協力にウェイトを置くのに対し、ＮＰＯは国内活動にそれを置いている。

＊37　大学評価・学位授与機構教員。非営利組織論を専攻。代表的著作に『ＮＰＯが自立する日』（二〇〇六）、『ＮＰＯ新時代』（二〇〇八）などがある。

＊38　一九五七年に脳性マヒ者の親睦団体として発足するが、一九七〇年に横浜で母親が二歳の障がい児を殺し、これに対する減刑運動が起きたことに反発して、運動を先鋭化させた。障がい者であることの積極的肯定、優生思想の否定、「自立」の要求、能力主義の否定などを主張して、運動を展開した。

古沢　米国のブリンマー大学同窓会主催のシンポジウムでお話したことですが、全国協議会がずっと続いたのは、女性たちの活躍があったからだと思います。多くの地域グループを有能な女性リーダーがひっぱりました。そこに九一年にサンタクルス虐殺事件[*39]が起き、東ティモール問題に注目が集まると、いろいろな男性が入ってきてヘゲモニーをとろうとしました。でも、そこには「わいわい＝自由と公平」の気質を重んじる女性たちが居並び、小さな市民運動でも牛耳りたいという男性たちの居心地を悪くしました。全国会議での公開討論は公平なバトルの場でした。もちろん、有能な男性メンバー[*40]にも恵まれました。貴島正道さんを筆頭に、彼らは賢くも「うちは女性陣が引っ張ってくれるからよい」と考えていた（笑）。

上村　男が市民運動に入ると、ヘゲモニーを争って分裂しやすい。

古沢　そういうことってないですか。

上村　なかなか忌憚のない意見ですね（笑）。

古沢　国内と国外で活動してきて思うのですが、女性たちの活動はいうなれば、つながり上手かなと思います。私はもともとジェンダー研究が専門ではないのだけれども、紛争下の人々に関わって、女性に対する暴力が深刻なこと、解放勢力の内部でも女性差別が存在することを知り、気がついたら私自身が国際人権運動のなかでジェンダー暴力に取り組む活動に参加していました。女性たちの運動にも分裂はあるけど、共通の目標を定めたら、歯を食いしばって一歩ずつ前進していくところがある。

一九九三年六月の国連世界人権会議では地域会議とウィーンでの本会議がありました。そのとき女性に対する暴力の問題で世界中の女性団体から働きかけがありました。そして、同年一二月には、女性に対する暴力撤廃宣言が国連総会で採択されます。九四年四月になると、国連の女性に対する暴力に関する特別報告者が任命されます。任命された報告者は、状況が深刻な地域に入って調査をする。その報告者の現地調査を各地の運動体がしっかり支えた。彼女は東ティモールにも来ることになったのですが、現地の女性団体が連携してインドネシア軍の性暴力被害者を報告者に引きあわせました。みな報告者に成果を上げてほしかったのです。

＊39　一九九一年一一月一二日、東ティモールのディリで独立を求める平和的なデモ隊に、インドネシア国軍が発砲し、約二〇〇人以上が殺害された事件。

＊40　そのひとりが松原明氏。大阪東ティモール協会、東京東チモール協会の事務局長を経て、「シーズ：市民活動を支える制度をつくる会」を創設。日本におけるＮＰＯ法の制定および改正の中心的存在となった。

こうしたなか、九五年九月の国連世界女性会議を迎えました。すでに、紛争下の女性の暴力に取り組む活動家のネットワークが、旧ユーゴやルワンダの国際刑事法廷でジェンダー暴力がきちんと裁かれるように監視していました。そして、国際刑事裁判所（ICC）のローマ規定[*41]にジェンダー暴力に関する項目を入れさせるという次なる目標を立てました。以後、被害者をサポートする日々の活動と平行して、世界中の女性グループがその運動をともに担ったのです。被害者一人一人への支援と国際条約はつながりました。それが成果だと思います。

例えば、日本は日本軍「慰安婦」問題という大きな課題を抱えていますが、日本政府は抜本的解決を避け、右翼の攻撃は激化しています。そういう時に国際法から見ることによって客観的視野が開ける可能性があります。例えば、女性差別撤廃条約の国別審議のとき、日本の状況は国際法の基準でチェックされます[*42]。日本のNGOは英語のシャドウレポートを作成し、公表する。すると多くの国の人たちが問題を知る。委員会の勧告も出る。また、情報が共有されるとアメリカ議会やオランダ議会などが反応する。このように国際社会に問題を開くと、新たな議論が巻き起こる。こうした展開は、単に日本の運動にとって有益なだけではなく、同じ問題に取り組む人々に問題の構造が共有される。東アジアの被害者の行動がユーゴ紛争の被害者を励ましたりする。そういった痛みや怒りの響き合いこそ国際人権運動の意義だと思います。

市民性と国家

上村　人権分野では、グローバルなシステムはかなり整備されてきたと思います。ですから、そうしたグローバルな基準をナショナルなレベルに取り入れようとするベクトルが働きます。しかし、問題はナショナルのレベルで本当にわれわれは成果を生み出しているのかということです。国連の人権勧告はいいものがたくさん出ていても、日本国内では全く実施されない。グローバルな成果を国内の成果にどうつなげるのかが問われています。例えば私が現在、代表をやっている国際人権NGOネットワークも、もともとは人権NGOと外務省の担当局との交渉として始まりました。しかし、こうした機会の重要性が形骸化

*41　一九九八年に採択された国際刑事裁判所（ICC）を設置する国際条約。この条約に基づき、二〇〇三年、オランダのハーグに、「人道に対する犯罪」、「戦争犯罪」、「集団殺害犯罪」、「侵略犯罪」を管轄するICCが設置された。

*42　国連の人権審査で各国が提出する政府レポートに対して、NGOなどが作成するレポート。カウンターレポート、NGOレポートなどとも呼ばれる。

しています。NGOと政府の話し合いの場ではNGOという一部の利害関係者の意見しか聞けないから、パブリックヒアリング[*43]を開催したりパブリックコメントをインターネットで集めることが大事だと外務省は主張するようになりました。それを外務省は「透明性」や「市民化」という言い方で表現するのです。しかし人権に関するパブリックヒアリングを開くと、外国人に人権は不要、子どもの権利は日本の伝統にそぐわないという意見の人もたくさん来る。すると、外務省はそうした人々の主張もひとつの意見、僕らのような人権NGOの主張もひとつの意見として、問題の解決は前進せずに、多様な利害関係者の意見を聞きましたという既成事実だけを作ってしまいます。

最近では、国連や国際機関でも、シビル・ソサエティ・オーガニゼーション（市民社会組織：CSO）という言葉が使われるようになっています。これにはNGOだけではなくメディアや企業も含まれる。国際機関や政府に、NGOだけではなくてそれ以外のCSOも含めて交渉するんだと言われると、NGOは埋没してしまい、その正当な発言力や提言力は低下してしまいます。人権NGOのようないわば「対決型」を含む運動が「市民化」という名の下にどんどん希釈されて、政策的に取り込まれてしまう。ですから、国際人権NGOネットワークの現在の最大の課題は、NGOと政府の協議のあり方を意味ある形にするためにどう再構築するのかというものです。

大橋　おっしゃるとおりで、開発の分野でも外務省とNGOの定期協議会がありますが、連携と政策協議の二つの部会に分かれています。連携のほうは端的に言えばどうやってNGOが資金的支援をいただくかという具体的な話が多いので、話はとんとん進むのです。だけど、政策協議のほうは政府に対する批判も出て、しかも協議には外部から問題意識を持った人も参加する。場合によっては外務省が、「これは一般の市民の声か？」と疑問視する場合もあった。

上村　国内のシステム自体は確かに、一〇年前、二〇年前に比べれば、ずいぶん整備されたけれど。

大橋　そう思います。ODAを扱う官僚との話し合いの場は、持ちやすくなりました。例

*43　公に意見、情報、改善案などを聞く会。公聴会などと訳される。これに対して、「パブリックコメント」は、意見公募手続、意見提出制度などと呼ばれている。

*44　二〇〇〇年九月ニューヨークで開催された国連ミレニアム・サミットでは、二一世紀の目標として「国連ミレニアム宣言」が採択された。この宣言と一九九〇年代の世界会議で合意され

えば今だとポストＭＤＧｓ[*44]のことを話し合いましょうとか、援助効果の議論をしましょうとか、特定の議題を話し合う場ができるようになりました。局長とかＮＧＯ大使とか、高官クラスとも話せるようになりました。

いま多くのＮＧＯの考えとしては、政府との対話は原則として拒否はしない。常識的におつき合いをします。ただし、市民性とは何かということについてきちんと考えないと、政府との協議の場におかしな考えがどんどん入ってきてしまう。

またＢＯＰビジネス[*45]についても、定義がはっきりしないままに、ＮＧＯが巻き込まれるのは注意が必要です。またソーシャルビジネスが貧困を救うもののように言われ、バングラデシュのグラミン銀行[*46]が称賛される。しかし現地でもグラミンに対する批判はたくさんあります。マイクロクレジットは市場モデルを草の根レベルに持ち込むものであって、決して社会のあり方を根本的に変えるものではない。ジェンダー的にも批判がいくつか出ています。もちろん賛成できる部分もあります。

上村　確認しますが、日本の市民運動の大きな課題は、こうした批判的視点から活動を行うＮＧＯへの市民からの支援が難しいことだと思います。政府に協力的なＮＧＯをよいＮＧＯととらえやすいのです。町内会の発想ですね。

大橋　市民による資金的な支えがなければ活動は始まらないでしょう。いろいろな人が、いろいろなことを言える。その枠組みをつくりたいわけだけど、それには金がなきゃ始まりません。私や上村さん、古沢さんのように大学に職を得た人間はいいのかもしれないけど、生活を心配せずにいろいろな人たちが活動に力を注ぐ素地はまだできていません。

古沢　それはそうだと思います。また、大学に職を得たら得たで、活動の時間はなくなります。

大橋　おれなんか、札束に本当に弱いです（笑）。

問題は、地道な市民活動・運動に対する不信感に帰結するわけです。結局は強いリーダーや政府が力を得てしまう。その中で幾ばくかの前進があっても、それをどうやって発展させていくかは大きな課題です。重要なのは、多様な人々が安心して活動できるような基盤をどうつくるかです。そうしないと、そのと

た主要な開発目標を整理したものが「ミレニアム開発目標（ＭＤＧｓ）」で、二〇一五年までという限定で、八つのゴール、二一のターゲットを設定。二〇一一年頃から、二〇一五年以後のこうした開発枠組みをどう作るかが、議論されている。

*45　ＢＯＰとは、「Base of the Pyramid」の略。世界の所得別人口構成のピラミッドで、最底辺の層を指す。こうした人々を対象にしたビジネスがＢＯＰビジネスと呼ばれている。

*46　ムハマド・ユヌスが一九八三年バングラデシュに設立したマイクロクレジットという手法を使った銀行。マイクロクレジットとは、一般融資を受けられない貧困層、とくにグループを対象に、比較的低金利で少額の無担保融資を行うこと。グラミン銀行は主に農村（ベンガル語でグラム）を対象にしたが、こうした手法は、先進国の都市貧困層などにも広がっており、グラミン銀行はユヌスとともに二〇〇六年にノーベル平和賞を受賞。

き勢いを得た勢力が台頭してしまう。

上村さんがさっき言った、国連のいい勧告はたくさんあるというのは開発問題に関しても全く同じです。ミレニアム開発目標（MDGs）の重要な部分が守られてない。特に日本政府はMDGsのゴール8[*47]を全然守っていない。でもそんなことはだれも気にしていませんよね。その問題をどうするか。ポストMDGsの議論とか、今年はリオ＋20[*48]の年ですが、「持続可能な開発目標[*49]（Sustainable Development Goals: SDGs）」が出ると言われているけれども、出てもお題目にしかならないのではないか。オクスファムにせよ、アクションエイドにせよ、現実にどう実施するかまで会議で決めろと主張しているが、なかなか実現しない。どこからどう始めていくのか。老い先短いけど、そういうことをやりたいです。

私は国際条約や宣言、目標などが有益じゃないと言っているわけではないのです。国際基準ができれば共通の議題ができるからです。ただ、それで日本がどういうふうに変わっていくかというと、先ほど古沢さんが女性のネットワークについて述べたように、国際条約があることで経験の響き合いが生じるというふうには開発の分野ではなかなかならない。日本のNGOは言葉の壁もあるし、小さなNGOの多くは、相手の人たちを助けるんだという気持ちで行動するから、国際的な基準に基づいた開発、人権意識に基づいた権利基盤アプローチ（Rights-based Approach）[*50]をなかなか採用できない。

バングラには強い社会運動が存在しませんが、対照的にインドでは社会運動とNGOが部分的に敵対関係にあります。インドでは社会運動をやっている人たちが、NGOは裏切り者だと思っていることがあるのです。お互いをどうつなげていくかが難しいです。インドはすごく大きい国ですし、国家権力が開発主義の中でいろいろな暴力の形で現れます。道路をつくるときに国家権力と組んで立ち退きを手伝うNGOなどが、どうしても出てくる。元官僚や政治家がつくったNGOもたくさんある。

古沢　そういった問題はインドだけではないと思うのですが。

大橋　でもインドの場合は他方に、強い社会運動があるわけです。だからNGOを批判し

＊47　他の七つの目標が主に途上国向けなのに対して、このゴール8「開発のためのグローバル・パートナーシップの推進」だけは先進国政府向け。この中にさらに六つの目標が設定され、先進国の政府開発援助（ODA）額を二〇一五年までにGNIの〇・七%にすると定めているが、日本を始め多くの国がそれを達成できない状況にある。

＊48　一九九二年、国連が主催する世界会議のひとつとして「国連環境開発会議（UNCED）」（別称：地球サミット）がブラジルのリオデジャネイロで開催され、地球環境と開発経済のあり方が問題となった。この会議では、「リオ宣言」の他、行動計画「アジェンダ21」、「気候変動枠組条約（FCCC）」、「生物多様性条約」などの合意文書が採択された。二〇一二年六月には、その二〇周年を記念して、「リオ＋20」と呼ばれる国際会議が開催され、地球サミットでの合意文書の成果を検証し、さらなる実行に向けた方向性が確

ます。一方でまだまだチャリティーベースの貧困救済のNGOが多いのです。

　また、あの人たちは自立していないと、「自立」という非常にわかりにくい概念で貧困層をとらえる傾向がある。彼らは自立が足りていないからマイクロクレジットで自立させる、という議論になってくるのは怖い。

「市民」をどう定義するのか

上村　昔から人権問題というのは政府が市民を抑圧するというトップダウン型の構造を持っていました。しかし、最近は、抑圧のベクトルとして、草の根右翼も活発です。例えば「子どもの権利条約」に反対するNGOグループが、活動しています。子どもの権利についてきちんと理解していないと、こうした意見も行政にくみ上げられてしまう。子どもの権利に関するNGOと政府の協議の場があったのですが、外務省はそれを二つのグループの意見が噛み合わないという理由で別々に分けてしまいました。本心は、こういう状態でイニシアチブを取れることを望んでいるかもしれませんが、行政の視点では、市民社会はいろいろな意見があって難しいからということになりますし、これが行き過ぎると、政府が責任をもって主導しましょうということになります。
　しかし、そこで正統性や正義を振りかざして、われわれのようなNGOこそが真の市民社会だと主張してしまうと、別の意味ですごく非市民的になってしまいます。そうした状況で、市民運動のあるべき姿をどう担保していくのかという戦略がないと、さまざまな主張がごちゃまぜになった「市民社会」と称するものの中で、みんなの意見を平等に尊重しさえすればよいという怖さを感じます。
古沢　市民運動のモットーは人を排除しないことでしたから。
上村　それはある意味で歓迎すべきことです。いろいろな人が参加して、議論するのはいいことなのだけれど、それによって、本来僕らが大切にしなくてはいけない市民的価値がどんどん後退しても、それが市民社会の発展のように位置づけられてしまう。
　例えば、先住民族の問題であれば、かつて総理大臣や国会議員が差別的な発言をして、抗議を受け、極端な場合には辞任をすることもありました。しかし、今では北海道議会の

定された。

＊49　持続可能な開発に関する国連会議リオ＋20で話し合われたMDGsの改良概念の総称。MDGsの期限が二〇一五年ということから、その後の目標設定、とくにエネルギーや生物多様性などを含めたより広範な開発目標を定めようとするもの。

＊50　開発の対象となるコミュニティを構成する住民が必要とする物、資金、技術などを援助しようという「ニーズアプローチ」に対して、その住民が奪われた「人権」・「権利」の回復をもって開発の手法としようとするアプローチ。

中でアイヌは国民の税金を無駄に使っているという批判を受ける。それに同調して、アイヌを甘やかすな、人権なんて言ってるからそういう状況になったんだみたいな主張が草の根保守から出てくるのです。

大橋　市民とか市民社会とは何かということを明示しておかないと。同じ国民の一人なのだから、パブリックヒアリングでは同じ立場になるのは当たり前です。国家としては国民を公正に扱わざるを得ないのだから。でも、もちろん市民としての立場はすべて同じではない。ここからここまでは市民的価値だと言えるけど、ここからはそうではないと言えるようにちゃんと理論化できていない気がします。理論的な枠組みにもとづき、これは市民的ではなくて、国を代弁する危険な考え方ではないかと指摘する市民社会論があってもいいのではないか。

古沢　九〇年代に国連が環境、人権、人口、社会開発などのグローバルイシューで世界会議を開催した頃、平行して開催されるNGOフォーラムに政府民間団体がたくさん参加し

上村英明（うえむら・ひであき）
1956年熊本市生まれ．1979年慶應義塾大学法学部卒業，1981年早稲田大学大学院経済研究科修了．2002年から恵泉女学園大学教員，現在，同大学大学院平和学研究科長などを務める．1982年に市民外交センターを設立し，現在も代表．先住民族の権利問題に先駆的に取り組み，1999年に同センターは日本の草の根NGOとして初めて，国連経済社会理事会との協議資格を取得．日本の市民社会の民主化の促進という視点から，NGOのネットワーク化などにも関わってきた．

てきました。例えば、世界女性会議のNGOフォーラムで東ティモールの女性が自決権について語ると、インドネシアの官制女性組織の代表がそれは女性問題ではないと批判する。それを聞いた他の参加者から「それも私たちの問題だ」と声があがるのです。多様な参加者がいるということはよいことです。

上村　そうそう。どこの国にもGONGO[*51]はたくさんある。

古沢　だけど、いまわれわれが直面している状況は、異質なものでしょう。

上村　まさに草の根右翼であり、草の根保守です。

古沢　市民社会はそうした団体を排除できない。言論の自由とは言論のバトルでもあるから。このバトルで運動側が守勢に回っているということは問題です。

大橋　それはどういう意味ですか。

古沢　例えば、インターネットの世界で、守勢に回っている。「慰安婦問題」に関しては、右翼の方がお金と時間をかけて組織的にネット対策をしています。ただし、言論の自由を主張する人は他者の自由も尊重しなければならないし、暴力的行為は犯罪です。どこからが人権の蹂躙で犯罪行為なのか、それを法律で仕切れないのが日本の弱さです。

大橋　それはそうですね。

古沢　日本では右翼団体が韓国大使館の前でどれだけ民族差別的なことを叫んでも、慰安婦にされた被害者を売春婦とののしっても捕まらない。自宅が韓国大使館に近いので嫌でも耳にしますが、吐き気がするほどひどい表現です。

上村　差別禁止法[*52]のような規準がないので、すべてが言論の自由だと言われてしまうわけでしょう。

古沢　言論の自由とは何でも言っていいということではないでしょう。問題は人種差別撤廃条約を日本政府は適用しないことです。

上村　メディアも反論しないし、市民社会もなかなかこういう問題で連携できない。

大橋　ネーションステート（国民国家）という意味における市民というときと、市民社会的空間と言ったときの市民とでは、違うのではないか。一人の国民あるいは市民として同じ権利を持つ、それが国家に対してわれわれが要求する一番基本的なことです。けれども市民活動、市民運動と言うときは、国家権力

*51　政府の活動を支援するため、政府の資金などをベースに設立された市民団体。Governmental Non-Governmental Organization（政府のNGO）から、GONGOと略称されている。

*52　国際的には「人種差別撤廃条約」などの規準があり、これに関する国内法を持つ国も少なくない。しかし、国内法を持たない日本では、差別行為は、名誉毀損や業務妨害という枠でしか扱うことができない。こうした状況に対し、二〇一一年には「差別禁止法の制定を求める市民活動委員会」が発足している。

を相対化する意識を持った市民を指します。それをまさに右翼的に展開することもできるかもしれない。そうした意味で市民のあいだに、国家権力の相対化という共通目標を設定することができていないのではないか。それをどこまで明確にできるのかはわかりません。それイギリスやアメリカでも市民社会論としてきちんと整理されているわけではありませんが、日本ではあまりにも議論されていないのではないか。

古沢　それは大事な論点だと思います。多分もう一回原則的な議論をする必要があるのです。例えばヨーロッパの小学校では社会科はシビルエデュケーションといい、市民を育成するための教育と定義されているそうです。そこでは、他人を誹謗中傷する、法律ぎりぎりのところで相手を傷つける人のことを市民とは言わないと思うのです。人権を主張するのは自分だけではなく他人の人権を守ることが前提であり、これは世界人権宣言に明記されています。市民とは何かを議論しないままでは、市民運動という概念にパワーが生まれません。

大橋　市民運動から市民活動になって、それも老朽化して社会ビジネスになっていますね。

古沢　「市民」を真剣に定義してこなかったことが大きな問題だと思います。始めたときには国家権力に対する抵抗の意識があったと思うのですが、いつのまにか牙を抜かれていたりして。また、国家権力とばかり闘っていると、組織内や家庭での女性差別に無自覚な人ができ上がってしまう。前の世代の運動がそういう落とし穴に落ちてしまったので、そことは一線を画したいというのが八〇年代の私たちだったわけでしょう。

大橋　それは七〇年代の負の遺産なのです。極端な場合には、内ゲバで殺してしまう。

古沢　究極的には殺してしまってもよいと正当化するようになった。また家へ帰ったら奥さんに奉仕させるのも構わない。さっきからジェンダーのことを言っているのは、ジェンダーに関する議論が、家庭やカップルの人間関係から人権とかや民主主義を見直すことに道を開いたからです。ジェンダー平等とは既存の仕組みのなかで均等分配を求めることではありません。仕組みそのものに疑問を投げかけ変革していくことです。昔の市民概念は女性やマイノリティを排除してきました。そこから全学連、全共闘の世代を通過して、八〇年代に私たちは市民という概念に戻ってきたわけです。政府を選択し、監視し、その責任を引き受ける自立した市民の像を求めて。

上村 たぶん、それが今日の一つの結論だと思います。どこかでそういう議論をしていかないといけない。大橋さんも言っているように、政府との対話の場は確実に増えている。そのときに、市民的本質とは何かと考え、批判的精神を持って対話に臨んでいる人と、むしろ逆の視点、権力の問題を擁護する視点から対話に臨んでいる人とは違うはずです。後者のような「市民」が増えると、声なき声がかき消され、知らないうちに政府のお金漬けになって政策に協力させられる「市民社会」が誕生してしまいます。

大橋 開発の分野では、政府はよく「オールジャパン」で取り組みましょうとNGOに呼びかけます。私たちは、オールジャパンで取り組まないとは言わないけれど、政府の言いなりになるわけではないよと返答しています。国家政策をチェックするという意識を忘れてはいけない。しかしそうしたウオッチドッグ的な役割と同時に、国境で問題を区切ってしまうということのナンセンスさも忘れてはいけない。グローバル市民運動が明日にもできて、それがすべてを解決するなんて夢を語るつもりはないけれども、国家を越えた視点からも問題に向き合わなくてはいけないのだと思います。こうした考え方は国民国家を超越したエリートに問題を解決させるという思想につながりかねない。だけど私は「市民」は「国民」とは異なり、国境を越えるものだという考え方を広めていきたい。私の勤務する大学の学生に尋ねても、市民と国民の違いがわからなかったりする。子どもの頃から常に議論されるような土壌が生まれないといけない。

軍隊と市民運動

上村 質問ですが、例えば外務省などは東ティモールのケースは日本が関わった、すごくうまくいった事例だと主張していますね。

古沢 日本が関わったとは、どの辺のことを言っているのですか。

上村 二〇〇二年の二月以降の自衛隊を派遣したこと[*53]だったかな。それ以前の外交関係については一切触れずに。

*53 日本政府は、二〇一二年を「日本・東ティモール友情と平和の年」（日本・東ティモール外交関係樹立10周年記念平和年）に制定している。それまでのインドネシア支援に対する反省は見られない。

古沢　九九年の国連による住民投票では日本は文民警察官を三名しか派遣していません。そのうち一人はジャカルタ駐在でした。はっきり言って、インドネシア軍と反独立派民兵が撤退し、その後二年もたち安全になったところに自衛隊を派遣したのが日本です。安全になったところに道路をつくるのは、自衛隊の施設部隊でなくてもよいのです。それこそ民間の建設会社と現地の方たちにやってもらったほうが質、コストの両面でより効果的でしょう。なのに、自衛隊だから貢献できたというのはまやかしです。

大橋　バングラデシュは国連平和維持活動で自国の軍隊を他国に派遣しているのですが、派遣先では性犯罪が増えるのだそうです。一日一万円とか、バングラデシュの基準では考えられないぐらいのお金をもらえて、しかも武器を持って、権力者として振る舞えるから、バングラデシュの軍人はＰＫＦが大好きだそうです。それでそういう問題が起きるのです。

上村　バングラデシュはＰＫＦの派遣国なのに、自国のチッタゴン丘陵地帯では、その国軍が各地に駐屯して住民を弾圧したり人権を侵害している。*54

大橋　日本の市民運動は、軍隊の問題を扱ってこなかったと思います。僕らは自衛隊や軍の存在を否定しているから、自衛隊や軍に対して貧困問題やジェンダー問題を理解してもらったり、現地における文化の違いを尊重すべきだと働きかけてこなかったのではないでしょうか。僕は非武装中立論の立場を変えるつもりはないけれども、現実に軍というものが存在して、それが国際協力とか平和構築に進出していくわけですから。

古沢　軍隊による売春や暴力の問題は女性運動にとって重大なテーマになっています。女性は直接の被害者なので。ＰＫＦも含めてすべての軍隊に暴力性はつきまといます。ＩＣＣの後に国連で安保理決議一三二五と一八二〇が出ました。これは安全保障とジェンダーに関する初めての安保理決議で、国連平和維持軍による性的搾取や性暴力の問題にも踏み込みました。

大橋　それを自衛隊にどう働きかけるかということです。赤十字はジュネーブ条約*55で規定されているから、軍隊に対してそうした働きかけをするのです。軍隊への働きかけは彼らの重要な任務なんです。

*54　市民外交センターは、International Work Group for Indigenous Affairs, Organising Committee CHT Campaign と共同で同地域における軍事化の問題を指摘する報告書を作成。IWGIA, OCCHTC, Shimin Gaikou Centre, *Bangladesh: Militarization in the Chittagong Hill Tracts-The slow demise of the region's indigenous peoples*, 2012.

*55　戦時の傷病者や市民を守ろうとする国際法（国際人道法）は、一八六四年の赤十字条約（ジュネーブ条約）に始まる。赤十字国際委員会（ＩＣＲＣ）はその履行の責任を負ってきた。現在の国際人道法の基本は、陸戦、海戦、捕虜、文民の保護に関する「一九四九年のジュネーブ四条約」と一九七七年の二つの追加議定書によって構成されている。

古沢　ＪＩＣＡも自衛隊のＰＫＯ要員にジェンダー教育を始めました。ただ、市民運動としては東ティモールに対する自衛隊の派遣は必要なく、民間にやってもらったほうが効率的だと主張してきました。また、自衛隊派遣を云々する前に東ティモールに関連する日本の戦争責任と戦後賠償問題を処理すべきではないかと提案しました。基本的に派遣に反対なので、派遣される自衛隊の方たちに対して何かレクチャーをという発想にはならなかった。

　九九年の住民投票の三カ月ぐらい前にＰＫＯを統括する内閣府の部局から、現地の状況をレクチャーしてほしいと依頼され、受けました。誰にでもお話しするというのがアクティビストの信条であり、治安のカギはインドネシア軍が握っていて、日本はインドネシアに圧力をかけられる立場にあることを理解してほしかったのです。でも彼らが知りたかったのは、一般的なティモール人の対日感情でした。

上村　日本人警察官を派遣した場合に、彼らがどう見られるのかと。

古沢　そうです。「そこですかあ」という感じでした。

関わりきる、言い続ける、つながる

上村　さて、若い世代のためにわれわれがこれからやらなければいけない仕事は、市民とは何かという議論を市民運動の中で起こしていくことかなと思いました。

　それぞれが、市民活動ではなく、市民運動を三〇年ぐらいやってこられ、それなりに社会を変えてきたという思いを持たれていると思います。残念ながら、日本の市民運動は負け癖というか、運動をやらなければいけないけれど、どうせ社会を変えることは無理という諦めがどこかにあるのではないでしょうか。それ対して、やれば変わると若い世代に示したいと思いますが、古沢さんはいかがですか。

古沢　人権とか正義に関われば一生野党のままでしょう（笑）。しかし運動の具体的な成果もあると思います。

上村　少し紹介してもらえませんか。

古沢　東ティモールの国際連帯運動はおよそ二〇年にわたって同じことを主張してきました。それは幾多の国連決議で確認された東ティモール人の自己決定権の行使です。自己決

一九九九年九月四日午前一時頃、国連の住民投票開票センター。右から順に古沢、イエニ・ダヤマンティさん、韓国人選挙監理委員、イエニさんのグループのメンバー。それぞれの宿泊先が反独立派民兵に襲撃され、国連本部に避難。その後開票作業の監視に突入したところ
（写真提供：古沢希代子）

定権とはその国の未来をその国の人々が決める権利で、植民地独立の基礎にもなっています。

そのため、私たちはさまざまな人々と連携をとりました。まず、重要だったのは、八〇年代から九〇年代にかけて再編された現地の抵抗勢力は和平路線を打ち出し、それを世界の市民運動と国際議員グループがバックアップしたことです。そのことが九六年のノーベル平和賞の受賞につながりました。また、インドネシアの人権活動家や民主化勢力とも連携を取りました。スハルト退陣後、東ティモールで住民投票が実現したときには、インドネシアの人権活動家が国連の選挙監視に参加しました。その人たちは東ティモールでインドネシア軍が反独立派民兵の後ろ盾になっていることを目の当たりにし、帰国後の記者会見で投票前後の暴力に対する自国の軍隊の関与について語りました。その一人、イエニ・ダマヤンティさんという女性活動家は、会見後バイクにはねられ大けがを負いました。会見の報復だと思われましたが、結局犯人はつかまりませんでした。

九〇年代にアジア的人権論[*56]の旗をインドネシアが振り、東ティモール問題への関心の広がりを阻止しようとした時は、アジアの人権活動家が立ち上がり、フィリピン、マレーシア、タイで東ティモール問題に関する国際会議の開催が実現しました。アメリカでクリントン政権が発足すると、両国の市民グループの働きかけによって日本の国会議員とアメリカの上下院議員、あわせて三〇〇名以上が国連事務総長への請願書に署名をしました。内容は東ティモールの人権問題に対処するだけでなく、政治的解決の道を探るため全当事者による交渉を仲介せよと促すものです。これにより国連による「全東ティモール人包括対話」が実現しました。

スハルト退陣後、ハビビ政権が国連による住民投票の実施を受け入れました。しかし、インドネシアは国連PKFの展開を拒否しました。国際的な議員グループは、治安管理の最低条件として国連に丸腰の選挙監視ボランティアの派遣を要請し、インドネシアもこれは受諾しました。その結果、一〇〇〇人を超える投票監視ボランティアが世界中から駆けつけました。開票結果発表後、駐留するインドネシア軍と反独立派兵たちが騒乱を起こす

*56 一九九〇年代にマレーシア、インドネシアなどの政府、中国、シンガポール、日本の保守系政治家などによって展開された、従来の人権には普遍性はなく、欧米的であり、他方アジアにはアジア固有の人権枠組があるという主張。単純には、人権基準を個人主義的で社会の調和を侵害するものだと批判する。より複雑にいえば、①国家主権の尊重と内政不干渉の原則の確認(国権主義)、②人権の政治的選択的利用の否定(反覇権主義・国際民主主義)、③欧米における人権保障の対象としての個人に対し、アジアにおける権利主体としての集団・共同体の優位(アジア的価値論)、④自由権の前提としての社会権の実現と、そのための経済開発の優先(人権モラトリアム論)、から構成される。欧米社会による人権の二重基準には有効な反論となるが、その他はアジアの権威主義体制を擁護するものと、アジア内部からも批判されている。

と、国連職員と投票監視ボランティアは自国に帰りメディアを通じて必死で問題を訴えました。安保理決議によって驚くほど早くオーストラリア軍の投入が実現したのは、彼ら丸腰の目撃者たちが最終的に世界を動かしたからだと思います。ただし、その間に千数百名の犠牲者が出たことを決して忘れてはなりません。

私が言いたいのは、何が手柄かということではなく、関与し続ける粘りが大事だということです。NGOと呼ぼうが市民運動と呼ぼうが、関与の密度が専門性を培い、決してあきらめないことが物を動かすのではと思います。

実は、東ティモールへの多国籍軍の投入で悲劇が終わったわけではありませんでした。インドネシア領西ティモールの難民キャンプはインドネシア軍兵士や民兵によって支配され、独立派の女性に対するレイプや子どもの連れ去りが起こりました。治安の焦点はすでに東ティモールから西ティモールの難民キャンプに移っていました。けれども、日本政府はそれを理解しませんでした。当時の外務大臣は河野洋平さんでしたが、難民キャンプは安全でしょうと私に語りました。これは外務省の見解でしょう。難民キャンプは安全などと発想できるのは、インドネシアの体制に対する警戒感がまったくないからです。そこで私たちは、難民キャンプの武装解除と難民の早期帰還への支援を求めるキャンペーンを始めました。またインドネシアの宗教者と連携を取り、連れ去られた子どもの追跡も行いました。こうした活動に共感されたなら、NGOだけではなく国連難民高等弁務官事務所でも働けますよ（笑）。

上村　大橋さん、今までの活動の中でこれは成功したぞ、みたいなことがあればご紹介ください。

大橋　一つは、先ほど述べた「市民による海外協力」という概念の確立です。もう一つは、いまはやっているフェアトレードです。オルター・トレード・ジャパン[*57]とかシャプラが始めたやり方と、最近始まっている「軽い」フェアトレードの間に違いが生じています。前者は、生産から加工、流通のプロセスをきちんとチェックする原則に忠実なフェアトレードです。しかし一般の人たちにとっては、フェアという名前やラベルが付いた商品ならす

＊57　日本ネグロス・キャンペーン委員会（JCNC、現APLA）の活動を基盤に、一九八九年に市民の共同出資で設立された草の根の貿易会社。フィリピン・ネグロス島のバランゴンバナナを中心にアジア・アフリカ・中南米へも民衆交易を拡大。

べて同じに見えてしまう。こうしたラベルを重視したライトが出てくるのも仕方がないのですが。シャプラニールとしては、フェアトレードをやり続けて一つのモデルをつくったのもささやかな成果だと思います。

別にNGOや市民活動のおかげだけではありませんが、日本にとってアジアやアフリカは三〇年前に比べると非常に近い存在になった。韓国もそうです。今は多くの人が気軽にアジアを語ってくれる。その結果、例えば私たちのような国際協力、貧困に関わるNGOのネットワークが注目されている。

当事者の主体性と市民運動

編集部　第5章で相内俊一さんは、自分はサポートしている人だという立ち位置に気をつけているとおっしゃっているのですが[*58]、国際的な市民運動というのは最終的にどこがゴールなのか。それをだれが決めるのですか。

古沢　それぞれの運動体が決めるのだと思います。

編集部　当事者たちではなくて、運動体なのですか。

古沢　運動体は必ず当事者たちと一緒にやっているから、その中でだと思います。

編集部　例えば東ティモールが独立したら、東ティモールの人々が主体になって、かれらの求めに応じてこっちが動くことになったのですか。

古沢　当事者の主体性が尊重されるべきことに変わりはありません。ただ国際社会が加担していたり、日本政府の責任があったりする事案がたくさんあるので、そういう意味では、現地の人たちだけが当事者というわけではない。

人権や民主主義を求める運動というのは、基本的にはもちろん当事者が主体であるけれども、そこの人たちだけが取り組めばよいというものではありません。離れていても、よくないことがあったら、みんなで声を上げて、それはおかしいと言って正していこうというのが国際連帯です。そういう意味では、主体はそこの人たちだけれども、一緒にやっていくというスタンスは変わらないのではないかと思います。

編集部　国際的な市民運動というのは、外国や当事者の人々の境遇をよくするだけではなくて、翻って日本政府や、突き詰めていけば

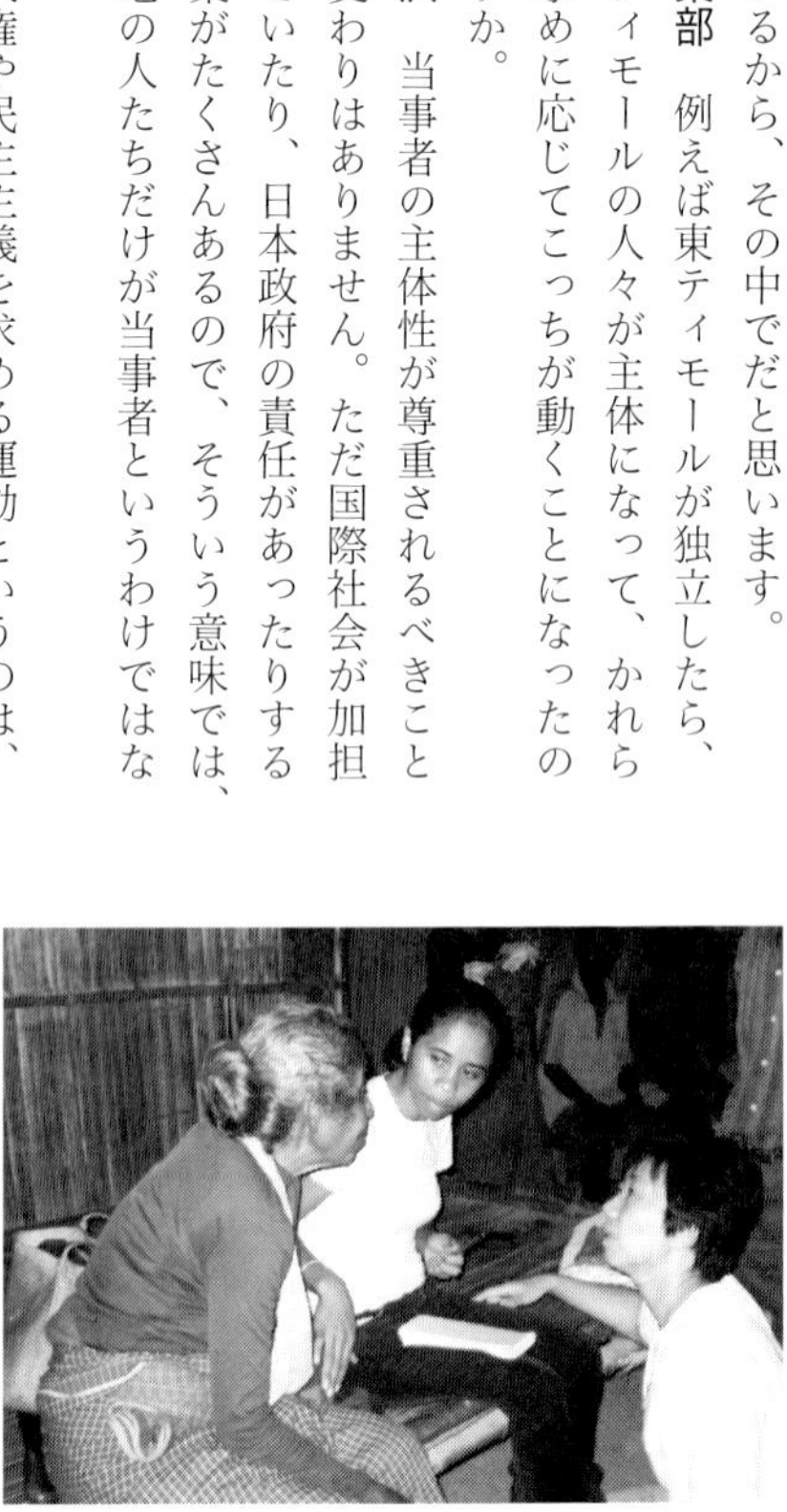

二〇〇六年九月東ティモール東部のウアトカラバウで、大戦中に日本軍の「慰安婦」にされたエスペランサさんからお話を伺っている古沢氏（右端）　（写真提供：古沢希代子）

*58　本書一〇五ページ参照。

私たち日本の市民の問題への向き合い方にも関わってくる。

古沢　そうです。私が運動を始めた理由もそのことへのこだわりだったのです。東ティモール問題を通じて、一体日本とは何なのだ。市民が政策の手綱を取れないなら民主主義に意味はあるのかと思った。むかし堀田善衛の本を読んで、私は何にもできない、キューバに行っても役立たないと思ったけれども、日本の市民として日本政府がやっていることを何とかするのは私の問題だと思った。これは自分が関わらなければいけない。キューバでカストロと一緒にジープを押さなくてもいい。ここが私の主戦場だと思いました。

まるごとの人間と、粘り強く関わる

上村　私の場合、先住民族の権利運動を通じて多文化・多民族社会としての日本をつくっていくことを結局は目指してきたと思います。一九八六年に当時の中曽根康弘首相が日本は単一民族国家だと発言しました。どういう文脈だったかというと、米国は多民族国家なので教育水準も低いし大変な国家だけど、日本は単一民族なので教育水準も高く、素晴らしい国であるという発言です。当時の政府の公式見解は日本の国民にはいかなる少数民族もいないと、存在を完全に否定していました。またその発言を批判された中曽根さんは「私の中にもアイヌの血が入っている」ともいいました。私のひげが濃い、まゆ毛が濃いのはアイヌの血が入っているからだと、日本人がハイブリッドな背景を受け入れて民族を形成したという発言です。八七年から国連のジュネーブの人権機関にアイヌの代表が行くようになり、九七年にはアイヌ文化振興法が成立します。[*59] しかし、この法律はアイヌ民族の権利を主張するものではなく、文化の振興が目的で、アイヌ文化の振興の主体は日本人でもよいのです。この法律に評価すべき点があるとすれば、第一条で、アイヌ文化振興の前提として、日本はこれから多文化社会になると明記しています。その一点だけはよかったのですが、すぐにアイヌ文化振興・研究推進機構ができ、アイヌ民族を補助金・助成金漬けにすることで彼らの抗議の声を封じ込める一定の役割を果たしました。二〇〇八年六月に、G8サミットの直前に、アイヌ民族は先住民族であるという国会決議が採択され、その結

＊59　詳細は本書八二―九一ページを参照。

果、二〇〇九年一二月にアイヌ政策推進会議*60が設置されました。この機関では、一五名の委員の内五名がアイヌ民族で、二〇年前に比べれば格段の進歩には違いありません。ただし、会議の中身は官僚の強いコントロール下にあって、本来行われるべき抜本的なアイヌ民族政策はなかなか進展していません。

もちろん、八〇年代に官房長官が「アイヌ、アイヌと言っているやつは金が欲しいから言っているのであって、貧乏人には福祉予算をばらまいておけばいい」と言ってはばからなかった頃に比べると、変化はあります。

また、国際的には、二〇〇七年九月に「先住民族の権利に関する国際連合宣言」が国連総会で採択されました。正直言うと、僕らは、採択はかなり難しいと考えていました。主権国家が先住民族の権利のように、自らの存在を否定するような宣言を認めるとは思えなかったのです。しかし、まさに世界の先住民族運動やその支援NGOが主張し続けてきたからこそ、この成果が達成できたのです。その点、先ほどの古沢さんや大橋さんの指摘はすごくよくわかります。ある種の定点観測というか、粘り強い関わり方が重要だと思います。今の若い人たちはフットワークが軽くて、いろいろなところに行って、いろいろなものを見てくる。その場その場で見たものにすごく感動はする。けれども、それだけではその背後に存在する複雑で本質的な構造はなかなか見えない。問題の複雑さをしっかり理解しないと、何に本当は取り組むべきかが見えてこない。名村さんや土屋さんもエッセイに書いてくれていますが、何が達成できて、何が課題なのかを知るためにも、一〇年、二〇年、三〇年かけて一つのテーマに取り組んでいくことは重要だと改めて思います。

大橋　私の専門は開発学ですが、開発学として途上国を扱う人があまりにも増えてしまって、丸ごとの人間が見えていないのではないかと感じます。私自身、ただ好きだからインドとつき合っているとお話ししましたが、好きじゃないと始まらない。貧しい連中を助けてやろうなんて思っていると、相手が見えてきません。開発の技術や言語を大学で学ぶだけではだめな面がある。定点観測のもとになるのはつき合いとかしつこさ。相手が好きだとか、共感というか、自分に内部化しない限りやれません。それ抜きに貧困を問題として

*60　官房長官を座長として設置された機関。アイヌ政策の総合的かつ効果的な促進を目的とする。

だけ取り上げて、そのための方法論が語られてしまうというのには、危機感を覚えます。これはODAによく見られることですが、市民活動でも起きかねないわけです。

やっぱりだれかを好きになるのは意味のあることです。現場でこだわり続ける定点観測をやらない限りどうも、お勉強としての貧困問題、他人事になってしまう。

上村 学ぶ機会が増えた分だけ、そういう落とし穴に陥りやすいということですね。

発見のプロセスの大切さ

古沢 一つ言い残したことは、平和構築[*61]についてです。なぜ平和構築という言葉がこんなにはやったかというと、9・11以降、武力紛争後の再発防止と経済復興にお金がいっぱい出るようになったからです。そのお金はNGOにもまわってきました。でも、そうやって「ポストコンフリクト」という状況になるのは、イラクにしてもアフガニスタンにしても、アメリカが政治的判断で介入した地域のみです。それでいいのだろうか。市民運動の視点からみれば、アメリカが介入しないから紛争が終わらない、例えばパレスチナみたいなところにこそ、国連のPKFが派遣されるべきだという声をあげるのが市民運動の役割だと思います。なぜパレスチナではないのかと問うことなしに、アフガニスタンやイラクに活動のチャンスができましたといって赴くのは少し違うと思います。それでは、民間企業がビジネスチャンスを獲得するのと同じです。

私たち市民運動がやるべきことは、人権状況を指標に、何かが起こる前に警告を発して国際社会の関与を呼びかけ、紛争が起こってしまったら停戦や中立的な和平の仕組みを実現するために働きかけたりすることなのではないかと思います。それをせずにポストコンフリクトの状態になったとされた場所だけに対処すればいいわけではない。

上村 問題発見のプロセスが必要になる。

古沢 大国、アメリカが介入しようとしまいと、潤沢な資金があろうとなかろうと、解決しなければならない問題がある。そういう問題に光をあてることにこそ、市民運動の役割はあるのではないでしょうか。

二〇一二年二月二〇日

*61 紛争後の地域に対して、不安定な平和が逆もどりしないよう、開発政策や行政機構支援を一体化しようというもの。この考え方は一九九二年に国連で提唱されたが、二〇〇六年に、安全保障理事会の下に平和構築委員会が設置されたことで広く知られるようになった。平和を安定化させるという意味では重要だが、外部から一定のモデルを利権確保のために押しつけるという側面もある。

Column

もし菅直人が総理大臣になったら……

黒岩美枝子
市民外交センター

上村英明とはじめて会ったのは、市民外交センター設立の一年前、一九八一年の春だった。紀伊國屋書店の前で待ち合わせることになり、上村は「目印に赤いバラを持っています」と言った。どんなにすてきな人だろうと出かけたが、上村は首にタオルを巻いた髭づらの男だった。しかし、名刺の肩書きは《衆議院議員菅直人秘書》。「その格好で国会に入れるんですか？」と思わず聞いてしまったのを覚えている。当時一年生議員だった菅直人は、市民参加の政治を実践するべく、議員会館の部屋を公開していた。そこへ集まってきた学生や若い人たちが、いくつかのプロジェクト——丸山ワクチン、ゴミの減量とリサイクル、反核・軍縮運動、金権政治との対決など——に取り組んでいた。国会にジーンズ姿の学生が出入りするのははじめてだった。上村は、市民外交センターを育てつつ、国会のボランティアスタッフとして菅直人の市民運動と議員活動を支えた。あるとき、「もし菅直人が総理大臣になったら……」という冗談が出て、勝手な組閣人事を言い合ったことがある。「人がいないから、外務大臣は上村英明だー」と誰かが言ってみんなで笑った。

設立の日、市民外交センターの最初の事務所、渋谷区のアパートの狭いひと部屋で「これからの外交は市民がやるんだ」と上村はこぶしをあげたが、本人は記憶にないそうだ。

上村外務大臣は実現していないが、市民外交センター設立のきっかけともなった菅直人は総理大臣になり、今や市民運動出身の国会議員も彼ひとりではない。

私はといえば、市民外交センターの事務局を手伝いながら、お母さん仲間とおしゃべりするときに、少しずつだが先住民族問題や人権について話してきた。これもささやかな市民運動だと思って。

Column

『ワンニャン探偵団』

広岡守穂
中央大学教授

市民外交センターのはじまりの活動のひとつは、ソロモン諸島だのバヌアツだの南太平洋の島嶼国の子どもたちに学用品を送ることだった。上村英明が学用品を送りたいと言い出したときは、本当にびっくりした。なにしろみんな定職さえもっていなかった。上村は大学院生を修了したばかりで、名村晃一に至っては浪人生だった（定職に就いていたのはわたしだけだった！）。金もないのにどうやって学用品を送るのかと思っていたら、手作りのノートを送るという。はあー、と声も出なかった。でも仲のいい友だちが言い出したことだ。応援しよう。そう思った。

国連軍縮総会が開かれたとき、上村は、日本の若者もなにか声を上げようと言い出した。それではじめたのが「どうぶつ反核署名」の運動だった。核兵器が落ちたらあなたの飼い犬飼い猫も犠牲になるのだから、その足形を押して反核の意思表示をしようというアイデアだ。漫画家の赤塚不二夫さんに賛同してもらい、原宿の歩行者天国で署名活動をした。

それが新聞で報道されたら、記事を読んだ兵庫の女性から新聞社宛に投書があった。投書は上村のもとに回送されてきた。そこには投書の主が少女だった戦時中の思い出が書かれていた。太平洋戦争もおしつまったころ、イヌネコの毛皮の供出がおこなわれた。あなたの飼い犬飼い猫の毛皮をお国のために役立てましょうというのである。彼女の家でも飼い犬を供出することになり、可愛がっていた飼い犬を保健所につれていった。そのときの悲しい思い出が書かれていた。

思わぬ展開があった。上村がこの話を子ども向けの読み物としてポプラ社から刊行することになったのである。三人で兵庫まで取材に行った。たしか三人分の旅費の半分はわたしが負担したと思う。

二カ月後『ワンニャン探偵団』が出版された。読んで驚いたのは、登場人物がみな実名で書かれていたことだった。わたしは「ヒロオカくん」になっていた。

Column

今こそ「身の丈」のしぶとさを

名村晃一
ジャーナリスト

ニューヨークのウォール街にある小さな公園を若者たちが占拠し始めたのは二〇一一年九月だった。ウォール街に代表される金融界が世界の富を独占していることへの抗議行動は「ウォール街を占拠せよ」の合言葉のもと、米国全土、そして世界に広がった。米国は高い失業率に苦しみ、欧州はギリシャに端を発した経済危機のただ中だった。「世の中を変える」タイミングとしては悪くなかった。しかし運動は半年ともたなかった。目標が定まっていなかったからだ、と多くの人が指摘したが、これは間違いだ。現場に並んだプラカードは失業、反戦、警察の腐敗、同性愛、教育現場の惨状など多彩だった。層の厚さは、本来、プラス要因のはずだ。「占拠せよ」が短期間で衰退したのは日常を忘れていたからだ。家を失った訳でもないのに公園で野宿している若者たちが中心に活動した。これでは長続きするはずがないし、浮世離れは世の中の共感を呼ばない。

「占拠せよ」のニュースに触れるたびに思い出したのが「身の丈」という言葉だ。市民外交センターが活動を始めたころからの「校訓」のような言葉だ。長続きの秘訣がここにある。

背伸びをしたり、自分を犠牲にしてばかりいると挫折するのは目に見えている。挫折したら市民運動はそこで終わりだ。市民運動は熱しやすく冷めやすいではいけない。だから、自分がやりやすい中でかかわっていくという考え方は、絶対的に正しいと思う。市民運動は同じ志を持った人たちが集まるからこそのものだが、一方で「独りよがり」に陥り、大きな歪みを生むケースが多い。「井の中の蛙」を引き起こしやすいのは市民運動の宿命でもあるが、これを防ぐのも「身の丈」だと思う。

三〇年たって時代は大きく変わったように見える。しかし、地球上の多くの人たちが貧困に苦しむ現状は何も変わらない。悔しさと失望感は筆舌に尽くせない。しかし問題を指摘する側が倒れてしまっては、すべてが終わってしまう。善悪が分かりにくい今こそ「身の丈」のしぶとさが必要だ。

1993年の国際先住民年の開始にあたって国連本部で開かれたセレモニーに出席した世界の先住民族の代表（1992年12月：UN Photo/Eskinder Debebe）

第2章

論考

市民外交と民際外交

菅沼彰宏

1 国境をこえた交流

もともと「南北問題」に関心が深かった私は、その中でも自分たちの日常的な生活が、南の貧困とどう関係しているのかという構造的なつながりや、植民地による資源の搾取など歴史的な関係がどのようにして現在の不平等な構造に至っているのかということに興味を持っていた。そのため、大学生の時には人と人とが、プラスの意味でもマイナスの意味でもいかに多様なつながりを持ち、マイナスの関係をどうやってプラスへ転じていくことができるのか考えようとしていた。そして、一九九〇年代のはじめには神奈川県の民際外交、そして市民外交センターによる市民外交にほぼ同時に関わるようになった。

私が暮らす神奈川県では、行政が南北問題に関する開発教育の教材を作成したり、非核自治体の会議を横浜へ招致するなど、地球規模の課題に対して積極的に取り組んでいた。一方、市民外交センターという一つの小さなＮＧＯは、他のＮＧＯと連携するだけではなく、国連や南太平洋をはじめとした政府へ直接働きかける活動をしていた。

両者とも国と国との「国際外交」ではなく、神奈川県は市民と市民による「民際外交」を標榜し、市民外交センターも「市民外交」を実践している。しかしながら専従職員ももたない市民外交センターは三〇年にわたり活動を継続しているが、日本の自治体外交を大きく変えたとされる神奈川県では、民際外交はその言葉すら県庁から消えてしまったのである。そこで全く規模も活動内容も違う両者を概観し、自治体外交へ示唆となる点をあげられたら幸いと思う。

もちろん、国によらない国境をこえた連携や交流は、神奈川県の民際外交や市民外交センターの設立以前から存在していた。戦後の日本は、戦争によって損ねられた国際的な信頼と地位の回復を目指した。一九五一年にサンフランシスコ講和条約を締結して国際社会に復帰すると同時に、ユネスコへ加盟し本格的に国際文化交流事業が再開された。たとえば、一九五二年には国際文化会館が米国ロックフェラー財団の協力により設立され、また日本国際連合協会は一九四七年に設立されているが、日本の国連加盟を促進するべく各県に設けられた県本部を中心に、広く「国民運動」として意識啓発を図っていた。一九五〇年には日中友好協会、一九五二年には日独協会、一九五七年には日ソ協会などの二国間協会も続々と設立された。しかし、日ソ協会の初代会長が鳩山一郎であることからもわかるように、民間交流とはいえ、国連加盟、国交回復のための世論喚起と実際の交流窓口としての側面が強かった。

自治体レベルをみると、米国大統領アイゼンハワーのPeople to People政策の「輸入」もあり、一九五五年に長崎市と米国ポートランド市の間で姉妹都市関係が結ばれた。交戦国の和解のシンボルとして、原爆投下都市が選ばれたのである。以後一九五七年の仙台市とリバーサイド市、岡山市とサンノゼ市と、市民同士の交流と和解を図る自治体の動きが急速に広がりをみせた。[*1] 現在では一六〇〇にのぼる国境をこえた自治体同士の交流があり、経済協力や技術的な交流もなされている。[*2]

しかし、領土問題のように「国家」を意識させるような問題が生じたとき、自治体同士の交流行事は中止されることが多い。本来「市民交流の促進による相互理解を図る」べく進められてきた姉妹都市交流だが、そのようなときにはなかなか効果を発揮できない。

自治体同士の姉妹都市交流が進められるなか、それらとは一線を画し、自治体による「外交」を宣言したのが神奈川県による「民際外交」であった。姉妹都市は地方自治法により自治体に許された例外的な国際政策であるが、民際外交はそれを超えようとした。従来の地方自治体の国際政策は国を経由されるが、民際外交は地方の独自の判断で国を経由せず実施される。

2 神奈川県の民際外交

一九七五年から約二〇年間にわたる神奈川県の民際外交は、それまでの自治体外交と比して「課題領域のグローバライゼーション」「担い手のローカライゼーション」「方法のデモクラタイゼーション」という三つの特徴があり、そしてそれを包含した「地方の時代」というキャッチフレーズに人々は大きな変化を感じたのである。[*3]

この民際外交の推進に最も大きな影響を与えた人物は、長洲一二知事であった。長洲は一九七四年に、知事選に立候補する際の「新かながわ宣言」で「外交は国がやるものとだけ決めつけるのも、すでに古くさい考えです。国がやる「国際」外交の基礎には、国民同士がつながる「民際外交」があるはずです」と述べ、知事就任後の一九七六年には、全国で初めて「国際交流課」を県庁に設置した。[*4] その後、神奈川県の民際外交は国際交流課だけが担うのではなく、経済、保健医療、労働、環境、施設整備などの領域も民際外交に含まれ、県庁内のほとんどの部局が民際外交の担い手となった。[*5] 県の事業の様々な領域に民際外交の理念を取り入れていったのである。その理念とは、「この地球上に生活する民衆同士が、国や文化などの違いを超えて、人間としてのふれあいのなかから連帯のきずなを強め、民衆の側から世界平和の実現に寄与しようとするものである」。[*6] つまり、「モノ」「カネ」「情報」そして「ヒト」が国境をこえて移動する時代になり、行政内のセクショナリズムや、神奈川というローカルな視点では解決できない地球的な課題が続々と出現するなか、最も基礎的なヒトの交流を通して相互理解を図り、これらの課題について共通認識をもち、それぞれの立場から解決に取り組んでいくことを目指す理念であった。「世界平和の実現」というときの「平和」も、単に戦争がない状態をさすのではなく、構造的な暴力の不在、積極的な平和の実現のために民際外交を推進していくという明確なビジョンが存在した。これこそが他の自治体の国際交流活動と大きく異なる、神奈川県の民際外交の特徴であった。

一九八〇年代初めまでは欧米と交流する自治体がほとんどだったが、神奈川県の民際外交は、アジアやアフリカといった発展途上国の人々との連帯を追求するようになった。そして、市民同士が国境を越えて対等な関係を形成していくためには、民主的に関係づくりができるかが重要であるとされた。例えば神奈川県のNGOと海外のNGOとをつなぐ情報センターでもあったKIS（Knagawa Information Station）が設置されるなど、行政の中に市民の自発性を尊重し、啓発していく仕組みが作られた。また中学生の女の子の視点から、南北問題をはじめ難民、環境破壊といった地球上の様々な課題と自らのつながりを考えていく開発教育教材「たみちゃん」シリーズも発行された。国際協力や地域の国際化に取り組むNGOなどに助成する「かながわ民際協力基金」も創設された。神奈川県国際交流協会（現・かながわ国際交流財団）は、アジアへのスタディツアーなどを実施してきた。県立地球市民かながわプラザ[*7]におけるアジアの復元家屋や文化紹介の手法等にも、同じ地球に暮らす一員であるという姿勢が見られた。

しかし、こうした民際外交の担い手があくまでも県庁各部署であったことは、市民の自発性を尊重することが理想であるはずの民際外交を自治体とはいえ、行政主導で推進していくという矛盾をはらんでいた。坂本義和は民際外交について、「しかし、自治体も地方「政府」であるので、自治体による姉妹都市等との交流も有意義ですが、市民の手による外交については、市民を主体とし、自治体はそれを支援する役割にとどまるべきではないか」と指摘し、長洲知事もそう理解していたと述べている。[*8]つまり出発点が自治体であったとしても、やがて「主役は市民」「自治体は脇役」という転換が起こるか否かが、民際外交の成否のメルクマールであった。しかし実際には、民際外交は、交流から協力へ、協力から「合作」すなわち連帯へと、その視点を広げて展開してきたものの、あくまでも県主導で行われ、市民が主役となる転換が起きたとはいえなかった。そして長洲知事の退任後、神奈川県庁内で「民際外交」という言葉は使われなくなっていった。

ただし、その後の岡崎洋知事のもと、ＮＧＯから県政へ政策提言を行う「ＮＧＯかながわ国際協力会議」が設置され、ＮＧＯの意見を政策へ反映させていく仕組みはできた。

神奈川県の民際外交の取り組みは理念的には深化を遂げたが、普及啓発から具体的な制度変革にはただちに結びつかなかった。ただし、そうした問題提起、啓発はその後の神奈川県政に反映されていった。例えば「内なる民際外交」は「多文化共生の推進」施策に引き継がれ、神奈川県の重要施策の一つとして現在も総合計画にも盛り込まれている。また、参政権がない外国人住民の意思を県政に反映させるための「かながわ外国籍県民会議」の設置や、先述の「ＮＧＯかながわ国際協力会議」なども、ポスト長洲県政期に産声をあげている。

3　市民外交と民際外交

かつて上村英明は神奈川県の民際外交のフレームワークについて、民際外交と国際外交という「棲み分け」に基づき、「国とは別の事をする」という発想が、逆に国際外交を市民に対して平板かつ硬直的に見せる役割を果たしてしまっていると指摘した。そして、「市民による外交参加は、市民と市民、自治体と自治体という二つのチャンネルだけではなく、市民と国連、市民と政府間機構、市民と外国政府、市民と外国の政党などの多様なチャンネル、さらに自治体に関しても同じく多様なチャンネルを想定することができる」のだと主張した。[*9] こうした発想に基づいて一九八二年に誕生したのが市民外交センターである。当時はカンボジア、ラオス、ベトナムからの大量の難民が発生した時期であり、日本においても難民の救援活動を行うＮＧＯが多数設立された。一九七八年には国連の軍縮特別総会が開かれ、一九七九年にはスリーマイル島原発事故が発生した他、ＳＡＬＴⅡ条約が署名されるなど、核に対する市民の意識も高まっていた。

市民外交センターの設立された一九八二年に、第二回国連軍縮特別会議が行われた。本書に掲載された広岡守穂のコラムにもあるように、市民外交センターではこの軍縮特別総会に向け、「どうぶつ反核署名の会」を発足させ、人間だけではなく動物にも「署名」をしてもらうというユニークな活動を行った（四一頁参照）。その後、市民外交センターは南太平洋の非核地帯運動の支援を重視するようになった。一九八五年には南太平洋非核地帯条約が署名されるが、その後、フィジーの首都スバにある南太平洋経済協力機構[*10]の図書館が未整備であることがわかり、市民外交センターは一九八六年から広島・長崎に関する英文文献を寄贈する活動を始めた。そうしたなかで、当時問題となっていた日本と台湾による「流し網」漁法の弊害について南太平洋フォーラム事務局[*11]と共同で対処する活動を一九八九年から始めた。たとえば、一九九〇年には日本の水産庁と交渉し、その報告をフォーラム事務局へ送り、フォーラム事務局から送られてきた資料をもって日本のマスコミへのアピールを行った。フォーラム事務局から送られた資料にはグリーンピース、アーストラストといった国際的な環境NGOが精密な海洋調査を行った報告も含まれていた。こうした「高い専門性」「正確な情報収集」といった能力を備えれば、市民による外交が可能となると上村は述べている。[*12]

市民外交センターは他方、独自の資金源であるピースタックス（巻末資料参照）をもとに、南太平洋諸国を対象にした「平和の奨学金」を開始してもいる。この奨学金は、市民外交センターがキリバスやバヌアツの政府を通じて子どもたちの教育支援を行うものであった。日本の一NGOが南太平洋諸国の政府と直接交渉する「外交」を行ったのである。一九九四年には「太平洋の戦後補償を考える」というテーマで、マーシャル諸島共和国の議員や、ナウル共和国の大統領特別顧問を招いてフォーラムを開催した。こうした市民外交センターの活動は、市民と外国政府との「外交」が「高い専門性」「正確な情報収集」によって可能となるという上村の主張を裏付けている。もっとも専従職員がいない弱小NGOである市民外交センターは、単独で「高い専門性」と「正確な情報収集」を行えるわけではない。状況に応じて、高い専門性を有する団体や機関、個人、また当事者をはじめとする現場で情報をもつ人びととの有機的なつながりを活用しているのである。

市民外交センターの実践してきた市民外交とは異なり、神奈川県の民際外交はあくまでも行政主導であった。[*13]その運動性の欠如のゆえに、市民と行政職員との交流が生まれず、相互学習や経験の蓄積の機会も少なかった。施策は首長や首長周辺からのトップダウンとならざるを得なかった。長洲知事の補佐官を長年にわたって務めた久保孝雄によると、「（知事は）長洲さんの政策づくりを手伝っていた私を秘書課主幹・調査担当に任命し、……直属の秘書一人も民間から登用し、二年後さらにもう一人の補佐官を民間企業からスカウトしました。つまり三人をPolitical Appointee（政治的被任命者）にしたのです。……アメリカの州知事の場合の数十名（ないし百名程度）に比べると実に微々たる人数ですが」[*14]。こうして年月が経過するとともに、神奈川の民際外交は既成の「事業」として、県職員によってこなされるようになっていった。「主役は市民」という転換は、結局起きなかったのである。

4　市民性と専門性を求めて

専従職員もいない小さなNGOが行う市民外交と、ひとつの県が行う民際外交を単純に比較することはできない。しかし、市民外交センターの取り組みから、自治体が行う「外交」の可能性を考えるための示唆を得ることができる。

一つは、多チャンネル化である。姉妹都市交流などに限定されがちな自治体の国際交流に対し、市民外交センターは支援NGOや研究者のみならず、国家政府や当事者団体、国連や国際機関といった様々なチャンネルを使って情報交換や政策提言を行うことで成果を上げてきた。

もう一つは、市民の参加の拡大である。市民社会の抱える在住外国人、環境、エネルギーなどの問題に対し、例えば国連・国際機関での動きや海外の自治体の先進的な取り組みなどを知ることで、地域で起きている現象を相対化することができる。多くのチャンネルを通じてそれらの課題に取り組む「外交」のなかで、より複眼的な視点で解決方法が模索できるのではないか。例えば自治体が取り組む「多文化共生社会の実現」といったテーマについても、日本の総務省の見解に従うだけではなく、他国の政府や自治体、国連機関などとのチャンネルをもつことで、現在は施策の射程に含まれていない先住民族への歴史的な謝罪・補償の取り組みも含めた、さまざまな事例や考え方を学ぶこともできる。

こうしたことが可能となるためには、自治体に高い専門性と正確な情報収集能力がなければならない。いま、日本の地方自治は行政改革の大きな流れの中で、より「小さな政府」へと突き進んでいる。市民性、専門性、情報収集をこうした状況の中で確保できる仕組みをいかに構築できるかが課題である。

＊1　榎田勝利「国際交流・国際協力の新しい潮流と方向性を探る」榎田勝利編著『国際交流の組織運営とネットワーク』明石書店、二〇〇四年。
＊2　（財）自治体国際化協会ＨＰより。
＊3　民際外交10年史企画編集委員会編『民際外交の挑戦』日本評論社、一九九〇年、二三四―二四六頁。
＊4　久保孝雄『知事と補佐官』敬文堂、二〇〇六年、六〇頁。
＊5　前掲民際外交10年史企画編集委員会編、三〇六―三〇七頁。
＊6　同前、二三四―二四六頁。
＊7　元々は「かながわ国際こども館・平和館」として構想された県立施設。地球市民かながわプラザとして開館し、子どもの感性の育成と地球市民としての意識を培う中で共に生きる平和な国際社会の創造を地域から作り上げていくことを目的としている。
＊8　坂本義和『人間と国家　下』岩波書店、二〇一二年、八七頁。坂本義和「「地方」の「国際化」」長洲一二・坂本義和編著『自治体の国際交流』学陽書房、一九八三年、二四頁。
＊9　上村英明「「市民外交」の挑戦」日本平和学会編『平和研究16』早稲田大学出版会、一九九一年、八八―九〇頁。
＊10　大洋州諸国の首脳が対話する場として一九七一年に開催された「南太平洋フォーラム」の事務局として一九七三年にフィジーに設置された。
＊11　一九八八年に南太平洋経済協力機構から名称変更となった。
＊12　前掲上村、九六―九七頁。
＊13　この点については、平野健一郎監修『戦後日本の国際文化交流』勁草書房、二〇〇五年の第三章が詳しい。
＊14　前掲久保孝雄『知事と補佐官』五三頁。

すがぬま・あきひろ：市民外交センター事務局長

Column

二周遅れのトップランナー？

土屋真美子
NPO法人アクションポート横浜理事

市民外交センターがスタートした三〇年前、今ほどボランティア活動や市民活動をする人は一般的ではなく、「ご立派な方」か、「変な人」扱いされていた。そんな時期に、大学院の同級生だった上村英明が「変なこと」を始めた。今振り返ると、何で私が関わるようになったのかはあまり明確ではないが、大学を卒業して、大した仕事もしていなかったので、お金はないけどヒマはあると、手伝うようになったのだと思う。

今、私は偉そうに大学では「ＮＰＯ論」の講義をすることがある。その時に必ず定義するのは、「ボランティアとは、自分が共感するものがあったり、〈これはおかしい〉と憤りを感じたり、〈課題を解決しなければ〉と思って、やむにやまれず動き出す」ことである。何かに突き動かされて、活動を始めるのがボランティアの原点、というのは繰り返し話している。

核戦争の危機があった当時、上村は、「平和」の実現には市民が動かねばダメだ、という思いに突き動かされて活動を始めたのだと思う。ただ、私自身は「友人がやるから、まー手伝うか」ぐらいのとても低い共感レベルからのスタートだった。だから、私の最初のきっかけはボランティア的思いからだった、とはとても言えない。

しかし、私は市民外交センターがきっかけで市民活動の分野を知り、その後市民活動の中間支援組織のスタッフとなった。その中で、環境分野を自分のテーマとし、ＮＰＯが増え、はじめてニーズが高まった中間支援の活動には、結構真面目に取り組んでいる。

中間支援組織として、ＮＰＯの評価は重要である。企業とは違い、事業高でＮＰＯの評価はできない。ＮＰＯは、課題に対してどういう成果をあげているか、社会にどうインパクトを与えたかが評価の基準となる。だから、成果をいろんな手法で計測しようとするが、これが結構むずかしく、決定打

Column

はない。個人的には、その課題の対象、当事者からの評価が一番重要だと思っているが、それも計測はかなり困難である。

もう五年以上前になるが、事務所のそばでアイヌの民族衣装を着た方から道を聞かれたことがある。横浜で開かれた会議に参加する方で、宿泊するホテルの場所を尋ねられた。道案内しながら、「市民外交センター知ってますか?」と聞いてみた。すると、不案内な場所で心細げだった顔が、ぱっと明るくなり、「市民外交センター知ってます。上村さんには本当にお世話になっています」と言われた。これには、こっちが嬉しくなった。

先住民族の課題から平和を実現しよう、という市民外交センターが、たまたま出会った人とはいえ、当事者からの評価が高い、というのはある程度社会にインパクトを与えているということであり、(広い意味の) NPOとして十分に機能しているということだと思う。

市民外交センター設立から三〇年たち、その間NPO法もでき、NPOへのお金の流れも増えるなど、市民活動を巡る環境は大きく変わった。しかし、市民外交センターはあまり環境の変化に惑わされず、地道に活動を続けてきた。というと聞こえは良いけれど、波に乗り遅れたのは否めない。スキルやマネジメントの面では、多くのNPOから一周遅れどころか、二周遅れになっている。

けれども、NPOにとって重要なことは、スキルやマネジメントではなく、何を実現したいかという思いがぶれずに活動を続け、社会にインパクトを与えることである。そういう意味では、市民外交センターは三〇年間、平和について真面目に考える「変な人」が集まり、目的を共有してきた。お金集めがうまいNPOなどが注目される今、「変な人」に支えられて活動をしてきた市民外交センターが、総合的に二周遅れのトップランナーになるのではないかと、密かに期待している。

第3章

インタビュー

少しずつかかわり、人の輪を大きくする

石原修＊アイヌウタリ連絡会元事務局長

聞き手：上村英明

首都圏のアイヌをまとめていく

石原　生まれ育ちは旭川で、高校を卒業してから東京に出て、牧師になるための全寮制の学校に潜り込んで五年間そこにいました。一九七〇年頃の社会風潮のなかでいろいろな問題提起をして、キリスト教会ではちょっとはぐれ者になってしまったのですが、鳥取県の教会におよそ一一年、現場の教師として勤めました。そのあいだに人権問題、部落問題、反原発、地域の児童文庫の開設などに取り組んで、本来の教会の「伝道」・「宣教活動」はあまりしなかった。市民運動をすることが教会の門を開くという考え方をもっていたのですが、教会は独立採算制なので、信者からの献金で教会を維持していくことは大変なわけです。僕は教会は一度壊さなければいけないと根っから考えて、全く「伝道」はせず市民運動に専念していたので教会から解任されてしまった。そこで、連れ合いの実家がある山梨に来ました。子供が成長していく中で、自分のアイデンティティをきちんと示さなければいけないと思い、九一年か九二年ごろにレラの会[＊1]の佐藤タツエさんと知り合って東京に出かけるようになった。

山梨では、仕事はずっと土方一本でやっていたんですが、会社で責任を持たされていたこともあって、結構時間は自由にとれました。ただ、そうはいっても土日に東京に出て、ま

＊1　「アイヌ民族の現在を考えるレラの会」として一九八三年に発足。首都圏在住アイヌの交流、アイヌ民族の権利回復、文化伝承、アイヌ民族についての啓発活動を目的として活動を続けている。

た一週間仕事というのはちょっときつかった。でも何とか乗り切った。レラの会だけではなくアイヌウタリ連絡会[*2]の事務局も、そのころは代表もいなかったので、すべて僕が取り仕切らなければいけなかった。こうして、首都圏のアイヌをまとめていく役割をしてきました。また「レラ・チセ」[*3]というアイヌ料理店にも設立から結局最後の閉店までかかわりました。「レラ・チセ」、レラの会、連絡会、東京の人権団体とネットワークをつくったりして、ずっとかかわってきました。

以前は、東京の芝で公園を借りて、仲間たちとイチャルパ[*4]をしていましたが、今は家の都合もあったりして東京に出ることもなかなか難しくなってきました。そこで去年は山梨で、私ひとりでイチャルパをやったんですけど、東京でやることには東京都に対するアピールという意味もありますので、芝でイチャルパをすることも必要なのかなと思います。今年は東京でもやってみようかなという気もあります。

「レラ・チセ」の閉店の際、なぜ閉めるのかといろいろなアイヌから非難されたんです。金銭的な事情があったのですが、店を閉める後始末もたいへんで、完全に落ち込んでしまいました。気分転換に山梨で百姓をしながら仕事もし、連れ合いの両親の面倒を見ていました。いろいろなことを考えて、今まで視界が狭かったと思いました。最近は気持ちがちょっと落ちついてきて、余裕もできたので、また何かしなければいけないかなと思っています。

政治では人間は変わらない

上村　石原さんはいろいろな市民運動に参加して、レラの会などにかかわってきた。そこに現れた僕らみたいな和人と、どんな感じでつき合ってこられたのでしょうか。

石原　確かにかかわり方は難しいと常々思ってはいました。ただ、上村さんだけではなくて、小林純子さん（先住民族の10年市民連絡会[*5]事務局）やいろいろな人の輪を感じることができたことは、とても心強かった。市民外交センターの特に国連での活動には、うちの娘も含めてお世話になりました。国連での活動はいろいろな意味で刺激になったし、教えられることがたくさんあったのではないかと思います。

*2　首都圏在住のアイヌ民族団体のための連絡会（注8参照）。

*3　レラの会が、多くの支援者の協力により一九九四年に設立したアイヌ民族料理店。二〇〇九年に閉店。『レラ・チセへの道——こうして東京にアイヌ料理店ができた』（一九九七）を参照。

*4　イチャルパとはアイヌ民族の伝統的な先祖供養のこと。一八七二年、北海道から三八名のアイヌの若者が「開拓使仮学校付属北海道土人教育所」および「第三官園」に強制連行、就学させられ、そのうち五名は故郷から遠く離れた土地で亡くなった。こうした人々や、何らかの理由で北海道を離れ関東で亡くなったその他のアイヌも想い、アイヌプリ（アイヌの作法）でイチャルパを東京で行っている。この東京イチャルパは二〇〇三年から開始された。『《東京・イチャルパ》への道——明治初期における開拓使のアイヌ教育をめぐって』（二〇〇八）を参照。

上村　ただ、国連の活動というのはどちらかというと空中戦です。逆に根っこを張っていかなければいけない部分があったのではないか。この三〇年、間違ってはいなかったと思いますが、もっといい方法があったのではないかと思ったりします。

石原　その辺は僕にもよくわからないです。ただ、政治では人間は変わらないと思っています。国連も含めて、政治活動で構造的なものが少し変わっても、人間そのものは変わっていない。国会でアイヌが先住民族として承認されても、全然変わっていない。ではどうしたらいいのかといったら、時間をかけて少しずつかかわりを持って、人の輪を大きくするしかない。だから、時間との勝負ではないのかなと。これまでのアイヌ民族の抑圧の歴史が一〇〇年だったら、やはりこれから一〇〇年、二〇〇年はかかるのではないかと正直、思います。

上村　私たちもアイヌ民族全体を支援したいと思っている団体ですが、往々にして北海道中心に、それどころか札幌中心の支援運動になってしまう。その矛盾に気づきながらも、私たちの力量もそんなに大きくないものだから、首都圏のアイヌとなかなかうまく連携できなかった。

石原　別に北海道との対抗意識をもつという意味ではなく、首都圏のアイヌがまとまって自己主張して活動をしていけば、北海道アイヌ協会との関係もよくなっていくのではないか。首都圏のアイヌ、道外のアイヌの存在を北海道に知らせることができるのではないかと思ってそれなりの行動はしたつもりです。

上村　みんなで民族衣装を着て、有楽町あたりで署名活動をやった。通りがかりの人といろいろな対話がありましたね。

石原　ちょうど二〇〇八年に国会がアイヌを先住民族として認めた前後のことです。[*6] あのときは、首都圏のアイヌと北海道アイヌ協会とは一緒になろうじゃないか、同志的なものを作ろうじゃないかといった阿部ユポさんたちの動きも少しはあったわけです。首都圏のアイヌがまとまりを持って行動したことが、それを引き寄せることになったのではないかと思います。今は連絡会とアイヌ協会の関係は、政府のアイヌ政策推進会議の委員の選出でごたごたしてしまって、よい状況ではないようです。僕自身も、若いのに任せて引き時

＊5　先住民族と非先住民族のパートナーシップのもとに、アイヌ民族をはじめ、内外の先住民族の現状と権利問題に取り組むNGO、個人のネットワーク組織。母体は、一九九二年に発足した「国際先住民年・市民連絡会」。

＊6　本書三七―三八ページ参照。

が早かったと反省することもあります。

上村　アイヌ自身の運動はすごく大事だと思いますが、なかなかエンパワーされていない。支援団体もすごく層が薄い。

石原　そうですね。やはりこんな時代だから、いろいろな角度からアイヌ自身が学習をしていかなければいけないと思います。今の日本社会の中で、アイヌが自分の体験だけで発言しても、なかなか通用しない。学習していろいろな知識を身につけていかないと、希望を見出せないのではないか。アイヌの若い層でも、いろいろな角度から世の中を見ることができる者も出てきてはいますが、十分ではないと思うんです。まだまだ上村さんたちの役割はあると思うし、一緒に学習していける体制ができるといいと思います。

アイヌどうしが出会い、本音をぶつけあう

編集部　「TOKYOアイヌ」[*7]という映画で、九〇年代から首都圏で活動されていたアイヌのみなさんの物語を拝見させてもらって、感銘を受けました。改めて振り返ってみて、九

＊7　関東圏でアイヌ文化の伝承や活動に携わるアイヌ民族の姿を記録したドキュメンタリー映画。森谷博監督、二〇一〇年。

石原　修（いしはら・おさむ）
1948年北海道旭川生まれ．1967－72年東京の農村伝道学校で学ぶが，70年前後の学生運動を体験する．1972－84年鳥取県の日本基督教団用瀬教会に赴任し，活動を始める．1984年山梨県に移り，土木作業に従事し，現在に至る．アイヌ解放同盟に加わりつつ，レラの会で古式舞踏の伝承活動に関わる．「東京・イチャルパ」カムイノミをウタリとともに学びながら続けた．レラの会事務局・会長，アイヌウタリ連絡事務局長としても活躍．

〇〜二〇〇〇年代の活動の中で、何が一番大きかったのでしょうか。

石原　僕にしてみれば街頭活動というのは、昔、学生運動をやっていたころからごく当たり前のことでしたが、連絡会の他のメンバーは街頭で自分の思いなり意見なりを語る機会がなかった。あの街頭活動で随分変わりました。みずから学習をするということになった。年配の首都圏のアイヌや何人かの女性は、民族衣装を着て街頭に立つこともなかなかできなかったけれども、あれをして自分には何かができるんだと思ったという感想を何人かに聞きました。僕らにできることといったら知れています。でも、街頭署名活動はいろいろな意味で一人一人の首都圏のアイヌを奮い立たせたと思います。その勢いで国会まで乗り込んだわけですから。

編集部　あとはやはり、「レラ・チセ」があったことはすごく大きかったと思います。

石原　そうですね。いろいろな意味で、店があったことは大きいです。店を出会いの場にして、自分の連れ合いを見つけたアイヌが何組もいた。店の中では本音でぶつかれた。けんかもしましたし、そういう場としては意味があった。

上村　アイヌどうしが会って話をする場所がなかったんですからね。

石原　タツエさんがずっと言っていた「東京に生活館を」という主張を、自分たちで店を開いて実現しようとした。それぞれの首都圏アイヌの団体の中[*8]ではいろいろな話ができますけれども、会を飛び越えた交流が生まれ、そうした会に所属していないアイヌも来る。アイヌどうしがそこで出会うことは大きかったと思います。

編集部　これからまたああいうアイヌ料理店を経営することを、どなたか考えていらっしゃいますか。

上村　新宿の大久保に「ハルコロ」[*9]という店ができましたよね。

石原　宇佐照代さんが個人で一生懸命やっています。料理屋さん・居酒屋です。店を開くときに、照ちゃんから電話をもらってちょっと話をしたんです。連れ合いも一緒にやるというからそれは心強いと思います。ただ周りのアイヌがどういうふうにサポートできるかといったら、利用するしかないでしょうね。「レラ・チセ」と違って今度は個人経営だか

＊8　二〇一二年現在、首都圏には「関東ウタリ会」「東京アイヌ協会」「ペウレ・ウタリの会」「レラの会」といったアイヌ民族の団体がある。

＊9　JR大久保駅近くに二〇一一年五月に開店。レラの会のメンバーで「レラ・チセ」の運営にたずさわった宇佐タミエさんの三女の照代さんが経営している。

ら。

まずアイヌの中での議論が必要だ

上村　さっきおっしゃったように政府の中にアイヌ政策推進会議[*10]ができても、全然いい方向ではない。会議のメンバーにはアイヌもいるけれど、それをうまく逆手にとられて全然物事が進まないようにしているところがある。そういう時代にこれからアイヌ民族の運動はどうあるべきなのでしょうか。

石原　政府の中にアイヌ政策に関する委員会をつくることは時期尚早だったと今でも思っています。アイヌが何かいいように利用されてしまっているところがあり、それが後々大きな汚点になってしまうのではないか。過激な言い方かもしれませんが、多分おれだったらストップをかけて、まずアイヌの中でもっと話をしていく。首都圏、道外のアイヌを含めて、まずアイヌが議論をしていくことが必要だと思います。決して不可能なことではないと思います。今だったらまだ遅くはないから、推進会議での議論を一時凍結して、出発点からきちんとした議論を始めなおしてもいいのかと思います。

上村　アイヌ政策推進会議は今までにないチャンスなんだから、それを生かさなきゃという思いを持つアイヌもいますね。

石原　それもわかるけれど、自分たちだけの問題ではないから。これからずっと続いていく問題を今、性急に議論して、政府の方針の追随だけに終始してしまうことはまずい。私は現場を離れてしまっていたのですが、国会が決めたことに、アイヌがいろいろな条件を出してもよかったのではないかと思う。アイヌの側に力がなかったこともありますが、ちょっと残念です。北海道のアイヌの中でも、発言するとどうしても過激に思われてしまうと言っていた人たちは会議の外に追いやられてしまった。政府にどんどん決められるよりも、五年でも一〇年でも凍結して、改めて話を進めるほうがいい。凍結するというのはアイヌが何もしないということではなくて、しなければいけないことや責任も見えてくる。

上村　石原さんが積まれてきた経験を、若い世代にどうつないでいこうとしているのでしょうか。

石原　いっとき若いアイヌがすごい勢いでまとまっていた時期がありました。今はいろい

*10　本書三七—三八ページ参照。

ろな意味でそれぞれの自分の生き方に専念してしまっている。でもいざとなれば、また集まってくると思います。僕が考える若い世代は自分の子供の世代になってしまいますが、もっと若いアイヌの人たちも出てきてほしい。そのためにはいまの大人のアイヌがどんな判断をし、どういう議論をしていくかを見せていかないと。その意味でも、今の政府とのやりとりの様子は、ちょっとまずいのではないかと思います。結局は政府の言いなりになってしまうのが、若い世代には何となくわかってしまっている。そうではないということを、大人のアイヌがどこまで示すことができるかだと思います。

上村　アイヌ政策推進会議だけではなくて、北海道でも右派系の政治家が学校向けの副読本のアイヌの歴史記述を書き変えさせようとしている。やはり戦っていかないと勝ち取れないことはありますよね。

石原　僕ら大人のアイヌは、勉強する時間がなかったんです。走りながら上村さんたちからいろいろ知恵をもらってきた。もっともっと勉強していかなければいけないとは思いますが、そうは言っても僕がこれから何ができるか、よくわからない。

一緒に学びながら、自分の言葉を見つける

編集部　石原さんは、アイヌ民族がまとまって話し合っていくことが大事だとおっしゃっていました。どうすれば、話し合いが深まっていくのでしょうか。

石原　北海道と道外のアイヌが同じ地平に立つことだと思います。今までは同じ地平に立っていなかった。僕はウタリ協会が、道外のアイヌのことを本当に真剣に考えなかったと思うんです。北海道ウタリ福祉対策[*11]をすべて返上することで、道外のアイヌと同じ立場に立つべきだ。それもしないで一緒にやろうというのは、つり合いがとれないと思いました。発言できないアイヌのほうが多いわけです。すべてのアイヌが同じ平坦なところに立たないと。そのためには、政府との関わりを一時凍結することも含めて、一緒に学びながら自分の言葉を見つけていくプロセスを踏んでもいいのではないかと思います。確かに北海道はいろいろ差別などが強く、道外の場合は、もろに受ける差別はそんなに強くはない。でもそれは理由にはなりません。同じ地平に立

＊11　一九七四年度から北海道によって実施されてきた、アイヌ民族の教育・生活環境の改善など経済・社会的地位の向上を目的とした施策。当初は、同化が完了したアイヌの子孫に対する低所得者地域対策。二〇〇一年度で終了し、二〇〇二年度からは「アイヌの人たちの生活向上に関する推進方策」と名称が変更され、民族対策とされた。

たないと、僕らもきちっと物を言えないし、聞くこともできない。結局、首都圏の連絡会の代表としてアイヌ政策推進会議に委員を派遣することもできなかった。そのいきさつはいろいろあったにしても、ちょっと疎外されている。逆に首都圏の連絡会のほうでも卑屈になってしまっている部分もあるが、一緒に話をする状況をつくることが必要なのに、それがだんだんできなくなってきている。

上村　その意味でも、アイヌ民族としてのきちんとした全国組織が必要ですね。

石原　政府も含めて、あまりにも周囲がわあーっと動いてしまって、アイヌが取り残されてしまう。それは僕らに考える力がなかったのか、結束するエネルギーがなかったのか、自分でもよくわかりません。でも結果的に丸く収められてしまう中で、一番大事なものが見失われてしまっているのではないか。すごく残念です。

政治にかかわるというのは、半端じゃできないです。僕らは七〇年代、それこそ実力行使をした。でも思いつくことはそのぐらいだった。きちんとした議論をしていこうと思うと、いろいろ知識を持たなければいけない。

上村　でも、良かったかどうかとか、効果があったかとかはともかく、野村義一さん[*12]の時代って、アイヌ民族もデモをしていましたよね。

石原　そうですよね。

上村　ちゃんと交渉をしながら一方で都内でデモをした時代はあったわけだから。そういう時代のことを思い出しながら、石原さんの話を聞いていました。ありがとうございました。

二〇一二年五月一四日

＊12　本書八二―八五ページ参照。

Photo/Ryan Brown)

先住民族問題に関する常設フォーラム（ニューヨーク国連本部）の様子（2007年５月：UN

第4章

論考

先住民族と国際連合・国際法の動き

苑原俊明

1　先住民族の権利に関する国際連合宣言

二〇〇七年に国連総会は「先住民族の権利に関する国際連合宣言」（以下、国連宣言）を採択した。国連総会では日本を含めた一四四カ国が賛成、オーストラリア、カナダ、ニュージーランド、アメリカの四カ国が反対、一一カ国が棄権をした。のちに反対であった四カ国すべてが宣言の支持を表明したことに鑑みると、国連宣言は圧倒的に多くの国連加盟国が支持する国際基準を定めた文書といえる。*1

また作成にあたり先住民族が能動的に参加したことも特筆される。宣言の草案を作成する旧国連人権小委員会の先住民作業部会（WGIP）および旧人権委員会の宣言案検討作業部会（WGDD）の場に、先住民族団体がオブザーバー資格で参加した。いずれの場合にも手続きの上で最終決定権を与えられたわけではないが、二つの作業部会の場で先住民族団体代表が意見を表明し、特に人権委員会の作業部会のなかでは非公式会合で条文採択のコンセンサス形成を進めてきた。

当初、先住民族側は小委員会の段階で採択された宣言案の無修正採択を要求していた。しかし二〇〇六年に人権委員会の作業部会議長によって取りまとめられた草案が第一回目の国連人権理事会に提出され、採択された後国連総会へ提出されたのであるが、総会本会議で採択される前に重要な修正が加えられた。その一例が、自己決定権に関する条文である。人権理事会の採択した第三条で、「先住民族は、自己決定の権利を有する。この権利に基づき、先住民族は、自らの政治的地位を自由に決定しならびにその経済的、社会的および文化的発展を自由に追求する」としており、国連総会が採択した宣言もこの条文を踏襲している。一方で宣言は、先住民族の住む国家の領土保全を自己決定権が侵害しない旨の制限を設けた規定を置いている。このような自決権の制限は、一九七〇年の友好関係原則宣言でも規定されており、国連宣言の起草過程でも議論された。結果的に採択された宣言の規定では自決権に対する領土保全原則の優位が無条件で認められている。

国連宣言での自己決定権の内容に関して、先住民族作業部会議長として起草作業に従事してきた、Erica -Irene Daes は、先住民族が「記憶にないはるか昔から持っていた神聖な権利」であって、分離の権利（a right to secession）を伴わないとしている。[*2] 果たしてあらゆる場合にこのことが妥当するのか、宣言採択後の個別の事例を検討する必要があろう。

国連宣言の国際法上の拘束力については、これを肯定する学説と批判的な学説がある。前者の例として、慣習国際法に依拠した特別報告者の Anaya および Wiessner の立論がある。[*3] これに対して、Stephen Allen は国連宣言が慣習国際法ではなく、また条約その他の形態に属さない「特有の」（sui generis）国際法でもないとし、むしろ各国が国内的に先住民族政策を策定する上での参照すべき重要な「法的プロジェクト」として位置づける。[*4]

国連宣言が国内裁判所での裁判判決で援用された例がある。先住民族共同体の土地・資源権をめぐる事件で二〇〇七年にベリーズ最高裁判所は、「慣習国際法と国際法の一般原則から、ベリーズは先住民族の土地と資源への権利を尊重することが求められる」とし、国連宣言が「国際法の一般原則」を反映しているのであり、先住のマヤ系民族の土地と資源への権利に関する限り国連宣言の諸規定からベリーズ国家には「相当な義務」（significant obligations）があるとされたのである。[*5]

このように国連宣言の法的拘束力は、その有無と根拠について議論があるものの、国家は先住民族に関連した法令・政策の決定と実施の際に国連宣言の枠組みに従って行動するよう期待されていると言える。

2　先住民族に関連する国連メカニズム・機構

世界の先住民の国際10年（第一次一九九四年〜二〇〇四年、第二次二〇〇五年〜二〇一四年）での重要な出来事としては、先住民族問題に関する常設フォーラムの創設、従来の国連先住民作業部会に代わる先住民族の権利に関する専門家メカニズム（ＥＭＲＩＰ）の設置、国連人権理事会の下での先住民族の権利に関する特別報告者の任務の更新という先住民族とその人権に関連する国連メカニズム・機構が整備されたことがあげられる。

先住民族問題に関する常設フォーラム

先住民族問題に関する常設フォーラム（以下、常設フォーラム）は、二〇〇〇年の国連経済社会理事会の決議によって創設された。

その委員のうち半数が、先住民族から選出された委員であり、政府選出の委員と対等に（通常はコンセンサスによって）議決に加わることが特徴的である。国連宣言第一八条において「先住民族は、自らの権利に影響を及ぼす事柄における意思決定に、自身の手続きに従い自ら選んだ代表を通じて参加する」権利を有するとされており、この国連機関自体がこの権利を実施する場のひとつとなっている。常設フォーラムの任務は、先住民族の経済・社会的発展、文化、環境、教育、保健・衛生および人権に関する問題を討議し、国連経済社会理事会へ助言を行うとともに、国連システムにおける先住民族に関わる活動の調整、情報の準備と広報を担うものとされる。毎年の会期の会合では、国連機関、基金の代表と委員との間での対話、特定の人権または地域での問題をめぐる討議のほかに、当該年次での特別テーマについて委員、国連機関、政府代表、NGOおよび先住民族団体が議論を行い結論と勧告を採択後、翌年にその履行について検討を行っている。

先住民族の権利に関する専門家メカニズム

旧人権小委員会の先住民作業部会に代わり、国連人権理事会が二〇〇七年に設置したのが、先住民族の権利に関する専門家メカニズムである。五名の委員は理事会によって任命されるが、その際にジェンダー・バランスと地理的な配分のほか、先住民族の出身であることも考慮される。

先住民作業部会は先住民族の人権状況の検討と新たな国際人権基準の設定が任務であったが、専門家メカニズムは先住民族の権利について研究・調査を行い、その結果を踏まえて当該権利の内容と解釈の指針を定める「助言」を作成して理事会へ提出するほかに、理事会の活動範囲内で提案を行う。会合においては、決議や決定を採択できないとされる。したがって、専門家メカニズム自身は個別の人権侵害に対処して決議を採択する権限を持たない。毎年の会期では、五名の委員のほかに先住民族の権利に関する特別報告者と常設フォーラムの委員(一名)、政府代表、国連機関、国内人権機関、専門家、NGOおよび先住民族団体代表がそれぞれオブザーバーとして参加している。

専門家メカニズムが今まで作成した助言としては、二〇〇九年の教育の権利に関する第一号と二〇一一年の意思決定への参加権に関する第二号とがある。第一号によると、「教育に関する先住民族の権利には、これらの者の伝統的な教授と学習の方法を通じての教育を提供し、受ける権利ならびに主流の教育制度および機関のなかに、これらの者の固有の視点、文化、信条、価値および言語を統合する権利が含まれる」とされ、教育の基本が「精神的、物理的、スピリチュアルな面、文化的および環境という諸側面を組み入れた、全体論的な(holistic)考え方である」とされる。「政府は、伝統的な教授と学習の方法について理解を深め、かつ尊重することを重視するよう要請され」、伝統的な教育に関するイニシアチブを強化または確立するために先住民族とそのコミュニティへ十分な資金を提供すべきとされる。

一方で、先住民族の教育における自己決定権が重視され、「自己決定権の行使として、先住民族には教育での自律権(the right to educational autonomy)を有することと、関係する先住民族との協議および協力により、国家は、自律のための取り決めへの資金供与を含めて自律権の実現を確保すべき」とされる。教育での自律権には、先住民族が「自らの教育での優先順位を決定し、自らに影響する教育の計画、プログラムおよび役務についての定式化、実施および評価に対して実効的に参加し、これらの者がそう選択する場合に、固有の教育制度と機関を設立し、コントロールする権利」が含まれる。

第二号によれば、先住民族の参加権が国際法上確立しており、公共分野での参加権は、個人レベルでの市民的、政治的権利であるとともに、「人民」として(先住民族の)集団が意思決定の権限を行使する権利でもある。先住民族との協議が求められる場合、手続きの中で、先住民族が問題点についての十全な理解に基づき、時宜を得た方法で自らの意見を十全に表明できるようにして、協議の結果に影響を与えコンセンサスが達成できることが必要とされる。特に先住民族に影響する措置または決定が検討されている場合(例えば、土地や生活に影響するもの)はいつでも、先住民族との協議の義務がある。先住民族にも影響する決定または措置を国家が検討している場合、特に決定が先住民族に対して均衡を欠くほど重大な効果を及ぼす場合にも、協議の義務があるとされている。次に国連宣言の自己決定権により先住民族には、自らに影響する外部的な意思決定手続きに参加する権利と並行して、その固有の意思決定の制度と権限を維持し、発展させる権利を有する。[*6]

これらの助言は形式上、法的な拘束力を持っていないが、既存の人権条約の関連規定およびその適用において作られる「判例」を根拠にしている場合があり、助言を受ける国連人権理事会が国連宣言の規定を実施する際に考慮すべき解釈指針という役割を果たすことになろう。

先住民族の権利に関する特別報告者

旧国連人権委員会の特別手続きであった「先住民の人権および基本的自由の状況に関する特別報告者」は、二〇〇七年の国連人権理事会の特別手続きとして任期を更新され、さらに（国連宣言採択後の）二〇一〇年の国連人権理事会決議の中で、「先住民族の権利に関する特別報告者」（以下、特別報告者）という名称に変わり、任期の更新がなされている。[*7]

特別報告者の任務で最も重要なものは、政府、先住民族とそのコミュニティ、団体からの、先住民族の権利の侵害に関する情報を収集、受理するとともに、情報交換を行い、侵害の予防と救済のための措置について勧告および提言を行うことである。さらに特別報告者は「適切な場合に」国連宣言とその他先住民族に適用される国際人権文書を促進することも任務のひとつとなっている。常設フォーラムと専門家メカニズムの年次会期の際に関係する先住民族団体・個人との間で「双方向的対話」を行う。また関係国を訪問して現地の人権状況を視察し、政府代表との対話ののち声明文を発表することもある。

以上の先住民族に関連した国連メカニズム・機構は、その他の国連機関、専門機関、基金・プログラム、NGOその他の市民社会組織とも連携・協働関係にある。先住民族はそれらの組織からのサービス、支援についての受益者であると同時に、一部の基金・プログラムの管理・運営に関与しており、現在の国際社会での「行為主体」（actor）たる地位を占め始めている。

3 生物多様性と先住民族

二〇一〇年一〇月一八日より二九日まで、名古屋市において生物多様性条約の第一〇回締約国会議が開かれた。会議には、条約の締約国、オブザーバー国、国際機関、研究者、地方自治体、NGOおよび先住民族団体が参加した。[*8]

一九九二年に作成された生物多様性条約は、生物の多様性を保全し、生物資源を持続可能なかたちで利用し、遺伝資源の利用から生ずる利益を公正かつ衡平に配分することを目的としている。条約の原則では、各国が自国の生物資源を開発する権利があるので、国内にある遺伝資源を企業などが利用・取得する際に当該国家の国内法令に従い、十分な情報提供に基づく国家からの事前の合意を獲得することが求められる。

一方で、国家にある遺伝資源について、他国が研究・調査活動または商業的利用を行う場合、資源を提供する国家に利用国は、利益を公正かつ衡平に配分することが求められる。これらが遺伝資源へのアクセスと利益配分（ＡＢＳ）に関する原則である。

生物（環境）の多様性を保全するための取り組みは、原則としてその環境のなかで行われることとし、例えば「保護区」の設定、外来種や遺伝子組み換え生物の導入に当たっての規制措置などが挙げられる。さらに生物多様性と持続可能な利用に関連する「伝統的な生活様式」をもつ「先住民（族）および地域共同体」（indigenous and local communities: ILCs）が培ってきた「知識、工夫および慣行」（これらを総称して伝統的知識 traditional knowledge）について、その尊重と保存・維持、伝統的知識を持つ者の「承諾と関与」を伴っての知識の適用、そして利用から生ずる利益の「衡平な配分」が求められる。

こうして条約では、先住民族の伝統的知識の尊重と利用から得られる利益の配分という一般的な規定をおいているものの、国連宣言の適用対象となる「先住民族」（indigenous peoples）という位置づけになっていない。また先住民族の多くが居住する途上国にある生物資源に対して、先進国・多国籍企業などが無断でアクセスし、利益を還元しない一方で、特許権など知的財産権を設定して利益を独占する、いわゆる生物資源をめぐる海賊行為（バイオパイラシー）の問題があり、その解決が求められてきた。

そこで締約国や国際機関、ＮＧＯ、研究者、ＩＬＣｓの代表が参加する締約国会議の場で、これらの問題が話し合われ、新しい指針となる文書が採択されてきた。二〇〇四年の会議では、「先住民（族）および地域共同体が伝統的に占有または使用する土地、水域および聖地において実施が予定され、ないしは影響を及ぼす恐れのある開発に関して実行される文化的、環境、社会的影響評価のための、アグウェ・グー（Akwe:Kon）ガイドライン」が採択された。名古屋会議では、先住民族の代表団が参加し、ＡＢＳ原則に関する新条約づくりや会議の決議採択という場で、国連宣言が反映されるよう働きかけを行った。[*9]

二〇〇一年度からの一〇年間での各国ないし地域的な生物多様性の保全にかかる戦略計画の柱として、名古屋会議は二〇の目標を策定した。

そのうち、「生物多様性および生態系サービスからの受益者」と「参加による計画策定、知識管理および能力強化を通じた実施」の二つにおいて、ＩＬＣｓへの言及がなされた。また条約第八条ｊ項に関して、「文化的および知的遺産に関する倫理的行動綱領（code of ethical conduct）」も、法的拘束力のない文書として採択された。[*10]

一方で、ＡＢＳ原則との関連では、「遺伝資源へのアクセスおよびその利用から生ずる利益の公正かつ衡平な配分に関する名古屋議定書」が採択された。議定書の前文で、国連宣言を留意し、ＩＬＣｓの既存の権利を本議定書が消滅または減少させるものではない、と明記したうえで、本文では、公正かつ衡平な利益配分、遺伝資源へのアクセス、遺伝資源に伴う伝統的知識へのアクセス、遺伝資源に伴う伝統的知識および遺伝資源に伴う伝統的知識のアクセスならびに利益配分に関する国内法または規制要件の法令遵守、のそれぞれの条文の中でＩＬＣｓの地位と権利を定めている。ここでは若干の問題の指摘と評価を述べたい。

まずは遺伝資源へのアクセスに関する第六条二項の規定の中で、先住民族の権利が弱められた部分がある点を指摘したい。つまり国内法に従い各締約国は、ＩＬＣｓが遺伝資源へのアクセスを付与する確立した権利を有する際に、アクセスのためのＩＬＣｓによる情報を事前に十分に得たうえでの合意、または承諾と関与を獲得することを確保するために、適切な場合に措置をとるよう求められている。この規定では、先住民族が居住する国家に、国内法令に従い遺伝資源へのアクセスの認可権限があることが前提とされる。さらに国連宣言が要求する「事前の十分に情報を得たうえでの合意」（ＦＰＩＣ）の原則と生物多様性条約上の「承諾と関与」という要件とが選択的に定められていることから、先住民族の権利保障という点で不十分な履行を締約国に許すおそれがある。一方で伝統的知識へのアクセスに関する第七条で、国内法に従い各締約国は、ＩＬＣｓが保有する遺伝資源に伴う伝統的知識へのアクセスする際に、相互に合意した条件が確立済みであることと、事前の十分に情報を得たうえでの合意、または承諾と関与があることを確保するために、適切な場合に措置をとることが求められる。これは条約の第八条j項との比較でみると、FPIC原則の適用が選択肢として明記された点で、評価されよう。[*11]

4 先住民族に関する世界会議開催に向けて

二〇一〇年一二月第六五会期の国連総会は、「先住民族の権利実現についての視点とベスト・プラクティスを共有するために」二〇一四年に、「先住民族に関する世界会議」として知られる、総会の「ハイレベルの本会議」を開催する旨の決議を採択した。[*12] 翌二〇一一年の第一〇会期の常設フォーラムでは世界会議について議論を行い、関連した結論と勧告を採択した。

常設フォーラムは、国連宣言第一八条および第一九条を踏まえ世界会議の「あらゆる段階」における先住民族による「対等で、直接的かつ意味のある参加」が不可欠であって、以後の常設フォーラムの会期前、会期中および会期後に加盟国と先住民族との間で「広範な双方向的対話」を行うのが最も実現可能な時期であること、ならびに世界会議の準備手続きのあらゆる段階を、これらの者の対等なパートナーシップで実行すべきであるとの見解をまとめた。その上で国連総会議長に対して常設フォーラムの結論を会期中に加盟国へ伝達し、また会議への先住民族の参加を含めた会合の態様を決定するために、常設フォーラム、専門家メカニズムおよび特別報告者という枠内で加盟国と先住民族代表による自由参加の協議を行うファシリテーターを、総会議長が任命するように勧告を行った。[*13]

同年一〇月ボリビアなど七カ国が、第六六会期国連総会の第三委員会あてに決議案を提出した。同決議案の要旨は、国連総会が二〇一二年一二月一〇日に、国連宣言採択五周年を記念して「ハイレベルの会合」を一日開くこと、そして当該会合の参加者には「実質的で建設的な対話を促進するために」加盟国、オブザーバー、国連機関の代表、専門家および

「七つの社会文化地域を代表して選出された先住民族代表」ならびに先住民族の分野で積極的な活動をしてきたNGOを含めることを、決定することであった。[*14]

一一月にこの決議案の改正案が、当初の七カ国を含めた二三カ国によって提案された。同改正案では、国連事務総長が国連宣言の「目的追求の重要性について意識向上のために」採択五周年を記念する「ハイレベルのイベント」を第一一会期の常設フォーラムの期間内に、常設フォーラムと調整して開催するよう要請する、という内容に変わった。つまり総会レベルでの特別会合の開催と先住民族の参加を内容とする規定がなくなったのである。[*15]

同年一二月の総会第三委員会で、改正案に基づく決議が採択されたのち、総会本会議でも同様の決議が採択された。[*16] 従って、先住民族の権利実施に関わる国連の予定される会議において、「自らの権利に影響を及ぼす事柄における意思決定に」先住民族の完全な参加が保障されるのか懸念される。そこで二〇一二年一月コペンハーゲンにおいて、グリーンランド自治政府、ノルウェーのサーミ議会および先住民族問題国際ワークグループ（ＩＷＧＩＡ）が、「先住民族に関する世界会議」の準備作業への先住民族参加に関する会合を共催し、会議の態様を決める作業に（総会議長の任命する者とともに）先住民族が指名する共同ファシリテーターが任命されること、先住民族の国、政府、議会など代表機関が、国家代表と対等な地位で会議に参加が認められることなどを要請する決議を採択した。[*17]

この要請が国連総会に受け入れられるかどうかは分からない。先にみた国連宣言の採択および関連国連機関の設置など国際人権法または組織法という分野では先住民族に関する国際法とその形成・適用における先住民族の参加での（均一ではないが）進展がみられる一方で、生物多様性の保全という国際環境法の分野での歩みが遅いという現状から照らしてみると、近年の国際法の動向は先住民族にとって必ずしも満足のゆくものではないかもしれない。先住民族の権利保障による国際法のさらなる変革が課題である。この点で世界および国内の先住民族運動と協働関係を有する市民外交センターが、政策提言活動などで果たすべき役割は依然として重大である。

*1 日本語訳と条文解説は、上村英明『アイヌ民族の視点からみた「先住民族の権利に関する国際連合宣言」の解説と利用法』市民外交センターブックレット3、二〇〇八年、を参照されたい。

*2 Erica-Irene Daes, "The UN Declaration on the Rights of Indigenous Peoples: Background and Appraisal," Stephen Allen and Alexandra Xanthaki eds., *Reflections on the UN Declaration on the Rights of Indigenous Peoples*, Hart Publishing, 2011, p. 37. また次の論文も参照されたい。小坂田裕子「アフリカにおける「先住民族の権利に関する国連宣言」の受容と抵抗——先住民族の定義・自決権・土地権をめぐって」『中京法学』第四五巻第一・二合併号（二〇一〇年）一—二七頁。

*3 J. Anaya and S. Wiessner, "The UN Declaration on the Rights of Indigenous Peoples: Towards Re-empowerment," *Jurist Forum*, School of Law, University of Pittsburgh, 2007, pp. 1-4.

*4 Stephen Allen, "The UN Declaration on the Rights of Indigenous Peoples and the Limits of the International Legal Project," S. Allen and A. Xanthaki eds., pp. 227-256.

*5 Cal（on behalf of the Maya Village of Santa Cruz）and others and Coy（on behalf of the Maya Village of Conejo）and others v Attorney-General of Belize and Minister of Natural Resources and Environment, Claims Nos. 171 and 172 of 2007, Supreme Court of Belize, Judgment 18 October 2007, paragraphs 127, 133.

本件の判例評釈としては、Maia Campbell and James Anaya, "The Case of the Maya Villages of Belize: Reversing the Trend of Government Neglect to Secure Indigenous Land Rights," *Human Rights Law Review*, Vol. 8, No. 2, pp. 377-399 がある。

*6 Expert Mechanism Advice No.1（2009）on the rights of indigenous peoples to education および Advice No. 2（2011）Indigenous peoples and the right to participate in decision making より。

*7 国連人権理事会決議 A/HRC/RES/15/14。

*8 市民外交センターは、会議に参加する先住民族を支援するホスト団体として活動した。その詳細については、市民外交センター二〇一〇年年次報告書を参照。

*9 以上については、苑原俊明・上村英明「先住民族と生物多様性——生物多様性条約第一〇回締約国会議の成果を概観する」『大東文化大学法学研究所報』第三一号（二〇一一年）一三—二二頁、苑原担当部分、一三—一六頁を参照されたい。

アグウェ・グーガイドライン（Akwe:Kon Voluntary guidelines for the conduct of cultural, environmental and social impact assessments regarding developments proposed to take place on, or which are likely to impact on, sacred sites and on lands and waters traditionally occupied or used by indigenous and local communities）は、条約事務局のHPから入手可能である。http://www.cbd.int

*10 以上については、注9に掲げた論文の、上村担当部分、一六—二二頁も参照されたい。同論文では倫理的行動規定と翻訳している。

*11 二〇一一年一月現在、名古屋議定書には、日本を含め七五カ国が署名、一カ国が批准を行っているが、未発効である。

名古屋議定書の各条の評価については、上村論文のほか次を参照。岩間徹「生物多様性の保全と遺伝資源の利用に関する条約レジーム——COP10／MOP5の成果分析」人間環境問題研究会編『環境法研究』第三六号（生物多様性保全と法政策特集）二〇一一年、三一—

二一頁。

＊12 国連総会決議 A/RES/65/198 第八項。

＊13 常設フォーラム報告書 E/2011/43-E/C.19/2011/14 第一二二、一二三、一二八、一二九段落。

＊14 A/C.3/66/L.26. 提案国は、ボリビア、エクアドル、グアテマラ、メキシコ、ニカラグア、ペルー、ベネズエラ。

＊15 A/C.3/66/L.26/Rev.1. 提案国は、アルゼンチン、オーストラリア、ベリーズ、ベニン、ボリビア、ブラジル、キューバ、デンマーク、エクアドル、フィンランド、グアテマラ、ガイアナ、ホンジュラス、アイスランド、ルクセンブルク、メキシコ、ニカラグア、ノルウェー、パナマ、パラグアイ、ペルー、ウルグアイ、ベネズエラ。

＊16 総会決議 A/RES/66/142。

＊17 この決議はＩＷＧＩＡのＨＰから入手可能。 http://www.iwgia.org/

（付記）

本稿は、注９に引用した拙稿および拙稿「先住民族の権利保障に関わる国連メカニズムについて」秋月弘子・中谷和弘・西海真樹編『人類の道しるべとしての国際法（横田洋三先生古稀記念論文集）』国際書院、二〇一一年、二八五―三一〇頁と一部重複している。本稿脱稿後に、世界会議に関する新たな国連総会決議に接した。同決議の概要については、拙稿「二〇一四年開催予定の国連「先住民族に関する世界会議」」先住民族の10年市民連絡会『先住民族の10年ＮＥＷＳ』第一八八号（二〇一二年一〇月）一二頁を参照されたい。

そのはら・としあき：大東文化大学教授

先住民族の権利に関連する主要な国連・国際機関（2012年現在）

国連人権機構

- **憲章機関**
  国連憲章によって規定された機関
  - 国連総会
    - 人権理事会（HRC）※2006 年設立
      - ・先住民族の権利に関する専門家機構（EMRIP）
      - ・先住民族の権利に関する特別報告者
    - 経済社会理事会（ECOSOC）
      - ・先住民族問題に関する常設フォーラム（PFII）
      - ・人権委員会　※2006 年に人権理事会に昇格
        - 宣言草案作業部会（WGDD）　※2005 年終了
        - 人権促進・保障小委員会　※2006 年終了
          - 先住民作業部会（WGIP）　※2006 年終了
  - 国連人権高等弁務官事務所（OHCHR）
    憲章機関と条約機関の間の連絡や調整・事務を担う
- **条約機関**
  個別の人権条約の履行を監視する機関
  - 国際人権規約・自由権規約委員会（CCPR）
  - 国際人権規約・社会権規約委員会
  - 人種差別撤廃委員会（CERD）
  - 女性差別撤廃委員会（CEDAW）
  - 子どもの権利委員会（CRC）

国連専門機関*

- 国際労働機関（ILO）
- 国連教育科学文化機関（UNESCO）

*国連専門機関は国連からは自律した自治組織であり、経済社会理事会と協定を結んでさまざまな分野で活動する。条約機関とともに本書に関連するもののみ掲載した

作成：上村英明・木村真希子

Column

国連人権理事会の傍聴で見えてきたNGOの役割

三上貴穂
東京外国語大学大学院

「今年の秋に国連人権理事会に行くけど、三上さんも行く?」

私が国連人権理事会(HRC)を傍聴できたのは、上村さんの快い提案がきっかけであった。大学の卒業論文で先住民族の権利をテーマとし、HRCの議論内容や先住民族の生の声を聴くことに関心があった。

HRCでは、本会議で国別・テーマ別に国連加盟国の人権状況を審議するだけでなく、それとは別会場で複数のワーキンググループ(WG)会合が行われる。私は先住民族のNGO団体が催していたWG会合を傍聴したのだが、「自分たちの声が届いていない」という主張が印象に残った。具体的には、HRCや国連総会において先住民族の問題が主要な議題として注目されないことや、本会議の予定変更に伴い先住民族の代表の発言の機会が失われていることを問題視していた。国内で人権侵害をする国家に対し、周りからの圧力をかけることでその違法行為を食い止めるというHRCの目的を達成する意味においても、NGOの声の反映は重要だと思うのだが、現実には手続き面などが障壁となっていることを知った。

これらの限界はあるものの、先住民族のNGOは自らの権利問題がトピックとして維持されるよう働きかけることを確認しており、先住民族のNGOネットワークの結束の強さが伺えた。国内の問題をHRC等の国際会議で発信するだけでなく、国外のNGOネットワーク内で方向性の確認や情報の共有を行い、それらを国内に持ち帰って発信することがNGOの役割の一つなのだと学んだ。

HRCの傍聴を通して、国際会議の舞台裏を少し垣間見ることができ、大変有意義な経験ができた。ここで知ったことを少しでも多くの人、とくに私と同世代の人に伝え、ともに先住民族の抱える問題について考えていけたらと思う。

ITALIE

国連人権理事会における議論の様子（2012年９月：UN Photo/Violaine Martin）

第5章

座談会

先住民族の国連・国際機関への参加の三〇年

上村英明＊市民外交センター　相内俊一＊特定非営利活動法人ソーシャルビジネス推進センター
木村真希子＊市民外交センター　猪子晶代＊市民外交センター

聞き手：編集部

市民外交センターの誕生

上村　まず一九八〇年代に市民外交センターが先住民族、人権問題とどう取り組んできたかを話したいと思います。市民外交センターができたのが一九八二年三月で、人権や民族問題を扱うＮＧＯはあまり考えられなかった時代です。先住民族の問題に具体的に取り組み始めるのは一九八六年の後半から一九八七年で、日本もこうした住民が住んでいる多民族・多文化社会だという認識は、いまより格段に低かった。一九八六年に中曽根康弘首相が「日本は単一民族国家である。米国のように多民族国家であるため教育レベルの低い国とは違う」という趣旨の発言をして、国際的に批判されたことがありました。北海道旧土人保護法[*1]に代わってアイヌ新法をつくるべきだという運動が一九八四年から始まっていたこともあって、国内では抗議運動がアイヌ民族から盛り上がりました。それをどう展開していくのかというところに、市民外交センターの運動の可能性があったわけです。

八〇年代は、それまでの労働運動や学生運動などのイデオロギー対立を軸にした社会運動とは距離を置いた市民運動が現れた時代でした。本当の市民社会をつくらなければ、体制が社会主義になろうが資本主義になろうが実は同じであって、市民がさまざまな課題に一つひとつ具体的に取り組んでいくのだとい

＊1　一八九九年に制定されたアイヌ民族を「保護」すると称した差別法。アイヌモシリを一方的に国有地化した後、日本政府は入植者に広大な土地を配分したが、アイヌ民族はこの制度から実質排除された。土地や本来の生業を奪われたアイヌ民族に対して農民化・同化を前提に一定の土地を配分すること等を目的とした。

う方向性が芽生えた。あまり記憶にないのですが、当時、僕は市民が外交をやるべきだと言ったらしいです（笑）。国際社会あるいは国連に市民が訴えかけることで、いろいろな可能性が広がるという認識が始まったのが八〇年代だったのではないか。

当時の国連人権センターに久保田洋さんという人権担当官がいて、日本の市民運動は国連の枠組み、特に国際人権法という枠組みを活用すべきだと主張されていました。[*2]日本に帰国されると、いつも小さな勉強会を主催され、僕もそれに参加して国際法や国連システムを学びました。また市民外交センターは一九八六年に独自の財源であるピースタックスをつくり、微々たるものだったのですが自分たちでこうした国際活動にお金を動かすことができるようになりました。

先住民作業部会

上村　他方、米国で先住民族の勉強をしていた手島武雅さんが一九八五年に国連の先住民作業部会（ＷＧＩＰ）[*3]の第四会期に日本の市民として初めて参加しました。ＷＧＩＰは八二年に始まったのですが、先住民族は各国で政府に植民地支配の過去を認めろと主張し、自己決定権を要求していたため、まるでテロリストのように見なされていました。手島さんが参加した第四会期でも先住民族の参加は、それ自体が非常に難しかったそうです。自分が参加していることが本国政府に知れると家族の身が危なくなるからと、会議場内で写真を撮るのを拒否されることも普通でした。このころは、多くの先住民族にとって人権活動は命がけでした。

相内　最初のうちは確かに国連の場でテロリストみたいに扱われたこともあったかもしれません。しかし八〇年代の終わりから九〇年代に入ってからは、先住民族の参加者は一年に一回の再会を楽しみに、互いの取り組みをしっかり報告しあうようになっていました。ＷＧＩＰは先住民族が自分の境遇を知ったり、あるいは自分たちと同じ境遇の先住民族と連帯する場になっていきました。世界の先住民族たちが年に一度集まるイベントといった要素があり、自分たちが置かれた現状を国際社会にアピールするとともに、それを国連の機関に議題として取り上げてもらうための交渉の場でもあったのです。

＊2　詳しくは本書一六ページ参照。

＊3　一九八二年、先住民族の権利に関する国連宣言を作成することを目的として、国連人権委員会、差別防止・少数者保護小委員会（人権小委員会）の下部機関として設置された。構成は五人の専門家だが、会議で発言できるオブザーバー資格が、先住民族に公開された。

市民外交センターは国連先住民任意基金[*4]（ＵＮＶＦＩＰ）に、一九八八年から、そして日本政府より先に拠出しました。この基金は世界中の先住民族がジュネーブで行われるＷＧＩＰに参加できるように資金援助をする仕組みでした。つまりは国連が先住民族の参加を招請し、かれらの参加を実現しようとしたのです。

　にもかかわらず、バングラデシュ政府が、自国の先住民族のＷＧＩＰでの発言に対して、政府を批判するような発言をするなら二度と母国に帰れると思うな、と脅したことがありました。ＷＧＩＰのダイス議長は加盟国のこのような姿勢を厳しく批判し、先住民族は国連が招いたゲストであり、そのような脅しは絶対許されないという毅然とした姿勢を示しました。先住民族が主体的に参加できる場であるＷＧＩＰが八二年からほぼ毎年開催されてきた事実によって、先住民族は国連で主体として無視できない存在になりつつありました。

　ＷＧＩＰでの議論を経て、一九九五年から権利宣言草案を議論する場は、国連人権委員会[*5]の下に置かれた宣言草案に関する作業部会（ＷＧＤＤ）[*6]に移りました。しかし、そこでは先住民族は言ってみれば単なるオブザーバーという扱いを受けます。ＷＧＤＤの議長が、先住民族は単なるオブザーバーだから決定権はない、作業部会に参加させるもさせないも議長の自由な判断によるという発言をし、作業部会に参加していた先住民族全員が退場して抗議したこともありました。

アイヌ民族の国連への参加

上村　中曽根発言があった八六年は国連で予算が取れずＷＧＩＰが休会となった年です。その時期に手島さんは日本に帰ってきて、なぜアイヌ民族は国連の会議に出席しないのか、と私にうながしました。そこで市民外交センターが北海道ウタリ協会（当時）に働きかけて、八七年八月にアイヌ民族の代表が第五会期のＷＧＩＰに初めて参加しました。

　このときは北海道ウタリ協会から野村義一[*7]理事長、小川隆吉理事、佐藤幸雄事務局次長の三名が参加し、手島さんが外交センターの一員として、協会の参加者をサポートしました。ＷＧＩＰだけではなく、八九年にはＩＬＯの第七六回の総会に野村さんがアイヌとし

＊4　先住民族の代表が国連の作業部会に参加する費用の補助のため、国家や国連機関、ＮＧＯなどが任意で拠出する基金で、一九八八年に設置。市民外交センターは創設時から拠出を行った。

＊5　国連経済社会理事会に属していた委員会。人権の保護と課題解決を目的として、一九四六年に設置された。二〇〇六年に廃止され、総会の補助機関である人権理事会が新設された。

＊6　一九九四年に人権小委員会で提案され、国連先住民族の権利宣言草案を話し合うための機関として人権委員会の下に設置。二〇〇六年の第一一会期まで開催され、議長がまとめた提案が第一回人権理事会で採択された。

＊7　一九一四年白老生まれ。一九四九年から白老漁協の専務理事を務める。一九六四～九六年北海道ウタリ協会の理事長として、アイヌ民族の運動を活性化した。一九九二年には、ニューヨーク国連本部本会議場で開催された国際先住民年の開幕式典で、アイヌ民族を代表して記念演説を

て参加した際にも外交センターがサポートをしました。同じ年に、のちにアイヌ民族初の国会議員となった萱野茂[*8]さんが取り組んでいた二風谷ダム[*9]の問題についての声明を外交センターが持ち込み、WGIPの親機関である国連人権小委員会で先住民族の団体が代読したこともあります。

猪子　市民外交センターは当初からアイヌ民族の支援を一番の目的にしていたのですか。

上村　実は当初から先住民族問題をやりたいとは思っていたのですが、外部の団体が支援をすることが非常に難しいのはよくわかっていました。国内でアイヌ民族のサポートをする団体は、労組なども含めていくつかあったのですが、先住民族と対等な視点を持った運動は少数でした。とくに、アイヌ民族の運動はその基盤が弱かったので、政党などの大きな団体のなかでは、その固有性が埋没してしまいがちでした。

猪子　北海道ウタリ協会[*10]の反応はどうだったんですか。

上村　僕が大和民族で二〇代だったので、最初は「何、こいつ」みたいな感じでした（笑）。すぐには信用してもらえなかった。後に聞いた話ですが、久保田洋さんに、本当にWGIPという機関が国連にあるのか、市民外交センターはちゃんとした団体かと問い合わせたこともあったらしいです（笑）。そういうチェックを経てですが、野村さんに僕の提案を受け入れていただいた。それでも、野村さんにしてみれば思い切った決断だったのではないかと思います、何の実績もないNGOでしたから。

木村　どこの馬の骨ともわからないやつがやって来て、いっしょに国連に行きましょうと言ったわけですね。

上村　そうそう。アイヌ民族だけじゃなく、日本でいろいろな難問を抱える人たちは国連に行きましょうと言われても、それがどんな意味があるのか、行ったら何か変わるのかがよくわからない。

　ともかく、八七年八月にアイヌ民族がWGIPに出席しました。初めての国連への代表団でした。すると、これまで一度もそこに出席しなかった日本政府の代表も参加せざるを得なくなったのです。つまり、土俵に引きずり出さないと日本政府は関係ない機関には絶対行きません。虐げられた人々にとって一番

行った。主要著作に『アイヌ民族を生きる』（一九九六）。

*8　一九二六年二風谷生まれ。アイヌ文化研究者であり、アイヌ民族初の国会議員（一九九四～九八年）。二風谷アイヌ資料館を創設した。『二風谷ダム裁判の記録』（一九九九）ほか。

*9　アイヌ民族の聖地の二風谷に建設されたダム。二風谷のアイヌ民族である萱野茂と貝澤正は建設に反対し、一九八七年に強制収容を差し止める申し立てを行った。一九九三年には二風谷ダム建設差し止め訴訟を起こす。一九九七年の判決は原告側の訴えを棄却したが、国の機関としてアイヌ民族を先住民族と認定した画期的な判決となった。

*10　一九四六年、北海道アイヌ協会として社団法人の認可を受ける。アイヌ民族最大の民族組織。厳しいアイヌ差別の中で、一九六一年、北海道ウタリ協会と改称。国連先住民族権利宣言の採択を受け、二〇〇八年、北海道アイヌ協会と再度名称を変更。

の抑圧は無視ですから、その第一の扉を開くのに成功したのだと思います。

猪子　日本政府は最初はどういう態度だったのですか。

上村　例えば九三年は国際先住民年[*11]で、ニューヨークの国連本部総会議場での開幕式典で野村義一さんが先住民族代表の一人として記念演説をしました。外交センターの運営委員の石田浩さんが現地で野村さんをサポートしたのですが、日本政府から野村さんにも石田さんにも一切の支援あるいは接触さえなかったそうです。招かれざる客のような感じだったのでしょう。当時のことを石田さんがコラムに書いてくれています[*12]。

木村　今はさすがに、日本政府の人とアイヌ・沖縄の人や市民外交センターの人が国連会議の際に会食をしたり、会議場周辺でコーヒーを飲みながら非公式に協議する程度にはなりました。

上村　当時もジュネーブでは何回か会食の機会はありました。何をしに来たのか探っていたんでしょう（笑）。ともかく、国連で発言なんかするなという感じです。「日本の問題を国際社会に広めて、日本人として恥ずかしくないのか」と外務省の役人に言われたことがあります。

相内　世界に恥をさらすかのと、僕も言われました。

木村　外務省の人が言ったのですか。

上村　そう。何か戦前みたいでしょう。国連で報告することが恥ずかしいのではなくて、問題があること自体が恥ずかしいのだ。あなたたちが問題を放置した責任をどう考えるのかと言い返した思い出もあります。

マイノリティは論理でたたかえる

上村　そうした一方で、国際社会で議論すると、日本政府のロジックがめちゃくちゃなのが面白いようにわかります。伝統文化の中で暮らすアイヌはいなくなったので、同化政策は完成して、アイヌ民族はいなくなった。日本の国内だとこんな論理も通用するのです。しかし、国際社会に行ったらまったく通用しません。ネクタイ締めて、弁護士をやっている先住民族も権利主張をしているからです。

国連での経験を通して、民主主義には基本的に二つの原理があるとわかりました。一つは多数決の原理で、これは多数をとらないと

＊11　国連総会で採択された国際年のひとつ。先住民族問題に関して国連機関、国家および個人が取り組むことを呼びかけた。当初、コロンブスの「新大陸」到達五〇〇年に当たる一九九二年が提案されたが、ヨーロッパ諸国や中南米諸国、米国などの反対があり、その翌年となった。

＊12　本書一一一ページ参照。

状況を変えられません。もう一つは、いくら多数派でも、理屈に合わない主張は通らないという原理です。論理の構成を工夫し、普遍的な議論ができる場さえあれば、少数意見が多数意見をひっくり返すことができます。日本政府が、アイヌ民族は完全に同化し存在しないと言っても、野村義一さんが「われわれアイヌ民族はちゃんといるし、八四年にアイヌ新法案を世間に発表し、権利を要求している」と多民族社会である国連で発言する。すると、国内では少数意見でも、国際社会で日本の多数意見を覆すことができます。この時も、日本政府は何と反論するか、おもしろかったです。アイヌ民族はいないのだという国内の論理でいえば、このアイヌだって言っているお爺さんはうそつきだということになります。しかし、日本政府は「ご自慢の」同化完成論を国連で展開できなかったのです。

相内　日本政府のロジックが破たんしていることを露呈した例は、いろいろありますが、WGDDでの、アイヌ民族の発言を紹介します。野村義一ウタリ協会理事長が次のような

上村英明

質問と批判をしました。日本政府は、国立科学博物館でのアイヌ民族展を、国際先住民年（一九九三年）の政府による成果として報告しているが、アイヌ民族を先住民族と認めていないのになぜなのか、また、民族展の会場で配布されたといわれるパンフレットには、アイヌ民族は全く関与していないし、現物も見せてもらっていないが、経緯を説明せよという内容です。日本政府代表は、困惑して回答できず、会場の失笑を買いました。日本政府をそういうロジックで追い詰めることができることを、アイヌ民族は国連で発言することで経験できました。国際的な公開の場での交渉術を学んだことが、マイノリティが権利を回復するための力になっているのではないでしょうか。

上村　二〇〇〇年代になると、日本政府は反論をしない、だんまり戦術をとるようになります。だからロジックだけでたたかえるかというとそう簡単ではないけれど、人数が少なくてもたたかえるとわかったのは、とても重要なことでした。

相内　そのためには、政府を国際会議の舞台に引っ張り出さなくてはいけないですね。オープンな場できっちりと交渉することがすごく大事です。

国連における一九九〇年代の議論

相内　私が市民外交センターの一員として国際会議に参加するようになったのは、九三年のウィーンでの世界人権会議が最初でした。その会議で合意された行動計画の中に、先住民族の権利に関する国連宣言の策定を加速させるべきことが明記されました。これを受けて、この年の夏に、ＷＧＩＰは宣言案を完成させます。

　権利宣言の採択は二〇〇七年まで待たなければいけませんでしたが、九〇年代には八〇年代に行われた議論をもとに、ある程度先住民族の権利に関する共通認識が形成され、いろいろな国際条約の中に組み入れられ、実質化されていったといえます。例えば子どもの権利条約には先住民族の子どもの権利がうたわれましたし、ＩＬＯ条約の改定もその成果の一つです。世界銀行も開発支援の仕方について基準を見直しました。ユネスコの、「文化の多様性に関する世界宣言」*13（二〇〇一年）、さらには、「文化的表現の多様性の保護およ

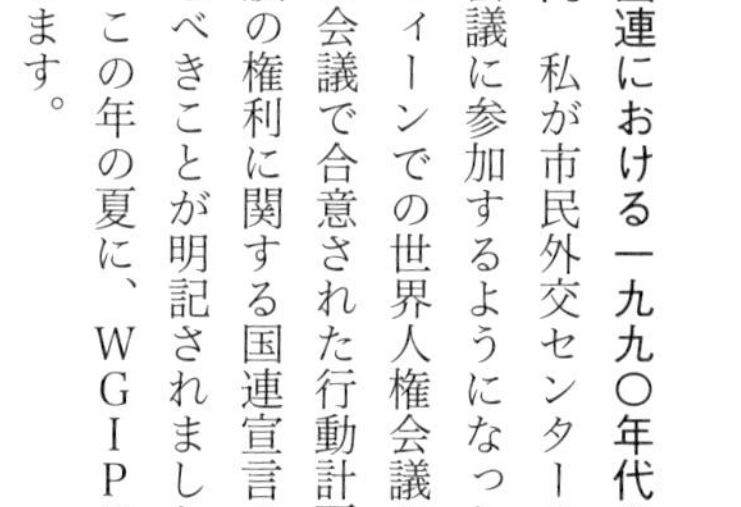

一九九三年世界人権会議（ウィーン）での上村氏　（写真提供：上村英明）

*13　文化的多様性は人類共通の遺産という視点で、二〇〇一年にユネスコ総会で採択された。先住民族やマイノリティの権利にも言及する全一二条で構成。これと関連して、二〇〇五年には全三五条からなる「文化的表現の多様性の保護および促進に関する条約」が採択された。同条約は、先住民族の言語などを対象とする。

び推進に関する条約」（二〇〇五年）も例外ではありません。このように、先住民族の権利宣言をめぐる議論がさまざまな国際条約に影響を与え、国際人権法の中に少しずつ定着していったのではないかと思います。

　先ほども言いましたが、八五年から九四年までかけてＷＧＩＰで議論された権利宣言草案が国連人権委員会に送られ、九五年から人権委員会の下にＷＧＤＤがつくられて、そこで議論が始まります。私は、ＷＧＤＤでの議論の最初から宣言が採択されるまでつき合ったのですが、第一段階では定義をめぐる議論を延々とやりました。日本政府もそうでしたが、政府側は先住民族の定義は可能だ、定義を宣言に明記しろと求め、先住民族側は、それは不要だ、定義はしないと主張する。ついで自己決定権が大きな問題になりました。先住民族を、国際社会における国家形成を含む自分たちの在り方を決定する主体として承認するのか、という核心的な問題がＷＧＤＤには一貫して存在していました。

　ただ、ＷＧＩＰの設置以来、先住民族が国連会議に参加し発言してきたという既成事実は大きかったのです。現実にたくさんの先住民族が会議の場にいて発言していること自体が、先住民族は国際法のルール作りの主体ではないという政府代表の主張に対する雄弁な反論になっていったのです。こうして先住民族は、国連の中で、決定主体としての地位を築いていくことになります。

　北海道ウタリ協会の阿部ユポさんなどは、よく勉強していたし、私も彼らと一緒に国連に行く前に必ず勉強会をやりました。[*14] 九四年に人権小委員会が無修正で採択した権利宣言草案を手島さんが翻訳してくれた。あれをベースに、条文ごとに、これを支持する国際法の規定にはどんなものがあるか、この条文が適切に実行されたら、アイヌ民族にとってどういう効果があり得るかを勉強したのです。この勉強ノートを阿部さんと、英語の対訳も付した小さなブックレット『一目でわかる先住民族の権利宣言』（二〇〇四）にして刊行し、阿部さんや他のアイヌの人たちが国連の会議に持っていきました。阿部さんはとにかく熱心でした。そういう熱心な人たちとは本当に気持ちよく一緒に活動ができました。

　ジュネーブ滞在中は、朝、会議の前にその日議題にされている条文のブリーフィングを

＊14　本書一一七ページ参照。

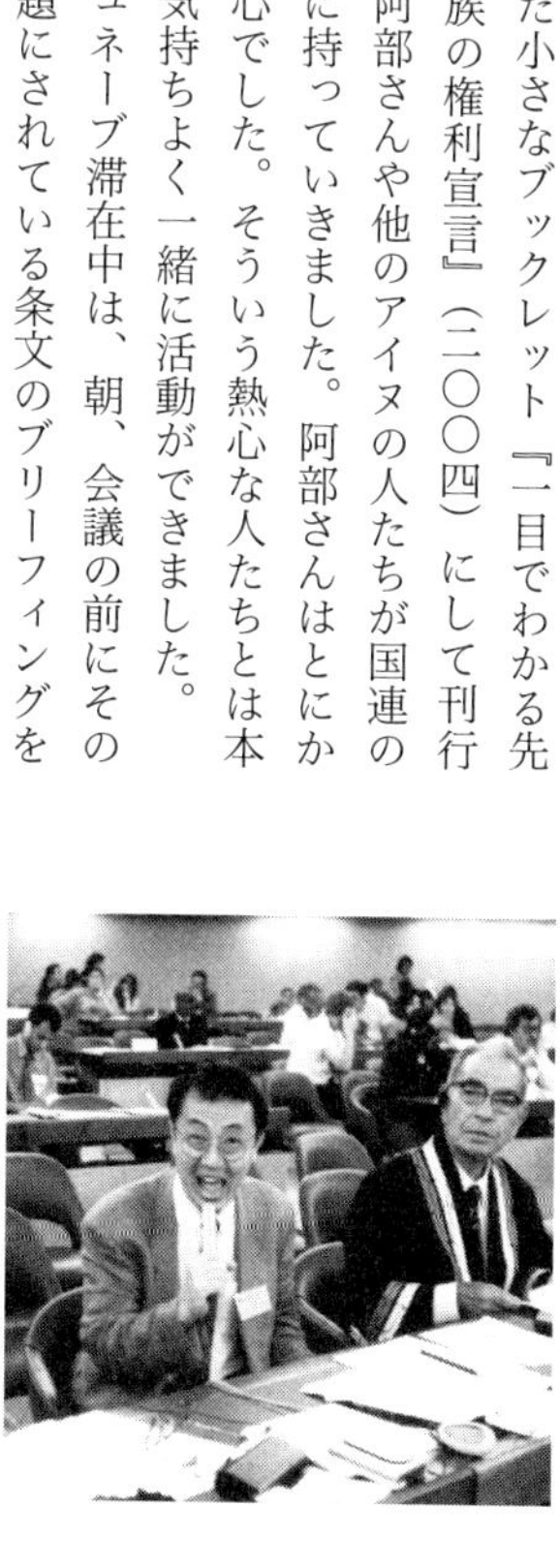
一九九四年七月、第一二回ＷＧＩＰでの相内氏（左）と野村義一氏（写真提供：上村英明）

やりました。会議が終わった後も短い時間でしたけれども打ち合わせをして、一緒に夕食をとるときも話をしました。夜、僕はその日の議論をもう一回整理して、次の日の朝、昨日の会議ではこういうことを発言すべきだったとか、今日はどう発言するかなど、反省や戦略の提案をする。僕自身もずいぶん勉強になりました。市民外交センターのサポートは、こんな具合でした。

権利宣言をめぐる論点

相内　先住民族の権利宣言策定に向けた議論がWGDDで始まった一九九五年から最初の四〜五年は、基本的に、世界各地の先住民族は長い間かけてつくった自分たちの草案を一切一語一句変更せず、完全に丸のみしろという主張をWGDDの場で続けました。これに対して、各国政府は、WGDDは政府代表で構成されているのだから、自分たちが独自に条文を作成する権利があると主張しました。だれがドラフトする主体であるかをめぐるぶつかり合いなわけです。

　先住民族の定義をめぐる議論では、政府側が先住民族を自国に都合よく限定しようとするのに対し、先住民族は定義によって限定されることに抵抗しました。先住民族がかつて有していた、政治的、経済的、文化的な自己決定権を奪われた経緯はきわめて多様で、さらに、それらを奪った側に「自らを定義せよ」と求められる筋合いはないというのが、先住民族側の主張です。自分たちが独特の存在であり、そして自分たちの文化は自分たち固有のものとして、尊重されるべきだ、民族としての独自性を認め、それを回復し、維持できる条件を権利として保障せよという主張が、権利宣言草案の非常に大きな部分を占めています。

　また先住民族側は、権利宣言を行動規範として拘束的なものと認めるように各国政府に要求し、各国政府の代表はそれに強く抵抗しました。国際法上拘束力をもたない「宣言」なのだから速やかに採択せよという主張と、「宣言」といえども採択されたら行動規範とせよという相反する主張を、政府側も先住民族側も使い分けていたと言えます。

　さらに、先住民族の側が過去に受けた大きな被害に対する補償を要求すると、各国の政府代表は補償の対象となる「先住民族」とは

WGIPの議長を一九八四年から二〇〇一年まで務めたエリカ・イレーヌ＝ダイス氏（二〇〇四年五月：UN Photo/Eskinder Debebe）

だれなのか定義しろと要求しました。この議論は法律論的にも解決が困難なものでした。

　集団的権利については、議論するうちに合意の余地が生じてきました。ちょっと考えればわかることですが、各国の政府は「国家」の名のもとで集団的権利を独占して行使しているわけで、集団的権利は個人の権利を基本に置く法体系になじまないので認められないというのはおかしいのです。結局、国家は先住民族を自己決定権を持つ存在と認めたくないというだけのことです。一方で多くの先住民族社会は植民地化され、民族としての体をなさないまでに破壊されてしまった。そういう民族がどうやって集団的権利を行使できるようになれるかについて、もう少し議論しなければいけなかったと思います。一緒に会議に参加していたアイヌの人たちともそういう議論をしたかったのだけど、なかなかそこまでの余裕がありませんでした。

国際人権と国内政治

相内　市民外交センターは国際的な舞台で様々な活動をしてきましたが、国内にもその成果を反映させてきました。例えば二風谷ダム裁判で、私は原告側証人として、外務省が国連では国内と違う主張をしていることを証言しました。日本政府は国連の会議で、先住民族の定義はほぼ国際的に定まっているのだから、「宣言」に定義を盛り込めと主張し、国内では、先住民族の定義は国際的に定まっていないのでアイヌ民族を先住民族と定義することはできないという主張をしていたのです。法廷で、日本政府のダブルスタンダードが暴露されることになりました。二風谷ダム裁判では、萱野茂さんと貝澤耕一[*15]さんの努力で、アイヌ民族を先住民族と認める判決を得るのですが、国際人権の主張が国内政治に反映された結果でもあります。

　二風谷ダム問題に関しては、萱野茂さんの声明を八九年のWGIPで発表する機会があり、急きょ萱野さんから原稿をもらって英語に訳して提出したこともあります。それで萱野さんと信頼関係ができました。さらに、先ほども話にあったように九二年に野村理事長が国連総会で演説をされることになったときにも、あわてて演説原稿の英語版とスペイン語版を私たちが札幌でつくりました。

　九五年には萱野さんが参議院議員になって

*15　一九四六年二風谷生まれ。農業を営むかたわら、父見澤正さんの跡を継いで二風谷ダム裁判の原告を務める。一九九四年NPO法人「ナショナルトラスト・チコロナイ」を設立して理事長。二〇一〇年には名古屋で開かれたCBDCOP10にも参加。『アイヌ民族の復権』（共著、二〇一一）などを参照。

いたので、ＷＧＤＤに参加してもらいました。彼はその場で突然アイヌ語でスピーチしました。私はアイヌ語がわからないから、横にいて「萱野さんいま、何て言ったの」と言ったら、萱野さんがにやっと笑って日本語を書いたメモをくれて「これをアイヌ語で言ったから」と。私は初めて見せられたそのメモを英語で通訳しました。萱野さんにお願いして、アジアの先住民族の代表たちとの懇談会もセッティングしました。日本では先住民族が国会議員になっていることに、アジアの先住民族はすごく勇気づけられたそうです。懇談会に出すサンドイッチの買い出しに外務省の黒塗りの車を使ったのは、私が最初で最後でしょう。

上村　大使、公使用の車だね。すごい。

相内　それはもう、何と言っても彼らにとっては「参議院議員」が来てますから。

木村　議員さんですからね。

相内　萱野さんがどこに泊まるんだと聞くから、安いホテルを教えようとしたら、外務省がだめだと言ってインターコンチネンタルにされました。国会議員なので、外務省は絶対にそう対応せざるを得ないのです。それ以前の外務省の対応とは雲泥の差です。萱野さんが国会議員であったことが、外務省にプレッシャーを与えた。先住民族の問題は、日本政府にとって無視できない課題になったのです。

また、市民外交センターや、アイヌ民族の代表が会議に出ていることで、政府は国内で都合の良いことだけを言うわけにいかなくなりました。ジュネーブの会議で適当なことを言うと日本の法廷で暴露されたり、逆に国際会議の場で日本国内での実態が暴露されたりするのです。政府に二枚舌はそうそう使えないと知らしめたことは、すごく大きな市民の武器になったのではないかと思います。

先住民族問題に関する常設フォーラム

上村　木村さんは「先住民族問題に関する常設フォーラム」[*16]の常連ですが、外交センターとの関わりは、設置の準備がはじまった九九年あたりからでしたか。

木村　九九年頃は、私はまだ日本で宮里護佐丸さんや喜久里康子さんたちと勉強会をしていたころで、国連に実際に行ったのは二〇〇三年からです。当時は、アイヌ民族をめぐっては二風谷ダム判決やアイヌ文化振興法の成

＊16　経済社会理事会に対する諮問機関として、二〇〇二年にニューヨークに設置された。一六名の委員で構成されるが、半数の八名は先住民族自身が選出する先住民族の代表が委員を務める。

立などがあったばかりで、日本国内の運動は停滞期に入っていました。だから、はじめの数年間は何も動きがないように思えました。

私が幸運だったのは、その当時、アイヌや沖縄の若手の人たちといっしょに苑原俊明さんを囲んで勉強会をするなど、いきなり国際会議に行く前にまず同世代の先住民族たちと出会っていろいろ共有できたことです。特に、人種差別撤廃委員会に提出するＮＧＯからのカウンター・レポートを作成するために、宮里護佐丸さんたちと一緒にやった勉強会は、今の私の大きな財産になっています。

二〇〇三年と二〇〇四年に、ジュネーブで毎年七月にやっていたＷＧＩＰに参加しましたが、沖縄からの若い参加者たちの通訳をしたりお手伝いをして、少し役に立ったのかなという程度でした。ニューヨークで五月にやっている常設フォーラムがおもしろいと言われて、二〇〇五年ぐらいからそちらに参加し始めました。当時は、ＷＧＩＰが廃止になるかもしれないという情報が流れて、先住民族の人々が常設フォーラムのほうに参加しだし

相内俊一（あいうち・としかず）
NPO 法人ソーシャルビジネス推進センター理事長，小樽商科大学特認教授．札幌在住．ICU 教養学部（政治学）卒業．北海道大学大学院法学研究科修了．北海道教育大学，小樽商科大学，同大大学院教員を経て現職．市民外交センター北海道支局責任者．大学教員中は，アイヌ民族講師による講義を実現．1993年ウィーン世界人権会議以来，先住民族の権利回復に関する国際法形成プロセスに参加．国連の先住民族権利宣言の制定のために2005年まで毎年ジュネーヴの会議に参加した．

た時期でした。[*17]常設フォーラムには毎年二、三〇〇〇人もの参加者がいて、会期も二週間あって細かく議題が分かれていて、初めの二～三年は本当に迷子になりそうでした。

アジアの先住民族ネットワーク

木村　二〇〇五年か二〇〇六年ぐらいから、アジアの先住民族の人たちが常設フォーラムの前にアジアのどこかで準備会議を行うようになりました。国連の場だけで意見集約するのは難しいので、できればその年に国連に来る人たちが何カ月か前にアジアのどこかで集まって、交流を深めつつ戦略を立てようというものです。第一回に私は行けなかったのですが、二回、三回、四回とインドネシア、ネパール、カンボジアで二月や三月に開かれた準備会議に、阿部ユポさんや私と勉強会に参加していたアイヌの長谷川由希さんに声をかけて一緒に行きました。そこでは初めての参加者でも参加できるように、まず常設フォーラムとはどういう組織なのかという説明から始まって、最終的にアジア地域の先住民族として、今年の議題について何を主張すべきか意見を集約していました。何回も国連に行っている長谷川さんが、国連に出るより勉強になると言っていました。私もそこで多くのことを学んだし、いろいろなアジアの国の先住民族の人たちと仲よくなって、夜中までカラオケをやったりしました。

こうしてアジアの先住民族の知り合いが増えると、ニューヨークの常設フォーラムでもレセプションのお手伝いを頼まれたりします。レセプションといっても、内容は中華料理のケータリングだったり（笑）。単なるお食事会といえばそうですけど、各国の政府代表、特別報告者、常設フォーラムの委員も招きます。そういう人と一緒に懇談するのは大事な機会なのですが、アジアの先住民族の主要なメンバーはみんな忙しい。そこで私が中華料理屋さんを予約したりしてお手伝いをします。毎年のように頼まれて、私はレセプションを手伝いにニューヨークに行くのだろうかと思ってみたり。そんなふうにつながりをつくっていきました。

レセプション自体は司会は先住民族の人で、挨拶をしたり、いろいろなパフォーマンスをするのも先住民族の人だけど、だれかが裏方をやらなければいけない。みんなに感謝され

*17　WGIPは人権理事会の設置に伴い、国連人権委員会とともに、二〇〇六年に廃止された。

二〇〇五年五月の常設フォーラムでの木村氏（右端）。バングラデシュ・チッタゴン丘陵のアイナ（左）、インドネシアのルカと
（写真提供：木村真希子）

るのはうれしかったし、私も顔を覚えてもらえた。その後アイヌ民族とか琉球民族の問題でも、アジアの先住民族の仲間たちが助けてくれるようになりました。

ただ、ここは先住民族の場だから遠慮してほしいと言われたことは何回かありました。アイヌ民族とか琉球民族の人は距離が近くて言いにくいと思うのですが、ほかのアジアの先住民族は遠慮がありません。アジアのネットワークの中で活動していると、ああ今こういうふうに私は他の人に思われているのかなと客観的に見えるようになりました。

現在、アジアには先住民族であれば基本的にだれにでも開かれているフォーラムがあり、その事務局をやっているのが、アジア先住民族連合（ＡＩＰＰ）という団体です。今、そのＡＩＰＰとアジア先住民族地域コーカスという二つの組織を中心にいろいろなネットワークがあり、そのなかでも大きいのが先ほど説明した準備会議です。組織化されているわけではないので毎年参加する人も団体も違いますが、幾つか中心になる団体があります。

ＡＩＰＰは専門のスタッフを一三人抱え、年間予算も一〇〇〇万円を軽く超えています。今はもっとかもしれません。私の記憶ではたしかタイのチェンマイにあります。私の記憶ではたしかフィリピン、インド北東部のナガ、バングラデシュのジュマの人たち、マレーシアの人たち、インドネシアそのほかの人たちが集まって設立されました。アイヌ民族も当初からＡＩＰＰの参加メンバーです。今はＡＩＰＰの理事の一人が北海道アイヌ協会副理事長の阿部ユポさんです。ただし言葉の壁があるのでいつも能動的に参加するのは難しい。半年に一度理事会があるので、阿部さんに通訳が同行して参加しています。私が同行するときもあります。

私はこうしたアジアの先住民族ネットワークでいろいろ学んだので、それを日本の先住民族の皆さんにつなげたいのですが、言葉の壁もあってなかなか難しい。

相内　市民外交センターはＡＩＰＰの理事選挙で選挙管理委員をやりました。私が選挙管理委員をやりましたが、日本のオフィス宛にファクスで投票してもらうなど、結構大変でした。

上村　ＡＩＰＰは以前からありましたが、専従スタッフが一三人にも増えたというのは、アジアの先住民族運動がボトムアップされて

二〇一二年九月のＡＩＰＰ総会での当真嗣清氏（琉球弧の先住民族会）
（写真提供：木村真希子）

きている反映かな。

先住民族としての琉球／沖縄

編集部　市民外交センターは、九〇年代後半からアイヌ民族だけでなく琉球民族の国連への参加もサポートするようになりました。

上村　アイヌ民族は八七年からで、琉球民族としては九六年からです。

木村　九六年に行かれたのは松島泰勝[*18]さんですね。

上村　松島さんが、行ってくれました。一九九六年に大田昌秀沖縄県知事の米軍用地に対する代理署名拒否に対し、最高裁の判決がでました。簡単にいうと、沖縄県知事はわがままを言うなという敗訴判決でした。その頃東京のアイヌ料理店「レラ・チセ」[*19]で、大学の後輩でもある松島さんと食事する機会があり、これは、植民地問題であり、先住民族に対する差別問題だと議論しました。それで沖縄からも国連の、とくにWGIPに行ってみようということになったのです。そして国連参加の報告会を、当時東京にいた宮里護佐丸さんたちの前でやりました。ここから、琉球民族の先住民族としての権利回復を市民外交センターでも支援することになったのです。いろいろな問題があるにしても、アイヌ民族には北海道アイヌ協会（北海道ウタリ協会から改称）がありますが、「沖縄県民」が琉球民族として主張する際に、自治体である沖縄県庁を代表にすることはとても難しいですし、民族かどうかの議論も、外部からではなく、沖縄の中で詰めていかなければいけない。それを前提で外交センターとしての支援を始めたのが、最高裁判決と同じ九六年です。

　当初の活動では、宮里さんたちや、のちに琉球弧の先住民族会（ＡＩＰＲ）の初代代表になる知念秀記さんたちと、意見が対立することも結構ありました[*20]。先ほどの論理構成の問題です。基地問題を抱えている沖縄では、その現場で目の前の問題に直面しているので、内部的あるいは国内的な論理になります。平和を愛しているから米軍事基地はいらないと。しかし、国連では沖縄の状況は、異なるロジックで説明しなければなりません。米軍基地は、どんな権利をどう侵害しているのか、また日本政府はなぜ救済してくれないのか。「そんな論理は通用しない」と、何度も文書を練り直しましたから、「やっぱり大和の人

＊18　一九六三年石垣島生まれ。龍谷大学経済学部教授。島嶼経済史を専門とする。二〇〇七年、ＮＰＯ法人ゆいまーる琉球の自治を立ち上げ、代表を務める。代表的著作に『琉球独立への道――植民地主義に抗う琉球ナショナリズム』（二〇一二）などがある。

＊19　一九九四年に東京で開店したアイヌ料理店。アイヌ語教室など、アイヌ文化継承の場所としても重要な役割を果たした。移転後、二〇〇九年、閉店。『レラ・チセへの道』（一九九七）他。本書に収録された石原修さんのインタビューも参照。

＊20　本書一四八ページ参照。

間（ヤマトンチュー）だからだ」と思われたと思いますよ（笑）。

権利宣言の採択

木村　先住民族の権利に関する国連宣言が採択された二〇〇七年が一つの転機でした。国連に参加しても成果はすぐには出ず、活動には停滞期は必ずあるので、ちょっと疲れてしまうというか、やっても意味ないんじゃないかと思ったりしますけど、やはり長く活動してきただけの成果が、あるとき突然現れるものです。

猪子　日本政府は二〇〇七年の権利宣言に賛成しましたが、そのときは日本国内に先住民族はいないという見解でした。その後、二〇〇八年六月に、アイヌを先住民族として承認する国会決議を採択しました。何が日本政府を動かしたのでしょうか。

上村　あのときはG8サミット[*21]があったからね。

木村　G8があって、対抗イベントである先住民族サミット[*22]を北海道の洞爺湖で開催することが企画されていたのです。結果的に場所は二風谷になりましたが、あれがすごくよかったです。

上村　G8は二〇〇八年が北海道、その前の二〇〇〇年は沖縄で開催されました。両方とも、日本には多様な「民俗（国内のさまざまな風俗）」文化があることを世界にアピールしたいというのが政府の意図でしたが、僕らの視点からいえば、実はどちらも先住民族の文化だったわけです。

相内　権利宣言の採択直後に、日本政府を代表して神余隆博国連大使がコメントを発表しました。その発言では自己決定権をすごく限定的にとらえていました。先住民族の自己決定権は既存の国家主権を侵害しないものだとか、分離独立を認めないという内容です。まだ宣言の草案が議論されていた当時、カナダがインターナル・セルフ・デターミネーション（分離独立を主張しない自決権）という概念を提唱して多くの先住民族から批判されましたが、日本政府はまさに同じことを平気で言っている。本当に権利宣言の中身を誠実に受け入れるのかしっかり監視しないといけないと思います。権利宣言の採択に反対したカナダ政府のほうがよほど正直といえば正直ですね[*23]。

*21　二〇〇八年のG8サミットは、七月に北海道洞爺湖で開催された。

*22　G8サミットがアイヌ民族の土地で開催されることをきっかけに、アイヌ民族や支援者が二〇〇八年七月に世界各地の先住民族を招いて開催。最終日には「二風谷宣言」を採択した。この先住民族サミットの開催がきっかけとなってアイヌ民族問題に再び注目が集まり、二〇〇八年六月の先住民族認定決議につながった。

*23　カナダも二〇一〇年に賛成に転じた。

権利擁護プロセスの多様化

木村　二〇〇五年、国連人権委員会が任命した「現代的形態の人種主義、人種差別、外国人嫌悪および関連する不寛容に関する特別報告者」[*24]であるドゥドゥ・ディエンさんが来日し、日本の人種差別の状況について調査しました。その際に沖縄の問題が取り上げられました。それには先ほどお話ししたように、沖縄のＡＩＰＲが人種差別撤廃条約のＮＧＯ報告書を国連に提出したことが大きかったと思います[*25]。その翌年に私が沖縄に行ったときに宮里護佐丸さんが「この活動をやってきてよかった」と言ってくれた。これも私にとって転機でした。ジュネーブやニューヨークにある国連本部に行って会議に参加するのもいいのですが、人種差別撤廃条約のような国際人権条約にはその遂行を監視する条約機関が設置されていて、現地のＮＧＯはそうした機関に政府の行動について情報提供することができます。だから、条約機関に対する情報提供については日本にいながらにしてできることも多い。しかも条約機関がそうした情報提供に反応してくれることも多い。だから、ジュネーブやニューヨークまでは遠くて行けないという人でも活動に参加しやすい。人種差別撤廃条約については、日本国内にもＩＭＡＤＲ[*26]を中心にして人種差別撤廃ネットワークもできました。

　ところで先住民族の権利宣言が採択された後、私はインドとかバングラデシュの先住民族の人たちと一緒に活動することが多いので、日本企業の海外での開発で先住民族が被る影響に関心がありました。そんなとき、ＪＢＩＣ[*27]とＪＩＣＡ[*28]で環境社会配慮に関するガイドラインの改定をすることになり、先住民族に関する項目も入るということで、その作業に関わることになりました。先住民族の権利宣言の条文を基に、開発プロジェクトが先住民族に影響を及ぼす場合、当該先住民族の「自由で事前の情報を得た上での合意（ＦＰＩＣ）」を得なければならないということを環境社会配慮ガイドラインに反映させることが目的でした。権利宣言の採択後とはいえ、ＪＢＩＣやＪＩＣＡの人たちは先住民族の権利に関する意識が低く、交渉は本当に苦しかったです。開発プロジェクトによる先住民族の土地権、資源権侵害をはじめとする事例は世界各地で報告されています。われわれは、権

*24　国連人権委員会（現人権理事会）の特別手続きに則って任命された専門家で、国別とテーマ別に分かれる。ディエンさんは招待された国において人種主義や人種差別に関する調査を行い、その報告書を国連に提出する。

*25　本書所収の宮里氏のインタビューを参照。

*26　反差別国際運動。日本の部落解放同盟の呼びかけにより、国内外の被差別団体や個人によって、一九八八年に設立された。

*27　国際協力銀行。一九五〇年設立の日本輸出銀行と一九六一年設立の海外経済協力基金が、一九九九年に統合されたもの。日本にとって重要な資源の海外における開発および取得の促進のための融資などを行う。

*28　国際協力機構。日本の政府開発援助の実施機関として、有償資金協力、無償資金協力、技術協力等を行う他、青年海外協力隊、シニア海外ボランティアを含めて、専門家の派遣を行っている。前身は、一九七四年に設立された国際協力事業団。

利害を防ぐためのチェック機能をかけようとするわけですが、企業や銀行側は、プロジェクトが実施しづらくなるものには反対する。弱者の権利侵害を当然だと思っているのかなと、ギャップに随分苦しみました。

国連人権理事会に「先住民族の権利に関する専門家機構[*29]」が新たに設置され、二〇〇九年に行われた第二回会期に参加したときに、インド北東部のマニプル州の先住民族の人が人権侵害を報告する作業を少し手伝いました。ショックだったのは、その二〜三カ月後にその人がインド政府に逮捕されて拷問されるという事件があったことです。先ほどWGIPは当初、テロリストの集まりであるかのように思われていたという話がありましたが、インドやバングラデシュの先住民族活動家にはいまでも身の危険を感じている人もいます。このときも国連の特別報告者に訴えたのですが、すぐには目に見える効果が現れず、強い敗北感を味わいました。インドのような大国は国連が何か言っても聞かないのかなと思ったのですが、彼は三〜四カ月後に無事釈放されて、その後も元気に国連に出てきて、自分が受けた人権侵害の報告をちゃんとしています。さまざまな国のたくさんの人が彼の釈放を求める署名に加わり、それが多少抑止力になったのではないかと思います。一人一人ができることは小さいのですが、それが集まって継続していくと政府も動かせるとわかってきました。

つい最近も、今回の沖縄に関する人種差別撤廃条約の早期警戒措置[*30]に関してネットワーク形成のお手伝いができました。市民外交センターから国連人権理事会に参加した三上貴穂さんもコラムに書かれていますが[*31]、経験が少ない若い人ができることは決して多くはありません。でも、みんなをつなげようとするのはすごく重要なのかなと思います。

生物多様性条約と先住民族

編集部 木村さん、二〇一〇年のCOP10についてはいかがですか。

木村 COP10とは生物多様性条約の第一〇回締約国会議のことで、名古屋で開催されました。実は先住民族問題に関して、いま活発に議論されている条約が環境系の二つの条約、気候変動枠組条約と生物多様性条約です。COP10には、世界中の先住民族が一〇〇名く

*29 国連人権理事会の下に設置された諮問機関。二〇〇八年に第一会期開催。五人の委員で構成。
*30 人種差別撤廃条約に違反する重要な人種差別を予防するための緊急措置として勧告を出す制度。
*31 本書七七ページ参照。

らい参加する予定でした。当初はＡＩＰＰが受け入れ団体で、市民外交センターにも協力してほしいと依頼されたのですが、いつのまにか外交センターが受け入れ団体にされていました。

相内　ＡＩＰＰの常套手段ですよ。

木村　常套手段なんだ。ひっかかった（笑）。

編集部　ほとんど旅行代理店になってましたね。

木村　そう。ＡＩＰＰのジョアン・カーリング事務局長、それからずっと生物多様性条約に関わっているジェニー・ラシンバンさんという、先住民族の権利に関する専門家機構の委員で議長も務めたお二人に乗せられた形です。[*32]私はホテルの予約とか連絡ばっかりやっていた印象があります。このときは越田清和さんが事務局を引き受けてくださいました。越田さんのコラムを読むと、いろんな苦労を思い出します。[*33]

上村　名古屋市内で道案内すると、こっちが迷っちゃいました（笑）。

木村　正直、ただ環境を守るというだけではなく、弱者にとって公正な環境政策をいかに遂行するかという発想はそれまで私の中にありませんでした。でもそれは先住民族にとって核心的な問題だったのです。三・一一の後、こういう大量生産、消費、廃棄の社会をどう見直すのかが、改めて重要になっていると思います。環境と先住民族の問題に触れたのは勉強になりましたし、市民外交センターの関係者もＣＯＰ10をきっかけにいろいろなところで発言を始めています。

上村　ＣＯＰ10の「名古屋議定書」にも、「愛知目標」[*34]という全体決議にも最終的に先住民族の視点を入れることができました。そういう新たなルールづくりに間接的ながら非常にいい役割を果たした点で、市民外交センターはよくやったと思っています。

木村　ありがとうございます。

相内　市民外交センターがやったのか、木村さんがやったのか知らないけど（笑）。

大学生がみた国連会議

猪子　私は二〇〇九年の先住民族に関する専門家機構の第二回会議に木村さんと一緒に参加させていただきました。そのときのことはコラムでも書かせていただいたのですが、[*35]会議にはアイヌ民族からは「世界先住民族ネッ

＊32　本書一二〇ページ注5・6参照。
＊33　本書一七二—一七三ページ参照。
＊34　「名古屋議定書」は、生物多様性条約の重要ポイントである遺伝資源へのアクセスと利益配分（ＡＢＳ）の公正かつ衡平なあり方に関する条約。「愛知目標」は生物多様性の損失を防ぐために設定された二〇の戦略目標。達成できなかった「二〇一〇目標」に代わるもので、二〇二〇年までの実現を目指す。
＊35　本書一三二ページ参照。
＊36　国連会議のシミュレーションを行うインカレサークル。一人が一国の大使を任され、特定の議題について担当国の政策や歴史、外交関係などに照らし合わ

トワークＡＩＮＵ」の代表だった秋辺日出男さん（デボさん）が参加しました。琉球民族からはＡＩＰＲの渡名喜守太さんが参加されました。私にとって初めての国連会議だったのですべてが新鮮でした。ただ、私は大学で模擬国連[*36]というサークルをやっており、学部のゼミが国際人権法だったので、何かお手伝いできるかなと思って行きました。会議でのスピーチやアイヌ民族や琉球民族がほかの先住民族と会話するときの通訳をしました。私は先住民族ではありませんが、先住民族の参加者との一体感をすごく感じることができました。

アジアの先住民族のランチミーティングでは、ちょうど私たちの真ん前に、国連の「先住民族の権利に関する特別報告者」[*37]であるジェームズ・アナヤさんがいて、琉球／沖縄、アイヌ民族に関する話を五分ぐらいしました。アナヤさんも積極的に質問してくださって。日本国内の人権問題を特別報告者にジュネーブで直接伝えられる機会があるのはすごいと思いました。

せて、実際の国連における会議と同じように議論、交渉し、決議を採択する。

＊37　人権理事会の特別手続きに則って任命された専門家。先住民族の権利に関して、主に各国を公式訪問し、調査報告書、勧告を提出する。初代の特別報告者ロドルフォ・スターベンハーゲンはメキシコ出身の専門家であったが、二代目のジェームズ・アナヤ現報告官は米国出身で、彼自身が先住民族である。

木村真希子（きむら・まきこ）
ジャワーハルラール・ネルー大学にてPh. D取得（社会学）．ナガランドの独立運動を知ったことをきっかけに，先住民族問題に関心を持ち，市民外交センターの活動に参加する．現在は副代表．専門はインド北東部の民族運動や紛争．2003年に先住民作業部会に参加して以来，毎年国連の先住民族関連の会議に出席し，主にアジア先住民族とのネットワークを形成してきた．現在，大学非常勤講師，ジュマ・ネット運営委員，ナガ・ピース・ネットワーク世話人．

上村　市民外交センターのやっていることは、大学生を含めて普通の人たちにとってはわかりにくい。例えば開発援助であれば、アフリカのこの村に学校を建てた、アジアのここに井戸を作ったという具体性があります。そういった目に見える成果は他の人に説明しやすい。でも国連の会議参加を支援しましたといっても、その実態や意義はなかなかわかってもらえない。

相内　わかりにくいと困りますか。

木村　それはそうですよ。国連に行って活動しますと言っても寄付は集まらないですから。

相内　確かにそうだけど、僕たちはお金がなくて活動するのになれているから。

上村　先ほどから紹介されているように、私たちがサポートすべき先住民族問題は多様化しています。だから私たちも本当はもっとたくさん活動しなくてはいけない。政府の資金は全然あてにできない。ですから、市民から一定の金額はしっかり集めなければと思います。その意味ではわかりやすさ、見えやすさも大事です。猪子さんは模擬国連という活動から、外交センターの活動に興味をもってくださった。

猪子　権利宣言の会議を模擬したのです。

木村　国連総会の権利宣言を採択するときの模擬総会ですね。猪子さんといっしょに活動に参加してくれるようになった萩原剛志さんも、模擬国連出身です。萩原さんも本書にコラムを書いてくれました。*38

猪子　模擬国連では、実際には採択に反対した四カ国が賛成する道もあったのではないかと疑問を持ち、模擬会議で再度挑戦したのですが、やはりだめでした。そのときにアドバイザーで苑原さんと上村さんにきていただきました。

相内　アドバイスできたのですか。すごく難しいことをやっているわけですよね。

上村　私がアドバイスしたのは、参加した大学生がみんなスーツを着てるから、国連はTシャツでもいいよといいました（笑）。

相内　それがアドバイスになるんですか（笑）。

上村　みんな就職試験みたいにまじめな格好しているから、国連には「ばかやろうアメリカ」とか自分の主張を書いたTシャツを着ている人もいっぱいいるよ、と体験を少し披露しました。

*38　本書一一五ページ参照。

相内　会議によります。

木村　先住民族の会議では政府代表＝スーツ、先住民族＝民族衣装、ＮＧＯの人＝カジュアルという印象がありますね。

権利侵害をあぶりだす

猪子　上村さんにお話を聞かせていただいたときに、権利侵害は見えるものではないので、それを見えるようにして、権利侵害というところまで組み立てるという作業が必要だと言われました。それを国連の場まで持っていって、国内と国際社会のダブルパンチで政府の態度を変えさせる。そういった上村さんの考え方に共感して、活動に関わりたいと思ったのです。

上村　関連しますが、「アイヌ語る会」というアイヌ民族が忌憚なく意見を交換しようというイベントを二〇〇八年ころから阿部ユポさんが北海道アイヌ協会札幌支部として札幌で開催していて、昨年もそんな話をしてきました。政府の官僚やジャーナリストは「アイヌ民族は何を求めているのか」とすぐ聞きたがるのですが、それはアンフェアです。権利侵害は、アイヌ民族自身にもきちんと見える形になっていないのです。「アイヌ語る会」ではワークショップ形式で面白い企画をしています。若いアイヌの参加者を中心にいくつかのテーブルに分けて、それぞれのテーブルで「夢」を語ってもらいます。たとえば、「楽器を作りたい」という夢があれば、「楽器を作りたい時、何をする？」「木を切ってこなきゃ」、「切りに行ったらどうなる」「でも国立公園で、規制されているからだめだよね」という具合に対話を積み上げていきます。

自分たちが、本当はやりたいことを見つけ、それができるか、できないかという時に、権利というものが見えるようになるわけです。アイヌ民族でも、琉球民族でも、どんな権利が侵害されているかのあぶり出しは不十分です。その点、あなたは何を求めているのですかという議論は、実は卑怯なのです。人権問題に取り組むには、何が侵害されているかから丁寧に考えていかなければなりません。

相内　そうですね。一番巧妙なのは、侵害されていることを気づかせないような侵害だから。それが当たり前だと思わされていれば、とくに何も感じないものです。

木村　人権活動は、首都に出てきて勉強している学生さんの間で始まることが結構あります。かつて私たちが宮里護佐丸さんたちとやっていた沖縄に関する勉強会もそうだった。沖縄にいると、現状が当たり前過ぎて、だれも人権侵害だと思わない。でも東京に来ると、沖縄の現状が全然当たり前ではなかったんだと実感できる。基地が市街地のすぐ横にあってヘリコプターが落っこちてきますとか、東京ではあり得ません。

黒子でありながら表に出る

上村　国連はシステムであると同時にフェース・ツー・フェースの関係で動く社会です。かつてはWGIPのジュリアン・バージャー*39事務局長やエリカ・イレーヌ－ダイス議長*40と、市民外交センターは良好な関係を築いていました。現在の「先住民族の権利に関する専門家機構（EMRIP）」の議長であるジェニー・ラシンバンとも、アジアの先住民族ネットワークのなかで緊密に連携しています。そうした人物とどれくらい信頼関係があるかが、わたしたちの国連での活動にとっては大事です。ジュリアンに「ダイスさんは外交センターの声明を結構ちゃんと読んでますよ」と言われたことがあります。

相内　会議で私たちが自分の意見を記した声明を発表したいというと、わざわざ時間をとってくれました。

上村　市民外交センター独自の声明文は、国連の会議で条文や計画を立案する専門家や先住民族指導者たちに結構読まれています。例えば、「世界の先住民の国際一〇年」*41の行動計画には外交センターの意見も採り入れられています。それはダイス議長がまとめて、人権小委員会に送り、人権委員会で承認されて、総会まで行きました。働きかけを工夫すれば、私たちのような小さなNGOでも国際的なルール作りに関与することができるのです。

編集部　日本国内では九〇年代半ばに、「ウタリ対策のあり方に関する有識者懇談会」*42が、北海道旧土人保護法の廃止以後の政策のあり方を議論しました。そしてアイヌ文化振興法*43が九七年にできる。北海道ウタリ協会としては、国内にプロセスがあるので、国連での権利宣言の制定作業にはあまり熱心に関与しなかったのではと推測するのですが、どうでしょうか。

上村　それはまさに外交センターというNG

*39　国連人権高等弁務官事務所で長年、先住民族・マイノリティ担当官を務める。本来・中南米の先住民族問題を専門とする。著書に『世界の先住民族』。

*40　ギリシア出身の先住民族の権利の専門家。人権小委員会の委員として一九八四～二〇〇二年までWGIPの委員に選出され、また複数会期にわたって議長を務めた。WGIPの効果的な運営に手腕を発揮した。

*41　注11で述べた国際年ののち、さらなる取り組みが必要であると認識され、一九九五年から二〇〇四年は「世界の先住民の国際一〇年」とすることが国連総会で採択された。

*42　一九九五年、内閣官房長官の私的諮問機関として設置され、一九九六年に報告書を提出。アイヌ新法の制定、人権の擁護、自立化基金の設置などを提言した。

*43　有識者懇談会の報告書を受けて、一九九七年制定。日本が多文化社会になるという一定の方向性を確認し、旧土人保護法を

Oの存在意義に関わっており、ある意味では永遠に背負う矛盾です。最近私が参加している国連人権理事会では、参加するNGOも国際的でプロフェッショナルな団体が中心になります。法律議論を政府関係者と直接たたかわせ、提案や声明文書もすぐ書けてしまう。しかし、WGIPは、それぞれの国の地域社会で活動する草の根の先住民族組織にも開かれていました。それがむしろ重要なことだったのですが、地域で活動するNGOでは、国連宣言の第何条をどう起草すればいいのかという専門的な議論を理解するには時間がかかります。これは世界中どこでも同じです。そんな中で国内の大きな展開が起これば、そちらへ関心が移ってしまう。ですから阿部ユポさんや野村義一さんのように、国際人権プロセスの重要性がよほどわかっていないと、それと国内政治を同時並行で進められません。われわれみたいなNGOにもし存在理由があるとすれば、国内問題と国際問題の橋渡しをすることだと思うのですが、徒労に終わることもよくあります。

相内　それはしょうがないことです。例えばWGDDでは、二〇〇〇年近くになってくると、国連総会での採択を実現するための戦略を先住民族の中で議論する必要が出てきました。でも、世界各国の先住民族で戦略論を議論できる人はほとんどが法律家で英語で教育を受けています。木村さんはよくご存じですけど、そのような先住民族NGOのメンバーはエリート集団なのです。専門性が高く、大学も出ていて、法律家の資格も持っているような人たちです。しかし、アイヌ民族で先住民族運動に関わっている人には、そのような専門性の高い人材はほとんどいない。すると、アジアで戦略会議が開かれると、議論に引っ張り込まれるのは僕で、一緒に参加しているアイヌの人たちに説明しても、専門的な議論の内容になかなか関心を持ってもらえない。言葉の通訳と、内容の翻訳をダブルでやりながら、どうすればいいんだろうと常に思っていました。アイヌ民族が判断や意見を求められたときに、僕が決めるわけにはいかない。私は、自分は何が議論されていて何が大事なポイントかをアイヌの人々に説明する役割だと思っていました。でも、ときには黒子でありながら表に出なければいけなくなる。それが市民外交センターの宿命かもしれません。

撤廃するなどの成果はあるが、新法の範囲を狭義の文化のみに限定したことで多くの批判も存在する。またアイヌ民族を先住民族として認めず、いかなる権利も認定していない。

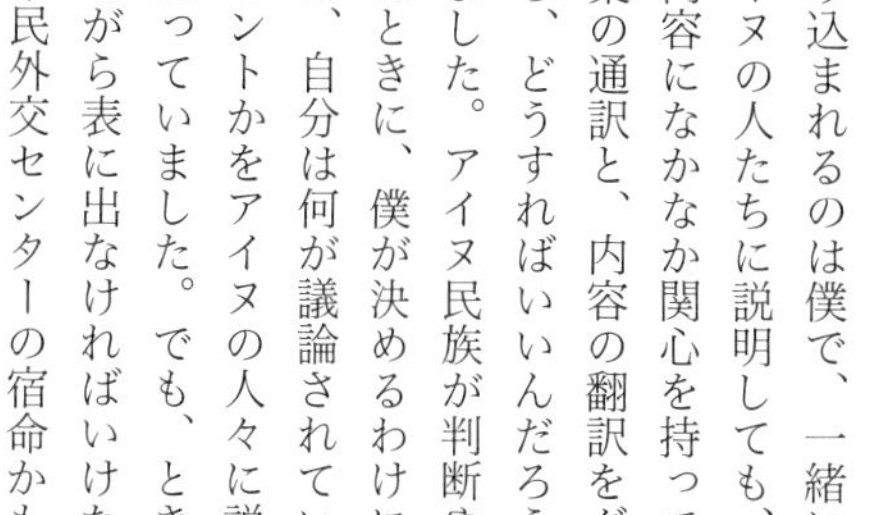

二〇一〇年の名古屋COP10に北欧から参加した先住民族の人々と上村氏（写真提供：上村英明）

先住民族の人の意見と自分の意見が対立したことはしばしばありました。でも、私は先住民族ではありません。先住民族が、私の意見を参考にしながら自分たち自身の意見を持ってくれることが大切なのです。だから、おまえとは考えが違うと言ってくれることではじめて、私が一緒に会議に出た意味がある。意見が対立しても、理解しあって協力することが大切なので、考えが違っていていいのです。

猪子　アイヌ民族が、国連に行く前にある程度話し合って統一見解をもつことはなかったんですか。

相内　そこは難しいです。会議では、議論が予期せぬ方向に進み、突然意見を表明しなければならないことは、しばしば起こります。アイヌ民族の代表も、現地で判断を迫られました。そんなときは、例の『一目で分かる先住民族の権利宣言』や北海道ウタリ協会の過去の声明などをもとに、私も一緒に発言内容の検討をしました。そして、帰国後にウタリ協会に発言内容を報告するということで、現場で対応してきました。

上村　それは政府の外交でも同じです。国際会議に参加している担当者が全部の論点に精通していて、本国の方針にきちんと従って決めているわけではない。方針はあらかじめ設定されていても、会議が始まってしまうと、その場で判断を下す必要に迫られます。

相内　やはり私たちは、先住民族をサポートする立場にいることを最後まで自覚していなければならないと思います。私がアイヌ民族の問題に関わるようになったのは、格好よく言うと、自分が不正義の状態のままにいたくないという個人的な感情があったからです。特に私は北海道出身ですから。私のじいさんは本州から渡ってきて、結局アイヌモシリを蚕食したわけで、そういう意味では借りがある。それなのに差別的な状況を看過するのは嫌だという考えから行動しているので、自分のためであって、先住民族をお助けしているつもりはありません。私は主体的に参加していましたが、国際会議の場での主役は彼らなので、彼らが発言したいことをできるだけ表現できるようにしたり、彼らが理解しにくいことをできるだけわかりやすく説明することに徹するようにしていました。

「世界先住民族ネットワークAINU」の秋辺日出男氏（右）とジェームズ・アナヤ氏（先住民族の権利に関する特別報告者）。二〇〇九年の先住民族問題に関する専門家機構にて（写真提供：猪子晶代）

誰が民族を代表するのか

猪子　例えばアイヌの代表といっても、アイヌ民族全員の意思が反映された組織はない。でもだからといってアイヌ民族が国際会議で発言できないことはない。むしろ、それはあなた方の民族全体の考えなんですかと私たちが問い詰めてしまうのはおかしい。私は日本国民ですが、日本政府の代表が言っていることが国民である私の考えと一緒かといったらやっぱり違うと思うのです。

木村　国家だったら政府があって、組織があって、代表を選出する仕組みがあります。でも、先住民族の場合はそういう政治的な意思決定プロセスが必ずしも確立しているわけではない。そもそも民族としての意思決定過程を持たないところもあります。

上村　ある民族の意見をどの団体が代表しているのかは難しい問題だけれど、時間が解決することもあります。おかしなことを主張している団体はどこかで消えるからです。琉球民族の問題もその意味では難しいのだけれど、ＡＩＰＲは、一〇年以上も活動を続けてきま

猪子晶代（いのこ・あきよ）
1987年愛知県生まれ．2009年東京外国語大学外国語学部ロシア・東欧課程チェコ語専攻卒業．2012年慶應義塾大学大学院法務研究科修了．第66期司法修習生．外語大では，国際人権法ゼミに所属．卒論は中東欧におけるマイノリティ政策について．大学時代，模擬国連サークルで活動する．2009年1月から市民外交センターに参加．2009年，2012年にジュネーブで行われた先住民族の権利に関する専門家機構（EMRIP）に出席．

した。

相内　北海道アイヌ協会の名誉のために言えば、阿部ユポさんのような真面目な人が国連にずっと参加してくれて、私は非常に幸せでした。そういう人たちと時々けんかしながら、国際会議の場に参加し、議論してきた蓄積が、例えば阿部さんを通して北海道アイヌ協会に少しずつ浸透している。ちゃんとした人に、ちゃんとした情報が得られる機会をきちんとつくっていくという努力は決して無駄ではない。私も、もう行くのが嫌だなと思ったことがないわけではありませんが、でもあの一生懸命に触れれば、苦労も無駄ではないとそのときも思ったし、今でも思っています。

　ＷＧＩＰのときも、若いアイヌを国連の場に案内して、そこで経験をしてもらいました。私は、とにかく一言でもいいから、若いアイヌの人たちに発言してもらおうとしました。かれらは、ものすごく緊張するけど、本当に三〇秒でも一分でもとにかく会議で声明を読み上げる。それでどれだけ議論に実質的に貢献できたかはわからないけれど、自分の発言を国際的な場でみんなに聞いてもらったことが大きな経験になる。国連の参加をきっかけにして、その後も先住民族の権利回復についてずっと考え続けたり、勉強を続けてくれる人たちが現れたので、こうした取り組みも種子に水をかけるぐらいの意味はあったと思っています。

先住民族のイエスマンではなく

猪子　ＡＩＰＲの我如古朋美さんたちが先住民族問題に関する専門家機構で発表するために、ＡＩＰＲが作成した原稿の日本語版を私が英語に翻訳したことがありました。その様子は我如古さんもコラムに書かれています。*44 私には日本語版を逐一訳すのが求められていたのでしょうが、私も以前に専門家機構に参加したことがあったので、そのまま英語に直訳してもあの場所でうまく伝わるか、確信がもてなかった。そこで、とりあえず逐語訳した後に事実と主張を分けて、日本政府およびアメリカ政府の沖縄での行いが権利宣言のこの条文に違反しているといった文章を主張の部分に私が付け加えていった。でも読み返してみると、すごく冷静な文章になってしまって怒りが伝わってこない（笑）。ＡＩＰＲの人たちがその文章を見てどう思うのかわから

先住民族問題に関する専門家機構でステートメントを読むＡＩＰＲの親川志奈子さん（二〇一二年）
（写真提供：猪子晶代）

*44　本書一八六―一八七ページ参照。

なかったのですが、我如古さんたちに確認してもらったところ「わかりやすくなりました。ありがとうございます」と（笑）。

相内　悩むことなかった（笑）。

猪子　それを聞いたときはすごく安心したんですけど、やっぱり怒りを伝えたい人もいるのではないかと思って。

上村　それは難しいです。あまりきれいな言葉になり過ぎても、一番大事なメッセージが伝わらない。

木村　私も専門家機構に参加したとき、秋辺デボさんのスピーチの原稿が二本準備されていた。実際には一本しか読む時間はない。私は片方のほうが良いと思ったけれど、デボさんはもう一方を読み上げたいと言った。それでずっと議論して、最終的には国連での議題に沿う、私が勧めるほうに納得してもらいました。サポートにもいろいろなやり方があると思いますが、単に翻訳するだけだったら翻訳業者に頼めばいい。最後まで相手と対話するのが誠実なサポートではないかと私は思います。でも地域で活動している先住民族の人は、私たちのように国連の会議に慣れている人、大学の先生をやっている人にノーと言えないかもしれない。どういうふうに相手との関係をうまくつくっていくのかは、常に模索するしかない。

上村　僕が国連に行き始めた最初の頃、先住民族の戦略準備会議の議長をやっていたケネス・ディアさんが言っていたことがいまだに頭の中にあります。この会議は先住民族の会議だけれども、非先住民族、NGOも参加できるし、すべての人が発言して構わない。しかし、先住民族が主体の会議なのだから、その点を十分に尊重してくださいと。先住民族同士で重要な議論をしている時に、変に議論を振り回さないとか、関係ない持論を滔々と述べるとかを慎むわけです。先住民族にとって何が大事なのかを考える。それはすごく難しいことなのですが、逆に、あなたたちは何でも正しいといった、先住民族のイエスマンでも一緒にやっていけません。

相内　そんなのはだめです。

上村　そこのバランス感覚がとても難しい。先住民族という存在を尊重できるように努力していくしかない。

相内　先住民族の側からどっちがいいと思うとか、どうしたらいいと思うかなどと相談さ

二〇〇四年のWGDDにて、右から上村氏、相内氏、阿部ユポ氏（写真提供：上村英明）

れるような関係がないとすごく難しいと思います。

猪子　伝え方についての意見対立をマイナスにとらえず、自分はこう思うときちんと説明して理解し合う。その上で何が一番先住民族にとっていいのかを考えて、協力していく。

相内　例えばこの会議であなたの言いたいことはそうかもしれないけど、いま会議はこういうふうに進行していて、ここでそれを言うと議論がとまってしまうから、違う機会にしましょうよ、とか意見することが大事ですよね。

上村　でも、えらい難しいです（笑）。

次の世代に伝えていく

上村　三〇年やってきて、いろいろな運動の成果や課題があるのだと、改めて思いました。サポートNGOの活動が難しいのは宿命のようなものですし、人権の領域でのサポートはいっそう難しい。当事者団体とうまく関係を発展させていきたい。また、次のステップに向けてもっと若い人にも活動に加わってほしいとも思います。

相内　私は上村さんとちょうど一〇歳ぐらい違います。私がジュネーブに行っていたころは五〇歳ぐらいで、勤務先の大学がむちゃくちゃ忙しくなってきた。ごまかしながら行って、ついに二〇〇四年ぐらいに動きがとれなくなりました。上村さんは多分幾つになってもできると思うけど、体力的にも、時間的にも、関心や、意欲の面からも、普通の人は活動できる時期は限られていると思います。だから、どうしたら若い人にもう少し強く関心を持ってもらって、一緒にやってくれるようにできるか有効な方法を見つけることが大切です。市民運動に参加して自分の得意分野を見つけてもらいたい。若者獲得作戦には、上村さんが得意な「駄じゃれ」は、プラスとマイナス両方の効果があるでしょうね。

木村　私ももうあまり若くなくなってきたので（笑）、猪子さんとか学生さんにどう伝えるのかをそろそろ考えていかないといけない。このあいだ、隣の家に行くような感覚で国連に行くのは君ぐらいなもんだと家族に言われました（笑）。

相内　すみません。私もそうでした。

木村　でも、そういう人ばかりではないでしょう。この活動をやりたいという意欲があっ

二〇〇九年の先住民族問題に関する専門家機構にて、右から木村氏、秋辺日出男氏、猪子氏（写真提供：木村真希子）

て、なおかつ国連や国際会議にある程度参加できる人を発掘したい。それと同時に、若い琉球民族とかアイヌ民族のサポートも続けたい。学生の間は割と時間もあるし、お金もバイトして何とかなるのですが、就職するとなかなか続けられなくなってしまうので、そこをどうするか。

猪子　対立というか、意見の違いは常にあるもので、それにどう対処していくかが重要だなと思いました。ほかにもたくさんの意見を聞かせていただいたのでよかったです。この対談も本になるので、私が生まれる前から活動している市民外交センターの歴史を記録することができます。

上村　そうか、生まれる前か。

相内　三〇年もやってるんだから、そうでしょう。

猪子　例えば将来、私がもっと若い世代にこの本を見せながら「それについてはここのページ読むといいよ」と言えるといいなと思います。

上村　では、そういう期待を込めて、本日は、本当にありがとうございました。

二〇一二年二月一三日

1993年の国際先住民年の開始にあたって国連総会会議場で演説する北海道ウタリ協会（当時）の野村義一理事長（1992年12月：UN Photo/Eskinder Debebe）

Column

国際先住民年開幕式典と市民外交センター

石田　浩
東京大学教授

私が市民外交センターのメンバーとして最も深く関わったのは、ニューヨークで行われた一九九三年の国際先住民年のための開幕式典であろう。国際先住民年の設立は、近代国家に黙殺されてきた先住民族の復権を図ることを目的に、一九九〇年の国連総会で日本を含む一五〇カ国の賛成で決議されたものである。国際先住民年に先立つ開幕式典が、一九九二年の一二月一〇日（国際人権デー）にニューヨークの国連本部総会議場で開催され、北海道ウタリ協会（当時）の野村義一理事長が世界の先住民族の代表の一人として招かれた。

これは日本の先住民族の歴史の中でも画期的なイベントであった。というのも当時日本政府の見解としては、アイヌ民族を独自の文化、宗教、言語をもつ少数民族と認めていたが、先住民族として認めていなかったからである。国連が、アイヌ民族を先住民族として認知し、国際先住民年の開幕式典に国連総会の場で演説するよう正式に招聘した意味は非常に大きかった。

当時仕事でニューヨークに滞在していた私は、仕事を抜け出してＪＦＫ空港に野村理事長を迎えに行った。日本の外務省からウタリ協会へは何の連絡もなかった。もちろん送迎に限ったことではない。開幕式典に関して日本政府は完全な黙殺であった。式典当日の総会の場でも日本の国連代表部からの挨拶は当然なかったし、いっさいのサポートを拒否していた。例えば、野村理事長の日本語による演説の翻訳は市民外交センターが手分けをして行い、当日の演説時には市民外交センターのメンバーが通訳ブースにはいり、各国の政府代表のために英訳を読み上げた。他の先住民族の場合には、それぞれの国の政府のスタッフや専門家が担っていたことは言うまでもない。

国際先住民年に先立つ国連での開幕式典は、日本政府ではなくまさに「草の根の市民運動」が先住民族の国際的な舞台での活躍を裏から支えていたことを物語っている。

世界の先住民族指導者、国連関係者から市民外交センターへのメッセージ

三〇周年のお祝いと、そしてその記録の出版、おめでとうございます。先住民族、特にアジアの先住民族は、市民外交センターが活動を長年継続してきたことをとても嬉しく思います。メンバーが報酬のないまま、ここまで継続することは簡単ではありません。今後もアジアの、そして世界の先住民族の闘いへの支援を継続できるよう、幸運と力強さに恵まれますように。市民外交センターは日本社会の中でアジアの先住民族問題を広めてきましたし、特にアイヌ民族に関する成果は目を見張るものがあります。私たち先住民族は、市民外交センターのこれまでの活動と、これからの活動に心から感謝しています。

ヴィクトリア・タウリ＝コープス（フィリピン、コルディリエラ地域出身。元国連先住民族問題常設フォーラム議長。アジアの先住民族ＮＧＯで最初に国連経済社会理事会の諮問資格を取得したTebtebba代表）

アイヌ民族と琉球／沖縄民族のために、世界中の先住民族との間の架け橋になってくれてありがとうございます。小さいけれど光り輝く、すべての人のお手本になる活動です。今後も素晴らしい活動を続けてください！

ジェニー・ラシンバン（マレーシア、サバ地域出身。元国連先住民族の権利に関する専門家機構議長）

三〇周年おめでとうございます！　今後のご活躍をお祈りします。そして、先住民族への支援をありがとう！

ミニー・デガワン（フィリピン、コルディリエラ地域出身）

市民外交センターの三〇周年を祝して、心からのお祝いを送ります。長年の人権関連の素晴らしい活動、特に国連での活動に敬意を表します。私は二〇年以上、皆さんと一緒に先住民族の権利回復のために尽力し、センターの大きな貢献を実感しています。一年半前に国連を退職し、現在ではエセックス大学の客員教授をしていますが、みなさんがイギリスにいらっしゃるときは、ぜひお知らせください。

ジュリアン・バージャー（元国連人権高等弁務官事務所、先住民族担当）

先住民族問題に関する常設フォーラム（ニューヨーク国連本部）で演説するビクトリア・タウリ＝コープス議長（2006年５月：UN Photo/Devra Berkowitz）

ジュネーブ国連本部で行われる先住民族問題に関する専門家機構のメンバー。前列右端がジェニー・ラシンバン議長（2010年７月：UN Photo/Jean–Marc Ferré）

Column

萩原剛志
東京大学大学院

先住民族、非先住民族、人

「なぜ君が先住民族の問題に関わるのか。」先住民族でない私にとって、この問いは常に頭から消えないものだ。

大学時代、模擬国連というサークルを通じて「先住民族の権利に関する国際連合宣言」を知った。その採択までの経緯を調べ、アイヌ民族を含む先住民族の歴史を紐解いた。支配民族による不利な交易条件、生態系の破壊などから先住民族の人口が激減し、政府の同化政策によってその文化、慣習や言語が一方的に否定されたことなどを知った。次第に、私も何か行動すべきだと考えるようになった。二風谷アイヌ資料館や北海道開拓記念館などに行き、二〇〇八年に北海道の平取町で開催された「先住民族サミット inアイヌモシリ」に参加した。NGOスタッフとしての活動も始めた。

しかし、さらに時が経つと、私は「非先住民族である自分に何ができるのか」という疑問を抱いた。先住民族が自らの手で時代を切り開くため、先住民族でない私が果たすべき役割とは何なのだろうか。その答えが見つからず、私は活動から離れるようになった。

「先住民族」という言葉は、そうでない人を「非先住民族」として区別する。この考え方だと私は自分が何者なのか分からないので、「自分は何民族なのか」と問うた。和人、ヤマト、ヤマトンチュー、あるいは私の出身地の辺りにいた隼人か。民族でアイデンティティを探すと、「日本人」としか考えていなかった自分が何者か分からず、何をすべきなのかという方向性も持てなくなる。

翻って、私が活動に関わり始めたきっかけは何だったたか。それは人として感じた歴史的不正義への疑義であり、先住民族サミットのとき、私に親切にして下さったアイヌの方への感謝であった。「先住民族」や「非先住民族」という言葉よりも、生身の人間として、出会う人々との関係のなかで、自分を捉え直すことが重要なのではないか。そのように考えている。

第6章

インタビュー

批判じゃありません。期待、希望ですよ

阿部ユポ＊北海道アイヌ協会副理事長

聞き手：上村英明・阿部千里（小樽商科大学学生）

娘のために、差別をなくしたい

阿部　私がアイヌとしての活動を始めたのは、娘の千里が生まれてからです。それまでは、何もやっていなかった。アイヌ民族のことを全然知らなかった。その頃、長見義三の『アイヌの学校』という本が出版されました。その本には、昔、アイヌの子どもが通う旧土人学校と日本人の子どもの学校を統合しようとしたときに、アイヌの首長がどんなことをしたかが書いてある。その中で、子どもが生まれた場面をものすごく差別的に描写している。目が真ん丸くてくぼんで、サルみたいな顔をしているとか、このアイヌの子どもだったら牛の子どもの方がかわいいとかいう表現がいっぱいあったんです。「何だ、これは」と私が糾弾していたとき、ちょうど娘が生まれました。四三歳で初めて子どもが生まれて、やっぱりこの子がアイヌであることで差別をされないようにしようと思って活動を始めたんです。

それで、一九九三年から二年ぐらい続けてカナダの先住民族の状況を見に行き、九六年になって、澤井アクさんに誘われてジュネーブの国連欧州本部に行った。国連先住民作業部会（ＷＧＩＰ）と国連人権委員会があって、世界じゅうから先住民族が集まってくるのにびっくりした。その人たちはみんな、私たちは侵略されて、征服されて、支配されている

と言っている。文化や言語を否定されていると、世界じゅうの先住民族が言っている。そのときに一緒に行ってくれた上村さんがその意味をいろいろ説明してくれた。感動して、よし、来年も来ようと思った。翌年は「先住民族の権利に関する国際連合宣言」の採択に向けた審議をしているのを知り、作業部会（WGDD）に行って感動して、よし、おれはこの権利宣言を採択させるために国連の会議にずっと参加しようと決めた。

それで、好きなゴルフも一切やめて、それから九六年から二〇〇六年までずっと相内俊一さんと一緒にWGDDに行った。[*1] でも最初は行ったって何が何だかわからないから、相内先生にジュネーブで、会議に参加するアイヌの人たちと勉強会をしてほしいと頼んだんです。朝一〇時から作業部会が始まるんだけど、カフェで朝九時から必ず一時間、勉強会をしてもらった。みんな朝に集まって、昨日何を議論したか、その背後にはどんな情勢があるのかを教えてもらった。ヨーロッパの先住民族の動向はどうなのか、アジアはどうなのか、太平洋はどうなのかという話を聞いた。そのおかげでますます先住民族問題にはまってしまって、絶対やらなきゃいけないと思って活動を続けてきました。

私が参加するようになる前、北海道ウタリ協会（当時）の野村義一理事長は一九八七年からWGIPに出ていた。そのとき、野村さんを連れていったのも上村さんたちなんだ。[*2] 国際労働機関（ILO）が第一〇七号条約を一六九号条約に改定したときに、日本政府はILOからアイヌ民族に関する八〇項目の質問を受けていたのに、知らん顔をして答えなかった。[*3] それをNGOの人たちが「労働省は何やってるの」と言ったら、労働省は慌てて北海道ウタリ協会に問い合わせてきて、それでウタリ協会が代わりに回答を二週間で書き上げて政府に送ったのに、国は国連に提出しませんでした。NGOがそれを見つけて怒って教えてくれたものだから、野村理事長はILO総会にも参加しました。野村さんは一九九五年まで行っていた。私は野村さんと入れ代わりで九六年から行くようになった。すごく重要な意義を感じて勉強しているうちに、アイヌ民族の歴史をアイヌである自分が知らなかったことを本当に恥ずかしいと思うようになった。

＊1　本書八七ページ参照。
＊2　本書八三－八四ページ参照。
＊3　ILO一六九号条約（正式名称は「独立国における先住民族及び部族民に関する条約」、別名「先住民族条約」）は第一〇七号条約の改定版として一九八九年に採択された。先住民族が主流社会に統合されることを前提とした第一〇七号条約と異なり、土地権、資源権、慣習及び制度を維持する権利など、広範囲に先住民族の権利を認めた条約である。詳しくは、『先住民族の権利――ILO第一六九号条約の手引き』を参照。

北海道には明治維新以前は、松前藩など端っこにしか和人が住んでいなかった。それなのに明治時代になると北海道を一方的に日本の領土にして、アイヌを全部、日本国民にしてしまった。そしてアイヌ語、アイヌ文化を禁止した。調べてみると、一〇〇年ぐらいの間に植民地に本国から五〇〇万人以上も移住させたというのは、世界でも例がないということがわかった。

私の祖母は一八七五年（明治八）生まれで、私が小学校一年生のときまで一緒に暮らしていた。電気も水道も何もなかった。祖母は、私の日本名の「カズシ（一司）」を発音できなくて「カプシ、カプシ」と言うもんだから、「ばあちゃん、何でおれの名前、カズシって言わないでカプシと言うんだ」と怒ったら、「おまえな、おれ、学校に行かなかったんだよ。しっかり勉強しなきゃだめだぞ」と言われた。本当に申しわけないことを言ったと思っています。アイヌ語しか知らないのに、読み書きもできない日本語をいきなりしゃべろと言われ、アイヌの慣習・文化をすべて禁じ

阿部ユポ（あべ・ゆぽ）
社団法人北海道アイヌ協会副理事長・札幌支部長，財団法人アイヌ文化振興・研究推進機構理事，北海道大学アイヌ・先住民研究センター運営委員．日本政府によるアイヌ政策推進会議にもアイヌ民族のメンバーとして参加．1990年代から世界各地の先住民族と積極的に交流し，2008年からはAIPP（アジア先住民族連合）理事も務めている．

られた。どんな思いをしたんだろう。それを思い出して、祖母のためにも権利回復をしないといけないと思った。それで周りをよく見ると、アイヌの人たちは教育も受けてないし、仕事もないし、住宅もないし、結婚では差別され、学校では差別され、社会では差別されていた。絶対こんなことがあってはならないと思った。その一念と、あとは自分の子どものことだね。

　子どもが小学生になって、「パパ、どこに行ってんの？」と聞かれて、「国連に行ってこんなことをやってるんだよ」言ったら「頑張ってね」と言われるようになった。娘は小学生の頃からオーストラリアとかカナダとかに行って、現地の先住民族の様子を見てきた。子どもが世界の先住民族と交流するようになったらますますファイトがわいてきて、よし、死ぬまでこれをやろうという感じになって、現在まで続いているんです。

多様な人たちと歴史観を共有する

上村　アジアの先住民族とアイヌ民族の交流もユポさんが始められて、アジア先住民族連合（AIPP）[*4]の理事にもなられた。

阿部　アジアの先住民族とも国連で初めて出会って、もう一五年のお付き合いになります。アジアの仲間たちも大変な状況で、日本とは比べものにならない貧困、差別があって、国家からの迫害や差別があります。国連のあるスイスに行ったら最後、もう祖国に戻ることが許されないという東南アジアの先住民族が何人かいて驚きました。彼らと飲み会をしながら活動ができるのは、すごいことだと思っています。

　だけど残念なのは、AIPPは、ヨーロッパや世界じゅうの援助機関やNGO等から活動資金を得ているけれども、アイヌ民族は先進国である日本から来ているため、それを活用できない。しかしアイヌ民族は、日本政府から十分な支援を得ていません。アジアでも、先住民族の弾圧について真相を究明するための真実和解委員会等をつくっている国がある。フィリピンとか台湾とか、アジアの国で日本よりもっと進んだ政策を取っているところがある。国連に加盟していない台湾では、権利宣言に書かれていることの九〇％は政策として実施していると言われている。日本政府は本当にポーズだけで、何もアイヌ民族に対し

＊4　本書九三ページ参照。

てやってこなかった。われわれはアジアの仲間と連帯して、これからも頑張らなければ。千里もカンボジアに行ったり、ジョアン・カーリング*5とかと仲よしですから、頑張ってもらいたいなと。

千里　初めてジュネーブに行ったときに、パパに一番刺激を与えてくれたアジアの先住民族ってだれなの。

阿部　やっぱりジェニー・ラシンバン*6、ジョアン・カーリングといった人たちだね。そういう人たちからしてみれば、日本のアイヌ民族はなぜアジアの先住民族運動に参加してこなかったのだろうという疑問があり、何で今ごろ来てるんだ、みたいなことは最初言われた。やっぱりアジアの先住民族は、それぞれの国の政府に逮捕され、殺されるような運動をやっている。なのに日本のアイヌ民族はなぜ何もしないんだと思われていたわけだよ。

千里　それって何か嫌な感じがするね。

阿部　いや、嫌な感じというよりもむしろ恥ずかしかったよ。

千里　ふーん。

阿部　千里にも、しっかりと勉強してもらわないとね。世界人権宣言を勉強しなきゃだめだよ、人権が大事なんだから。アイヌ民族と沖縄人は人権を否定されて守られていないんだから。障がい者や女性や小さい子どもの人権問題もあるけれど、先住民族の人権もしっかり守っていかないと、自分だけ良ければそれでいいというふうになってしまう。パパだって仕事だけしていれば、何も困らないし。

千里　そうよ。だって、私だけを守りたいんだったら、パパが頑張って働いて裕福になればいいじゃん。私も人権運動とかやるよりも、やっぱりお金をいっぱい稼ぐような仕事をしたいと思うときもあるし。

阿部　そう思ってもいいんだけど、それだけだと「おまえたちは征服されて近代化したんだろう、もう日本語しかしゃべれなくて、アイヌなんかどこにいるんだ？」と言う日本人と同じになっちゃう。中曽根元首相は、日本はいい国だ、ヒスパニックやら何やらがいるアメリカと違って、日本はおれがしゃべったことは一時間もしないうちに北海道から九州まで伝わる単一民族国家だと言った。そういう考え方ではだめなの。先住民族や移民、障がい者といったマイノリティの人権は、国家によって軽視されがちになる。そうした問題

*5　フィリピンのコーディレラ地域出身の先住民族活動家。二〇年以上、コーディレラ地域において、サンロケ・ダム反対運動など人権活動に関わる。元コーディレラ民族同盟（CPA）事務局長。二〇〇八年からアジア先住民族連合事務局長に就任。アジアの先住民族のリーダーとして世界的に活躍している。

*6　マレーシアのサバ州出身の先住民族活動家。一九八〇年代から先住民族の権利活動や環境分野でのアドボカシー活動に携わり、二〇〇〇～二〇〇八年にアジア先住民族連合事務局長を務める。現在、マレーシア国家人権委員会のメンバーであり、国連人権理事会の先住民族の権利に関する専門家機構（EMRIP）の委員でもある。

の重要性を分かった人が活動しなくちゃ。パパなんか国連の会議に一五年も行ってたって英語もしゃべれない。だから、おまえたち若い世代がやらなきゃだめなんだよ。

千里　アメリカの大学に留学して、多様性が必ずしもいいことだとは思わなかったなあ。私たちはキリスト教、私たちはユダヤ教と、コミュニティの帰属意識が強く、違う人たちと全然コミュニケーションをとろうとしないから、それぐらいだったら一つになったほうがいいかなと思った。

阿部　問題は、多様性を一つにまとめようとするのが国家だということなんだよ。多様性がいっぱいあるのを全部一つにして、言葉も一つ、文化も一つ、宗教も一つにしたいんだから。民族や個人によって宗教とか考え方が違うんだから、それを尊重しないと。僕たちがアイヌ民族の宗教を守ろうとしても、日本政府はさせないでしょう。アイヌ文化振興財団[*7]も、「宗教と政治はだめです」とかいってやらせない。今から一五年前に、われわれアイヌはアイヌ民族のカムイノミ（祈りの儀式）は宗教ではないと主張した。そしたら政府は「えっ、宗教じゃないんですか、何ですか」と言うから「文化だ」と言ったら、「ああ、そうですか」と言って、カムイノミをやれることになったんだ。そういう形でアイヌは、カムイノミをやってきた。キリスト教でも仏教でもなく、神棚を拝むのでもなく、やっぱりカムイを拝み、自然を拝みたい。そうでしょう？

千里　そうだよね。

阿部　国家がそれをさせないようにするのは危険な考え方で、いけないと思う。

上村　アメリカでは、どうやって自分の国ができたのかという歴史に対して、先住民族、いわゆるネイティブ・アメリカンの思いと、奴隷として連れてこられた黒人の子孫、ドイツやフランス、そしてイギリスから移住してきた人たちの子孫の思いは、実は同じじゃない。その歴史を、アメリカの人々は共有しようと一定の努力をしている。そういう歴史観を共有する努力の結果、多様性ではなく均質的な社会を目指すという同意ができたとしたら、それもいいと思う。でも社会観や歴史観を共有しようともしないのに、政府がこの社会は多様だよとか単一だよとか言うのは、やっぱり間違っている。

*7　一九九七年のアイヌ文化振興法により設置された財団。正式には「財団法人アイヌ文化振興・研究推進機構」。アイヌ文化の振興、普及啓発、研究などを促進する事業を行う。

日本政府がアイヌモシリ（北海道）で何をしたのかわかったうえで、均質的な社会を目指すというのであればまだ筋は通るのだけれど、過去の出来事を一切棚上げにしていたのでは、異なる立場に置かれた人々が同じ社会観や歴史観を共有することができない。

千里　自分だけ学んだり、自分のことだけを考えたりするんじゃなくて、共有する。

上村　そうそう。そこに住むようになった理由はいろいろあるわけだから。もともとその土地で文化を築いてきた人たちと、自発的に移住してきた人たちと、奴隷として連れてこられた人たちでは、やっぱり背景が違う。そういう人たちのあいだで社会観や歴史観を共有する努力をしなければ、次のステップに進めない。

市民外交センターしかない

上村　ユポさんがおっしゃったように、アイヌ民族自身が専門的な知識を身につけることはとても大事なことです。私の経験では、北海道でアイヌ民族の支援をすると言いながら、逆に出しゃばり過ぎの日本人もいたと思います。やっぱり外部の人間には、本当に大事なことがわかっていないことが多い。専門的なことを言えるかもしれないけど、当事者の本当の気持ちがわかっていない。市民外交センターの人間についても、そのように思いませんでしたか。

阿部　いや、全然思わない。二〇〇七年に権利宣言が採択されて、日本政府がアイヌを先住民族と認めるのはまたさらに一〇年はかかるだろうと思っていたけれど、二〇〇八年に、わずか一年で国会がアイヌを先住民族と認めてしまった。問題はそこからなんです。二〇〇八年からもう四年もたっているのに政府は何もしない。国連はいま、権利宣言をちゃんと履行しているかという審査を世界じゅうでやっているんです。でも日本政府は全く審査に関わろうとしない。国際的な視点をもつＮＧＯは、そうした情報をアイヌの私たちと共有したらよいと思う。

　権利宣言についても、第二五条から第三二条で規定された、先住民族が祖先の土地や領域の資源や環境に関して有する権利や、不当に奪われた土地・領域・資源の回復や補償を受ける権利などが日本政府によって承認され保障されることはありえないという有識者が

ジョアン・カーリングＡＩＰＰ議長（UN Photo/Evan Schneider）

いる。当事者であるアイヌ民族をどのように認定するかが問題だなどと言う。しかし、よく知られているように、かつて日本政府は明治四年（一八七一年）から九年（一八七六年）までかかってアイヌの戸籍をつくった。アイヌ政策推進会議でそんなことが議論されていたから、私もその次の会議で、明治四年から九年までにつくられた戸籍がちゃんとあるでしょう、それをみればいいじゃないかと言ったんです。そしたらびっくりしたことに、いまでも法務省が戸籍の副本を全部持っているというんです。つまり、調べれば、誰がアイヌ民族であるかすぐわかるということです。ニュージーランドでもかつて、先住民族に賠償金を支払うように判決がおりたとき、たくさんの人が私もマオリだと手を挙げた。系図をつくったり、いろんな方法でマオリだと証明した。そういうことをアイヌ民族だってやればいいんです。NGOの人は、参考になる国際的な事例をちゃんと研究して示してほしい。

それから、日本でアイヌ民族の問題を追求しようとしたら、やっぱり他国で行われているのと同じような真実和解委員会[*8]を設置しなきゃいけない。そういう課題をどんどん提起してほしい。アイヌ民族のなかにも、権利宣言のことを知らない人が多い。そういうアイヌの人たちは、われわれが土地を返せと主張したり賠償金を取ったりするためには、漁業組合や農業協同組合に行って、ほかの日本人に出てけと言わなければいけないのかなどと誤解しています。権利宣言はそんなこと言っていない。そういった人たちに、私たちと協力して説明し続けてほしいとNGOには期待しています。でもそうしたことに協力してくれるNGOは市民外交センターしかない。われわれは学校も行っていないし、国際法もわからないし。

上村　三〇周年を機に、もう少し戦闘的なグループにまたなれたらいいなと思います（笑）。

阿部　絶対やらなきゃだめ（笑）。

先住民族に対して、アイヌに対して、沖縄に対して、国家は植民地政策をまだ続けている。やっぱりそれは違うよと言わなきゃいけない。先住民族の子どもたちに教えるべきなんです。僕らはみんな、子どもらに教える力なんかない。日本の学校で教えられている人

＊8　オーストラリアやノルウェーなど先住民族政策が先進的に展開されている国では、政策展開の前に政府が設置した委員会が事実関係を調査し、その責任を明確にする一方、政策案を提言する報告書をまとめている。「ウタリ対策のあり方に関する有識者懇談会」、「アイヌ政策のあり方に関する有識者懇談会」のいずれも、この機能が不十分である。

権問題とは違う側面があることを、アイヌの子どもたちに教えないと。子どもたちに人権についての勉強会を北海道で開くとか、アイヌの大学生に勉強してもらうとか。そういう機会をどんどん市民外交センターをはじめとしたNGOにつくってもらいたいと思います。ぜひお願いしますよ。

上村　はい。

編集部　お嬢さんたち若い世代のアイヌについては、どのようにお考えですか。

阿部　彼らの親世代はとにかく貧乏だった。じいさん、ばあさんもそうだったけど、われわれ親も貧乏。そして子どもたちにも仕事がない。だから貧困対策、教育対策、雇用対策をちゃんとしないと次世代も育たないんです。食べていくだけで大変だから、いくら僕らが国連に行こうといったって、「えっ、国連に行ったら、お金をくれるの」「生活はどうするの」みたいな反応ばかりで、何もできない。それをほうっておくのは、同化政策、植民地政策の延長だと思うよ。だって、政府はアイヌの若者に勉強してもらったら困るんだから、嫌なんだから。先住民族に人権のことをあまり勉強されたら、国家は困るでしょう。そして知っていながら黙っている有識者はもっと悪いと思う。植民地政策、同化政策が悪いと知っているなら、その是正のために一緒になって運動していただきたいです。権利宣言にも、財政的な支援や技術的な支援をしなかったら、先住民族団体は活動できないと書いてあるんだから。

上村　厳しいお言葉を、いろいろとありがとうございます。

阿部　私たちを最初に国連に連れていったんだから、最後までちゃんと面倒をみて。言い出しっぺなんだから（笑）。手島さんなんか一番最初のとき、野村義一[*9]さんの通訳から全部、面倒を見ていたんだもん。

千里　最初はどういうつもりでうちの父を連れていったんですか。

上村　中曽根首相が、日本は単一民族だと発言したとき、野村さんたちが東京に来て抗議運動をした。そのとき、ぼくも首相官邸まで一緒に行ったんですよ。抗議文を出すんだけど、当時の北海道開発庁の課長ぐらいの人に「もうお話は伺いました」とか言われた。国会議員だって、だれもアイヌ民族の問題に関心はなかった。野村さんはよく、アイヌ民族

*9　本書八一―八二ページ参照。

が集会をすると社会党の議員とか応援演説に来てくれるけど、演説したらすぐ帰っちゃうんだよと言っていました。だれも本気でアイヌ民族の問題に取り組んでくれないと話していました。それで、これはやっぱり日本社会の中で議論を重ねても全然だめだなと考えた。それだったら国際社会に出ていったらどうか。それで私が野村さんに、国際社会に行って発言してみましょう、国連に一回行ってみたらどうですかと言って、野村さんが承知してくれた。そこから運動が始まったのです。

三〇年間運動をしていて権利宣言はできたし、いろんな成果はあるんだけど、じゃあ日本社会はどこまで変わったかというとなかなか難しい。まだ大事な問題が手つかずのまま残っています。でも、三〇年前にはもっと露骨に、「自分はアイヌだ、と主張している人は、お金が欲しいからそう言っているだけなんでしょう」と、国会で官房長官が平気で発言した。アイヌ民族は博物館の中の存在であって、日本人と同化しているのにアイヌ民族と主張するのは、お金が欲しいからそう言うだけだと。このような差別的な認識が当たり前の時代で、失礼な発言だと批判することさえ難しかった。

アイヌ民族としての権利

千里　どういう社会が理想的だと思っているの。

阿部　きちんと人権を守る国家。どんな民族、人種であろうと、みんな平等に、ちゃんと人権を守ってくれる国家をつくってもらいたい。アイヌだけじゃなくて、沖縄だって、外国人住民だって、日本にいっぱいいるんだから、その人たちの人権をちゃんと守ってもらえるような社会をつくってもらわなきゃいかんわけですよ。

上村　日本では個人は一応、憲法で平等だと言われている。個人の自由がある。でも集団について見ると、アイヌ民族の集団としての権利が守られていない。例えばアイヌ民族と僕みたいな大和民族は平等かといったら、全然平等じゃない。だって学校の教科書で習う歴史は、大和民族の歴史。日本語って大和民族の言葉だし。民族間の平等が実現した社会としては、カナダのような連邦国家がいちばん理想に近いと思う。もし日本が連邦国家になったら、たとえば日本政府が北海道に新しいダムを造りたくても、アイヌ民族議会が否決すれば造れない。

グリーンランドはデンマークの一部だけど、イヌイットによるグリーンランド自治政府がある。カナダ政府とも条約を結ぶことができる。北海道も、少なくともアイヌ民族が決めたことが尊重される体制にしてほしい。アイヌ民族が納得していないのに勝手に道路をつくるとか、軍隊を置くとか、そんなことはやっぱりいけない。

二〇〇九年に官房長官の下に設置された「アイヌ政策のあり方に関する有識者懇談会」の報告書[*10]が出ていますが、そのうち一〇数ページは歴史について割かれている。そして、北海道開拓が始まって以後の政策のおかげで、今のアイヌ民族はひどい目に遭いましたと書いてある。ところがその文章も、差別という意図はなかったんだ、たまたまそうなったんだというニュアンスになっている。

阿部　その有識者懇談会のヒアリングで、ある研究者は「アイヌの言語や文化を禁止した法律はあるんですかと聞かれたら、ないと答えている」といいました。それは誤りです。明治四年（一八七一）に禁止法を出して、さらに五年後の明治九年に、言っても言うことを聞かない者は厳罰に処する、これからは気をつけろという布達を出した。これは「開拓使布達」というものです。「布達」というのは、「広く一般に触れ達すること、またその通達。明治一九年二月、公文式制定以前に発布された行政命令」のことです。上村さんが以前からおっしゃっているように、北海道は国の植民地だった。首長は北海道知事ではなく開拓使長官や北海道庁長官だった。国家が支配していたんだから。だから、そういう土地で出した布達というのは、行政命令で法律なんだよ。その開拓使布達で北海道、樺太、千島を全部取り上げたんだから。アイヌには土地を渡さないで、開拓者だけで分配した。これは法的な差別だよね。それをちゃんと真実和解委員会で一回検証して、私たちの先祖の土地の全部をよくも取り上げたなと追及しなければならない。そういうことをちゃんと言わなきゃ。

上村　布達というのにどんな力があったかという点が重要。北海道は中央政府の直轄地域でした。開拓使や、北海道庁という組織は中央機関であって、地方自治体ではない。

＊10　http://www.kantei.go.jp/jp/singi/ainu/dai10/siryou1.pdf

千里　ああ、そうか。
上村　たとえば戦前の北海道庁は、戦後の環境庁とか防衛庁と同じ意味の庁なんです。
千里　うそ。
上村　ほんと。だから、かつての北海道庁長官というのは、防衛庁長官とか環境庁長官と同じ大臣クラス。だから、その布達は、本当に法律に等しい行政命令。それで禁止すれば、法律で禁止したのと全く同じなんです。
千里　へえー、すごい。
上村　そうそう。そういう枠組みをもう一回丹念に検証したら、アイヌ民族への法的差別のからくりが見えてくるんです。日本の研究者はそれをずっとだれもやらなかった。
阿部　こんなのパパが言うんじゃなくて、もっとちゃんとした研究者が、二〇〇八年に有識者懇談会でそういうやりとりがあったときに言わなければダメ。パパは当時おかしいと思ったんだけど、そのころはいろいろあったもんだから言わなかった。でも、今度は言ってやろうと思って、それで引っ張り出してコピーしてアイヌ政策推進会議で配ったの、これを読めといって。国家はこんなことをしたんだぞと。

全国組織の必要性

阿部　近年の一番大きな課題は、先住民族の全国組織のことです。権利宣言の中にも「国家は先住民族の代表機関と協議しなさい」という言葉が何か所か出てくる。しかし、いまの政府は北海道アイヌ協会だけを相手にしている。とんでもない間違いだと思うんです。北海道アイヌ協会の会員は、日本全体のアイヌの一割にも満たないと思う。それなのに、東京の問題から全国の問題を全部、政府と北海道アイヌ協会が決めることになってしまっている。これはやっぱり間違いであって、全国組織を早くつくらなきゃいけない。全国のアイヌ民族を糾合して、いろんな意見を聞いて進めなければいけないことがいっぱいあるんですよ。アイヌの人々の多くは依然として貧しいし、教育は受けられないし、仕事がないし、老人には年金もない。住宅もない。生活の支援もしてもらわなきゃいけない人がいっぱいいる。こういう問題に取り組んでいかなければいけない。そのためにも、NGOには世界各地の先進事例を教えてもらいたい。そして、アイヌ民族の発言する力を高める手助けをしてほしい。

AIPP（アジア先住民族連合）二〇一二年総会（タイ）で（写真提供：木村真希子）

こんどの公益法人制度の改革によって、社団法人である北海道アイヌ協会も組織改正するのだけれど、またぞろ北海道知事の認可団体になろうとしているんですよ。私は大反対しています。名称もまた北海道アイヌ協会にしようというから、私はもう徹底的に反対して、ただの「アイヌ協会」でいい、北海道も日本もアメリカもインドも要らない、アイヌ協会でいいと言ったの。そうしたらみんな賛成で、それがいいと。

新しい組織の活動範囲も北海道に限られると最初は言っていたけど、冗談じゃないよと。アイヌ民族問題について理解のない日本人にわかってもらう活動をするんだから、活動範囲も日本全国が対象でしょうと。北海道知事の認可をとって活動するくらいならば、例えば部落解放同盟にしても任意団体ですから、任意団体でやるべきだと私は思うんです。この辺りはどうやってやったらいいか。ごめんなさいね、もっともっとみなさんのところに習いに行かなきゃいけない。

千里 そうだ、そうだよ。

阿部 おまえが勉強しなきゃだめだよ。おまえが勉強して、パパ、こうだよと教えてくれなきゃだめなんだよ。

上村 でも、市民外交センターの存在意義がまだまだあるということですね。

阿部 もちろんですよ。だって何度も言うように、市民外交センターがなかったら国連なんか行かなかったんだから。恐らく今ごろ同化されてアイヌ民族なんてなくなっていますよ。

今、北海道アイヌ協会は何かと批判されています。でも財政的に非常に厳しいのです。事務職員は給料をもらっているけれども、僕ら理事は無給です。日本全国のアイヌの人に呼びかけて、運動をして、本当に戦って、権利をかち取れるような組織でないと、だれもついてきませんよ。そのために首都圏のアイヌも含めて、全国組織をつくらないといけない。それが一番の課題だと思いますよ。みんなアイヌであることを隠しているんだから。「差別されるだけだから、アイヌだなんて言わないよ」ではだめですね。だけど、いっぱいいますから。日本政府は数万人といっているけれど、僕の考えでは、恐らく五〇万人くらいはいる。本当にそう思う。戸籍をもっとさかのぼっていったら、一〇〇万人近くがアイヌ民族の血を引いていると思う。だって結婚相手は日本人だもん。増えているはずです。アイヌ同士で結婚しないんだもん。アイヌ同士で結婚したどって、賠償、補償、教育の問題、生活支援、年金の問題をちゃんとやれる政策さえつくったら、みんな名乗り出てくる。ニュージーランドもそうだった。それを日本でもやらなきゃいけない。今、北海道アイヌ協会に対する逆風が北海道議会で強まっていますが、おれをつぶしたって、アイヌはいっぱいいますよ。応援団の上村さんをつぶしたって、人権派はいますよ。そうでしょう。

上村　ご期待も含んだ厳しい批判ですね。

阿部　いやいや、批判じゃありません。これは期待ですよ。希望です。

上村　ありがとうございました。

二〇一二年三月五日

阿部ユポさん，１人おいて右端が加納沖さん（写真提供：苑原俊明）

国連 WGIP に参加したアイヌ民族の代表（1997年７月）．左から長谷川由希さん，多原香里さん，

Column

離れたり、近づいたり……

猪子晶代
市民外交センター

私は、市民外交センターの活動に参加して初めて、自分がヤマト民族なのだというアイデンティティが生まれた。それ以来、私は、「多数派の人間が、少数派の先住民族の活動にどう関わっていけばいいのか」という問いを常に持ちながら活動に参加してきた。例えば、声明文を英訳するとき、もっとこういう風に言ったほうがいいのではないかという内容面での提案をしたくなる。しかし、私は意見を述べても良い立場の人間なのだろうか。私の存在が先住民族の自主性・自己決定の実現を奪ってしまうのではないか。そんな不安が常につきまとう。先住民族を支援するヤマト民族は、補助者にとどまるべきであると思う。先住民族の声を、日本政府に、日本社会に、世界に伝えるお手伝いをしているだけである。でしゃばってはいけない。いつも一歩引いて彼らの意見を尊重しなくては。このように、私は、意識的に自分を先住民族の立場から離して活動してきた。

他方で、先住民族を近くに感じ、感激する場面も多かった。ジュネーブでの世界先住民族の日の祝典でアイヌ民族の伝統的なお祈りカムイノミをやることになった。秋辺日出男さんは、「おまえは、ジュネーブでの俺のおっかさんな」と言って、アイヌ紋様のハチマキを渡して、儀式の所作を私に教えてくださった。ヤマト民族である私がやってもいいのだろうかという戸惑いもあったが、心を込めてカムイノミのお祈りをした。世界中の先住民族が、アイヌ民族のお祈りで一つになる瞬間に立ち会い、アイヌ民族を誇りに思った。このときアイヌ民族をとても近くに感じた。また、初めて沖縄に行ったとき、平良識子さんと親川裕子さんが、日本政府に対する怒りを持ちながらも、一緒にがんばろうと言ってくださり、沖縄が近くに感じられた。

どの距離感が一番良いのかを模索することは、市民外交センターがサポートNGOである故の宿命なのだろう。近づいたり離れたり、常にそのバランスをとりながら、今後も活動していきたい。

第7章

論考

アジアの先住民族と日本の市民運動

木村真希子

1　アジアに広がる先住民族のネットワーク

二〇〇八年七月二六日から二七日にかけて、タイのチェンマイで「アジア先住民族地域祭り：国連先住民族権利宣言を祝って」というイベントが開催された。二日間にわたって一五〇人を超すアジアの先住民族が参加し、大変な盛況だった。日本からは、先住民族サミットを終えたばかりの島崎直美が参加した。*1 二〇〇七年九月に採択された権利宣言がいかに待ち望まれたものだったかがわかるイベントだった。

この地域祭りを組織したのは、アジア先住民族連合*2（ＡＩＰＰ）や先住民族の知識ネットワーク*3（ＩＫＡＰ）、タイ山岳民族教育文化協会*4（ＩＭＰＥＣＴ）など、先住民族の権利や環境について活動するアジアのネットワーク団体である。これらのネットワークは、国連の先住民作業部会や生物多様性条約の締約国会議など、国際会議で知り合った先住民族の代表たちが自発的に形成、発展させてきたものである。当初は会議の事前準備のために始まったネットワークだが、現在では地域レベルでさまざまな活動を行い、交流を深めている。そして、草の根の団体にはわかりにくい国連宣言や生物多様様性条約などについて理解を深めるためのワークショップなどを開催して国際文書を身近なものにし、国際基準に沿って自分たちが国家政府に要求できる権利を確認し、そのための啓発活動やプロジェクトを広めると同時に、共同で提言も行っている。

このようにアジアの先住民族の間では、国連の議論や権利の進展を現場に持ち帰って草の根の活動に反映させたり、逆に現場の意見を政策提言活動に反映させる試みが頻繁に行われている。こうした活動は他地域でも行われているが、アジアでは国境を越えたネットワーク活動が活発であり、協力体制も緊密である。これは、裏を返せば、国内ではそれぞれ立場が厳しいため、国境を越えた連帯が重要ということでもある。

一九八〇年代に国連に先住民作業部会が設置され、先住民族の参加が認められた当初、アジア地域からの参加は多くなかった。アジアの山岳民族や部族民と呼ばれる少数民族を「先住民族」として捉える視点が一般的ではなかったことが一因であろう。当時のアジア諸国の多くは共産主義の一党独裁、もしくは開発独裁、軍事政権下にあり、国際的な場で人権侵害を訴えた人は帰国してから弾圧の危険にさらされていたこともある。

こうした状況が一九九〇年代になって変化する。国連は一九九三年を国際先住民年と定め、またこの頃冷戦崩壊以後の政治変動により民主化する国が増えた。国連の会議に参加するアジアの先住民族の数は増大し、ＡＩＰＰなどのネットワーク団体の重要性も増してきた。また、これらのネットワークは国連に設置された常設フォーラムや専門家機構などで影響力を発揮したのである。その範囲は先住民族運動だけでなく、開発や人権、環境など、幅広い分野で活動するＮＧＯとの連携へと広がっていく。

一方、多くのアジア諸国でＯＤＡなどの開発事業は、日本政府の支援や企業の活動が先住民族の権利を侵害している事例が多かった。そのため、日本の市民運動の協力を得て日本社会へ問題提起する試みもなされた。八〇年代末から、アジアの先住民族の問題に取り組む日本の市民団体も現れ始めた。

2　アジアの先住民族の直面する問題――開発と軍事化

アジアの先住民族は世界の先住民族人口の約七割を占めると言われ、東アジアから東南アジア、南アジア、中央アジアまで多様な集団が存在し、優先課題も異なっている。前述のように、一九八〇年代に国連に参加することのできたアジアの先住民族はまだ少なかった。もっとも早い段階から参加していたのがフィリピンのコルディリエラ地域、バングラデシュのチッタゴン丘陵の先住民族、そしてパプアの独立運動を支援する組織であった。一九八〇年代後半には、これに日本のアイヌ民族やビルマのカチン民族、カレン民族などが加わる。

アイヌ民族からは、一九八七年から北海道ウタリ協会が旧土人保護法の撤廃と新法の制定を主な課題として国連先住民作業部会に参加した。一九九六年には沖縄の問題が報告された。これらの活動や市民外交センターの支援に関しては第5章や第6章に譲り、その他の地域の先住民族の主な要求を見てみたい。当時も今も、東南アジアや南アジアの先住民族の直面する課題は大規模開発による資源や土地の収奪、そして軍事化の問題である。

大規模開発による土地・資源の収奪

先住民族組織が国連の会議に参加しはじめた一九八〇年代は、大規模開発による土地・資源の収奪がアジアでも顕在化していた。ダム建設による強制移住や水資源の喪失、資源の採掘、木材供給のための森林伐採などである。こうしたケースは世界各地で見られたが、特にこの時期、アメリカや西欧、そして日本などの西側陣営と経済的協力関係にあった東南アジアの開発独裁の国に顕著であった。その多くは、ODAあるいは日本企業が絡んだ事例でもあった。

一九八〇年代に反対運動が展開されたインドのナルマダ・ダムは、世界銀行と日本の海外経済協力基金[*5]（OECF）が出資していた事業である。現地の反対運動が激しくなり、世界銀行や日本の融資に対する批判が高まったため、世界的な注目を集めた。また、フィリピンのサンロケ・ダムも、日本のODA事業の一環であった。サラワクをはじめとする東南アジアの熱帯林地域では広範囲な伐採が先住民族の住む森を破壊していたが、日本企業が広範囲に関与していた。[*6]

このような開発は、一九九〇年代以降のグローバル化の進展により、他の国にも広がっていった。カンボジアなど、インドシナの旧共産圏の国々や、中央アジアにおける資源採掘などがその例である。また、九〇年代後半まで紛争地であり、外国人の立ち入りを禁じていたインド北東部でも、資源採掘やダム開発の計画が現在進行中である。

さらに、開発の形態も変化してきている。たとえば、森林伐採が問題となったマレーシアやインドネシアでは、その後バイオ燃料の原料となるアブラヤシのプランテーションがより深刻な被害をもたらした。[*7] これは、気候変動対策でバイオ燃料が「クリーンな」エネルギーとして認定され、クリーン開発メカニズムなどで奨励されてきたことによるものである。一時はメリットよりも害が強調された水力発電の見直しや、原子力発電所の推進も気候変動対策の一環と位置づけられるが、これらは先住民族の土地に建設されたり、原料であるウラン鉱山が先住民族の伝統的な領土に存在するため、多くの採掘事業の展開によって、多大な被害が広がっている。

軍事化

開発と並んで大きな影響を及ぼしているのが、先住民族の土地における軍事化である。アジアの先住民族地域では、しばしば自治・独立を求める運動に対して軍事的な弾圧が起きたり、先住民族自身も武装化して紛争となる事例が多い。こうした紛争は、脱植民地化の際に現在の国家への併合を拒否してはじまったものもあり、いまだ清算されていない植民地時代の遺産ともいえよう。インド北東部とビルマ国境地帯のナガ民族や、ビルマのカレン民族などは第二次世界大戦直後から独立運動を始め、現在まで継続している。バングラデシュのチッタゴン丘陵や、インドネシアのアチェ、パプアなど、軍事政権下で自治や独立要求に対する弾圧が深刻になった事例も多い。

また、国家の主導する大規模開発事業に関連して軍事化が起きることもままある。フィリピンのコルディリエラ地域では、ダム建設の反対運動を押さえつけるため、軍隊が動員された。ダム建設地の付近に軍隊が駐屯し、住民を日常的に監視している。インドネシアでも天然ガスの開発に伴って軍事化が起きるなど、開発独裁政権下では国家が推進する事業に反対する抗議の声を抑えるために軍事化が進められた。

開発が紛争の引き金になる事例もある。バングラデシュのチッタゴン丘陵は、東パキスタン時代にカプタイ・ダムが建設され、耕作可能な土地の四〇%が水没した。先住民族ジュマの人々の間で自治要求が高まり、東パキスタンが西パキスタンから分かれてバングラデシュとして独立した後、武装紛争へとつながった。[*8] さらに、先住民族側が武装しなくとも、軍事化が起きる場合もある。沖縄の米軍基地のように、太平洋の島嶼部は米軍の軍事基地や核実験場として使用され、土地権のみならず自治や自決権の侵害を受けている。

二〇一二年五月に開催された国連経済社会理事会の先住民族問題常設フォーラムでは、アジアの先住民族が軍事化を地域共通の人権問題として取り上げた。共同声明では、フィリピン、インド北東部、バングラデシュ、カンボジア、タイ、インドネシアの西パプア、そして沖縄の米軍基地が緊急の対応を必要とする課題として強調された。

3　日本の市民運動とアジアの先住民族

開発プロジェクト反対運動への支援

日本でODAの問題が広く知られるようになったきっかけはインドのナルマダ・ダム反対運動であろう。これは、インド有数の大河ナルマダ流域に何千ものダムを建設するという大規模プロジェクトである。中心的なダムでは一〇万人の立ち退きが強いられ、そのうち半分以上が先住民族であった。このプロジェクトには、世界銀行と日本のOECFが融資しており、その妥当性が疑問視された。

日本では、地球の友（現 FoE Japan）[*9] などのNGOや研究者がプロジェクトの問題を政府やOECFに提起し、一九九〇年四月には現地の活動家を招いて東京でシンポジウムを開催した。その成果もあり、一九九〇年にはOECFの融資の一部が凍結された。この当時のナルマダ・ダム反対運動支援は、日本では先住民族の権利というよりも、貧しい人々に十分な代替地を与えずに強制移住させ、効果に疑問のあるプロジェクトを実施するODAの問題として捉えられた。[*10]

こうしたODAに付随する問題はその後も枚挙にいとまがない。特に反対運動が活発となったフィリピン、コルディリエラ地域のサンロケ・ダム問題に関しては、FoE Japan が継続的に取り組んできた。また、インドネシアのコトパンジャン・ダム問題については、現地住民が日本政府を訴える異例の裁判が日本の市民運動のサポートの結果可能になった。[*11]

ダム以外で注目を集めた事例としては、一九九〇年代以降、東南アジアにおける熱帯雨林の伐採と木材輸出が先住民族に致命的なダメージを与えている問題である。熱帯林行動ネットワーク[*12]（JATAN）から派生したサラワク・キャンペーン実行委員会[*13]（SCC）は、マレーシアやインドネシアのサラワク地域における森林伐採に日本の企業が関与し、大量の材木を輸入していることに危機を覚え、一九九〇年に発足した。主な活動は、公共建築物に熱帯材を使わないよう自治体に働きかけるなど、市民に消費者の責任を問いかけた。単に熱帯林保護という観点だけでなく、そこに住む先住民族の権利という視点を取り入れ、先住民族に関する連続講座なども開催した。また、二〇〇〇年代には村人のオーラル・ヒストリーを記録し、国家から土地権を認められていない人々が実際には長年土地に暮らしてきた証拠として、裁判に役立てるプロジェクトも実施された。[*14]

紛争地への支援

日本の市民運動の中で、軍事的弾圧や紛争をめぐって民族問題という視点から支援を行っている団体は非常に少ない。紛争地への支援は、往々にして国家政府の取締の対象になることが多く、特に独立や自治を訴える個人や団体を支援すれば入国禁止になることも珍しくないなど、活動継続に常に困難がつきまとう。そのため、現地に直接支援するのではなく、国連や当該国・関連諸国への政策提言や、情報発信に活動を制限せざるを得ない団体も多く、開発問題に関わる団体よりもさらに数は限られている。その中でも、活発に取り組んだ事例として、東ティモール支援があげられる。東ティモールは一九七五年に独立を宣言するが、直後にインドネシア政府に併合され、抵抗運動は激しい軍事弾圧にさらされた。東ティモールの旧宗主国はポルトガルであるため、政府のこの行動は国際法違反として国連総会において非難決議が採択された。しかし、日本や欧米、オーストラリアの西側主要諸国は反共の立場を取るインドネシアとの関係を重視し、事実上黙認した。

日本では、一九八一年、広島の呉YWCAに東ティモール問題を考える会が発足し、一九八三年から「東チモール通信」を発行し始める。一九八五年のフレテリン国連代表ジョゼ・ラモス・ホルタ氏[*15]の来日をきっかけに活動が広がり、一九八六年以後、東ティモールからの活動家を招いて各地で連続講演会を行うスピーキング・ツアーを開催する。大阪東チモール協会[*16]など各地で支援団体が設立され、一九八八年にはそれらが集まって「東ティモールに自由を！全国協議会（現東ティモール支援全国協議会）」[*17]が結成された。こうした団体が情報収集や日本市民に問題を知らせる活動を展開し、日本政府へ働きかけも行った[*18]。

アジアの多くの先住民族は植民地化によって同じ宗主国により現在の国民国家領に併合されたため、東ティモールとは異なり国際法上は独立を主張しても認められず、したがって法律上の取り扱いは異なる。しかし、東ティモールの独立運動は、自決権の行使が問題になったということで、多くの先住民族による独立を求めた武装闘争と共通点のある事例である。

インドネシアによる軍事的な弾圧の激しかったアチェを支援したのが、一九九八年に設立されたインドネシア民主化支援ネットワーク[*19]（NINDJA）である。一九八〇年代後半よりアチェでは、活動家とみなされた人々の殺害、拷問、女性への暴力が頻発した。NINDJAは一九九九年よりこうした問題に取り組み、国内向けに情報発信につとめながら、軍事作戦で父親を殺害された子どもたちへ奨学金を送ったり、レイプされた女性の支援を開始した。二〇〇四年の津波被害にも支援を展開し、津波をきっかけに武装勢力とインドネシア政府の間で停戦・和平協定が成立したあとも活動を継続している。[20]

また、一九九〇年代にはバングラデシュのチッタゴン丘陵の先住民族を支援する活動が始まった。チッタゴン丘陵の人々は一九七一年のバングラデシュ独立直後から自治を求める運動を始め、七〇年代後半には武装化していった。一九九七年、政府と武装組織との間で和平のためのチッタゴン丘陵協定（CHT協定）[21]が結ばれたが、その後も継続する軍の駐屯と軍による行政への介入や、入植者による先住民族への襲撃事件が止まず、問題の解決には至っていない。日本では、一九九三年にチッタゴン丘陵問題対策会議が結成され、和平協定の締結をきっかけに一九九八年にはジュマ協力基金[22]が発足し、日本から支援する運動が始まったのである。ジュマ協力基金は現地での情報収集や政策提言活動を中心に行い、日本の市民にこの問題を伝える重要な役割を果たした。[23]

二〇〇二年には新たに同地域を支援するジュマ・ネット[24]が結成され、和平協定後も続く人権侵害や入植者による襲撃被害者への緊急支援、活動家の招へいなどに取り組んだ。その後も、襲撃事件などの被害にあったり、両親を亡くした子どもたちへの奨学金や、女性のレイプ被害支援に取り組む現地の草の根のNGOへの援助プロジェクトを実施している。同時に、国際チッタゴン丘陵委員会（国際人権NGOや人権の専門家によるグループ）の第二期の立ち上げにも関わり、国際的な支援活動の一端を担っている。二〇一一年には働きかけの成果もあり、国連先住民族問題常設フォーラムでCHT協定の進捗状況に関する報告書が提出され、再び世界的に大きな注目を集めた。[25]

紛争地への支援活動は、いくつもの困難がつきまとう。自治や独立を求める活動は当該国政府から厳しく取り締まられ、外国人の支援者もその対象となる。東ティモールの支援活動に関わった者は、インドネシアへの入国が制限されるなど、活動に支障が生じる。このような規制は、現地でプロジェクトを実施する団体には致命的である。そのため、開発や人道支援に関わるNGOは政権批判にまで踏み込むことは困難になるのである。

4　アジアの先住民族への支援運動の成果と課題

東ティモールやアチェなど、インドネシア政府の軍政に関しては、前述のように日本をはじめとする西側諸国の責任が指摘されてきた。また、バングラデシュの最大の援助国は日本であり、チッタゴン丘陵の人々を弾圧する軍事政権を日本国民の税金が支えてきたことが疑問視されている。

前節で紹介した日本の支援運動は、ＯＤＡや外交、企業の活動に対して、市民の立場から介入するという重要な視点を持っている。先住民族の問題については、日本のマス・メディアが取り上げず、地域研究者も当該政府による弾圧を恐れて言及しない傾向があるため、情報は極端に少ない。市民による活動は、少なくとも情報を収集し、日本語で発信して市民社会に問題を提起し、現地で活動に取り組む先住民族や市民団体へ支援を提供することに成功してきた。

ただし、いまでも多くの国で開発や紛争による先住民族の人権侵害が続いていることを考えれば、このようにうまくいった例はごくわずかで、継続的で組織的な支援活動は非常にむずかしい。実際、その他の地域に比べてアジアの途上国を支援する日本の団体が多いのは、人材や人々の興味がアジアに集中しているからである。たとえば、ラテン・アメリカの先住民族を支援する個人・団体も存在するが、アジアを対象とするものよりもずっと少なく、人的・財政的資源が限られている。

また、国内と国外の先住民族問題に対する関心の差も、今後の課題であろう。途上国でも先進国でも、先住民族への差別の構造は共通している。しかし、そういった視点で双方を扱ったり、関連付ける活動は非常に少ない。これは、運動する側の問題というよりも、日本社会全体にそういった認識がないのかもしれない。アイヌ民族や琉球民族、アジアの先住民族など当事者同士のネットワークは存在するが、支援する側の市民運動で活動のつながりはあまり見られない。アジア諸国の開発や紛争に関心を持つ人はある程度いても、国内問題は看過される傾向があるのである。

一九九〇年前後に始まったアジアの先住民族への支援運動は、一九九三年の国際先住民年をひとつの契機として、二〇年近く継続してきた。現在、グローバル化の進行と資源収奪や気候変動対策といった新たな潮流により、先住民族の権利は二〇年前とは違った形で脅かされ続けている。先住民族が日本の市民社会に求める支援も多様化している。日本の市民運動は、それにどれだけ応えることができるのか。今後の課題である。

＊1　先住民族サミットは、二〇〇八年、北海道洞爺湖で開催されたG8サミット（主要国首脳会議）に先立って北海道で開催され、アイヌ民族の先住民族認定への大きなきっかけとなった。島崎直美氏は先住民族サミットを立ち上げたアイヌ民族主要メンバーの一人である。

＊2　Asia Indigenous Peoples' Pact. 一九九二年結成。アジアの先住民族のネットワーク団体。

＊3　Indigenous Knowledge and Peoples Network. 東南アジアの山岳民族のネットワーク組織。持続可能な発展のための先住民族の伝統的知識の実践を目指している。

＊4　Inter Mountain Peoples Education and Culture in Thailand Association. タイ北部の山岳民族のネットワーク団体。

＊5　開発途上国の経済開発資金を供給するために設置された融資機関。一九九九年、国際協力銀行に業務を引き継ぎ解散。

＊6　鷲見一夫編『きらわれる援助――世銀・日本の援助とナルマダ・ダム』築地書館、一九九〇年。FoE Japan ウェブサイト http://www.foejapan.org/（二〇一二年六月一一日アクセス）、サラワク・キャンペーン委員会ウェブサイト http://www.kiwi-us.com/~scc/（二〇一二年六月一一日アクセス）

＊7　アブラヤシのプランテーションは、先住民族の伝統的な領土における広範囲な森林伐採、農薬による環境汚染や労働者の酷使などの問題をもたらしてきた。岡本幸江編『アブラヤシ・プランテーション　開発の影――インドネシアとマレーシアで何が起こっているか』日本インドネシアＮＧＯネットワーク（ＪＡＮＮＩ）、二〇〇二年。

＊8　下澤嶽『バングラデシュ、チッタゴン丘陵で何が起こっているか』ジュマ・ネット、二〇一二年。

＊9　国際環境ＮＧＯ。世界七七カ国に二〇〇万人のサポーターを有する Friends of the Earth International のメンバー団体として、日本では一九八〇年から活動を続けている。

＊10　前掲鷲見一夫『きらわれる援助』。FoE Japan ウェブサイト http://www.foejapan.org/about/history.html（二〇一二年四月二八日アクセス）

＊11　FoE Japan ウェブサイト http://www.foejapan.org/old/aid/jbic02/sanroque/release/index.htm（二〇一二年四月二八日アクセス）、コトパンジャン・ダム被害者住民を支援する会ウェブサイト http://www.kotopan.jp/（二〇一二年四月二八日アクセス）

＊12　熱帯林をはじめとした世界の森林保全のために活動しているＮＧＯ（環境保護団体）。日本が大量に木材を輸入している国々での森林破壊問題に取り組む。

＊13　マレーシアのサラワク州における森林伐採と先住民族の権利侵害問題に取り組むＮＧＯ。

＊14　トム・エスキルセン氏（元サラワク・キャンペーン委員会スタッフ）への電話インタビュー、二〇一二年四月二九日。SCCウェブサイト http://www.kiwi-us.com/~scc/（二〇一二年四月三〇日アクセス）
＊15　東ティモールの独立運動指導者。独立運動時代には海外を拠点に国際社会で支援を得る活動に従事。一九九六年、ノーベル平和賞受賞。
＊16　一九八五年、ジョゼ・ラモス・ホルタが初めて来日し、大阪で講演会を行ったことを機に設立される。
＊17　一九八八年、東ティモールを支援する各地の団体が集まって結成したゆるやかなネットワーク。
＊18　東ティモール支援全国協議会ウェブサイト http://www.asahi-net.or.jp/~ak4a-mtn/coalition/coaln.html（二〇一二年五月一日アクセス）
＊19　日本の対インドネシアODA（政府開発援助）や投資が、インドネシアの人権侵害や環境破壊につながらないよう、調査研究、情報発信、政府機関などへの働きかけを行うために一九九八年に結成されたNGO。
＊20　インドネシア民主化支援ネットワークウェブサイト http://www.NINDJA.com/（二〇一二年五月二〇日アクセス）、佐伯奈津子氏へのメール・インタビュー。
＊21　バングラデシュ政府とチッタゴン丘陵人民連帯連合協会（PCJSS）の間で締結。政治的解決と和平を目指し、PCJSS側のゲリラの武装解除、難民の帰還が実現した。
＊22　CHT協定の締結をきっかけに結成されたNGO。和平協定の完全実施と人権状況の監視などを目的として設立された。
＊23　トム・エスキルセン氏（ジュマ協力基金共同代表）への電話インタビュー、二〇一二年六月九日。
＊24　チッタゴン丘陵地帯の紛争解決と平和促進のために設立されたNGO。
＊25　ジュマ・ネットのウェブサイト http://www.jummanet.org/（二〇一二年六月一一日アクセス）
木村真希子「民主政権下で続く先住民族への弾圧――バングラデシュ・チッタゴン丘陵調査報告（二〇一一年八月―九月）」『PRIME』第三五号、二〇一二年、明治学院大学国際平和研究所、一四三―一四七頁。

きむら・まきこ：市民外交センター副代表

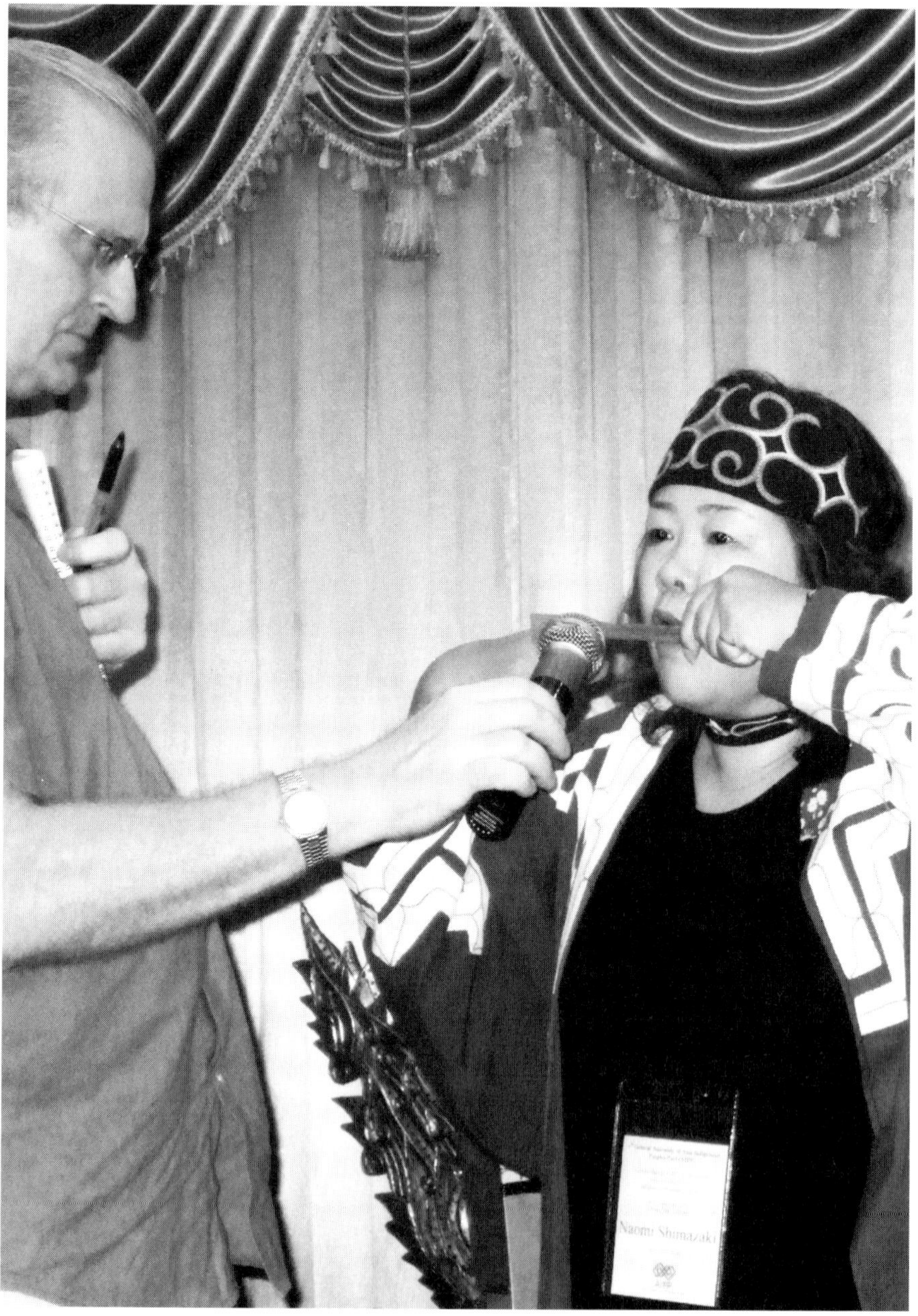

AIPP 総会でムックリを演奏する世界先住民族ネットワーク AINU の島崎直美さん
(2012年，写真提供：木村真希子)

第8章

インタビュー

先住民族の視点から見た沖縄問題

宮里護佐丸＊琉球弧の先住民族会代表

聞き手：上村英明

ウチナーンチュをだます日本人がいる

上村　宮里さんは、琉球弧の先住民族会（AIPR）にずっと関わって、先住民族の立場から沖縄の問題を国際社会に訴えてきました。宮里さんは先住民族という概念に、なぜ関心をもったのでしょうか。

宮里　先住民族という言葉をちゃんと説明されたのは、上村さんからが初めてでした。しかし、それまでも自分がウチナーンチュであり、日本人とは違う民族だという思いは、すごく小さいころからありました。ですから、松島泰勝さんと上村さんが沖縄から国連に参加しようと一緒に活動しているのを見て、「またウチナーンチュをだましている日本人がいるよ」とずっと思っていました。[*1] こう言っては大変失礼になりますが、ウチナーンチュをだましていると本気でずっと思っていました。一九九九年から二〇〇〇年頃木村真希子さんや塩原良和さんたちと一緒に国連人種差別撤廃委員会（CERD）へのNGO報告書を書いていたのですが、そのときも疑っていました。

　大田昌秀さんが訴えられたときに、私は人権の問題として大変だと思ったのではなくて、また沖縄がばかにされたと思いました。[*2] それが人権の観点から大問題なんだと説明されるまでは、自分たちが構造的な差別に遭っていることもわからず、ただただとにかくおかし

＊1　本書九四ページを参照。

＊2　本書九四ページを参照。

な状態に置かれていると感じていて、その「怒り」を客観的に振り返る機会を持たないまま、東京に出てきました。

だから先住民族問題との出会いで、目を開かせてもらったということです。自分たちの置かれている問題が――「ウシェートゥバサレテル」は日本語で何と言いますか――ばかにされている、ただ日本政府や日本人からばかにされているだけではなくて、構造的な差別、民族差別なんだと気づいたのです。

上村　宮里さんは、もともと文化の問題や民族の問題にすごく関心があったから、すでにたくさんの納得のいかないことがあったんですね。

宮里　沖縄に住んでいたら納得いかないことでも、それが普通なので、何をどこまでおかしいと言っていいのかもわからない。だから、「日本人は敵だ」というのが私にとって一番簡単な表現方法だったのです。だけど、それだけだと次には進めなかったと今では思っています。

国連や先住民族という概念を知ったことが、私が小さい頃からおかしいと思っていたことに取り組めるようになった第一歩でした。沖縄に帰ったのも、こうしたことを知って沖縄でやることができたと思えたからでもありました。怒りながら、もうやりたくないと言いながら、でも一二年間この活動につき合っている一番の理由はそれだと思います。わかってしまったから、言わないといけなかったのです。

こいつらはそんなに頭よくないよ

宮里　沖縄で沖縄の現状を改善する手助けをしようとする日本人は山ほどいますが、何か自分たちのプラスになる、あるいは組織を維持するために活動をしに来る人たちが、私の目から見るとたくさんいます。私はこういう人たちを「活動屋」と呼んでいます。この人たちは、やることがなくなったり、もっと目新しいことを見つけると、すっかり沖縄のことを忘れて次に移ってしまう。沖縄でも東京でも、そういう人を山ほど見てきました。でもCERDへの報告書を書くために、東京で上村さんや木村さんたちと本当に手弁当で、月に一回か二回ずっと国際人権法の勉強会をやってましたよね。あのときの勉強会では、こんなのが問題だと思うと私たちが言ったら、それを上村さんたちが整理して、「これは条約のこの条項に当てはまりそうだよ」、「ああ、そういうことなんだ」というやりとりをして、報告書を書きました。あそこまでただで教えてもらって、リポートを書き終わったから「じゃあ、バイバイ」というのは人としておかしいと思いました。沖縄に行っても義理と人情に挟まれて、生活苦に陥りながらもやっているのですが。人との関係ができたからこそ、今ここに私がいて、こんな話をしているのだと思います。

上村　本当に最初は不思議な出会いでした。CERDのリポートを書くための勉強会をやって、その後宮里さんは、二〇〇一年にジュネーブで実施されたCERDの日本審査[*3]に参加しました。日本政府が提出した報告書が審査されるというので、外務省が音頭を取り、担当官をずらりと出席させました。人種差別撤廃委員会の委員の質問に対して日本政府の担当官が答え、それをNGOも傍聴することができました。三月だったから寒かったですが。

宮里　（寒くて）こんなところに二度と来るもんかと思いました。だけど、自分たちを抑圧している人たちを初めて見たときに、「こいつらってこんなにばかなんだ」と思って正直安心しました。

編集部　それは外務省の役人のことを言っているのですか。

宮里　外務省の役人のことを言っています。官僚になるような人はきっと頭がよくて、有名大学を出ていて、私みたいな人間が言ったり書いたことなんて鼻もひっかけないだろう、簡単に論破されてしまうのではないかという、ある種の恐怖心もあったのです。でも会ってみたら「こいつら、何もわかってないじゃないか」と思った。全然かなわない、能力的に全然違う人たちだと思っていたのが、「ああ、こいつらはそんなに頭よくないよ」と思ったら、少しだけ安心できました。小さいころから、沖縄人の先生にウチナーンチュはばかだと教えられてきたのです。「おまえらはだめなんだ、だめなんだ」と言われ続け、東京に出てきても、きれいな日本語を使わないといけないとか、ウチナーンチュだといって変に思われたらいけないというコンプレックスがあった。それが外務省や文科省の役人と人種差別撤廃委員会の委員とのやりとりを聞いて

*3　人種差別撤廃条約の締約国は、二年ごとに人種差別撤廃委員会（CERD）に報告書を提出する義務を負う。日本は一九九五年に批准したが、二〇〇〇年に第一回・第二回定期報告を提出して二〇〇一年に審査を受け、二〇〇八年に第三回〜第六回定期報告をまとめて提出し二〇一〇年に審査を受けるなど、二年に一度提出の国際義務を怠っている。

いて「ああ、よかった」と思いました。こいつらには勝てるかもしれないと思えてきました。それが自分が活動を続けていくことと、沖縄の仲間に、何も心配しなくてもいいんだよと言える基盤になったと思います。ジュネーブに行ってよかったです。でも、寒いから二回は行きたくないです。

上村　沖縄の問題について、人種差別撤廃条約の視点から考えましょうと呼びかけるのは難しかったのではないでしょうか。

宮里　以前、東京でやった勉強会のような作業を、沖縄で自分たちで徹底的にやっていないから、今のAIPRは国連や国際会議に提出する専門的な文書がなかなか書けないという壁にぶつかっています。

上村　CERDでは、二〇〇一年の日本審査のような、政府によって定期的に提出される報告書に基づく審査のほかにも、緊急の案件ということで、そうした定期報告書を介さずに直接CERDで審査してもらうことができます。それが「早期警戒措置と緊急手続き」です。いま、高江のヘリパッドの問題で工事が始まってしまうかもしれないため、AIPRも緊急案件として文書を提出しようとしています。

宮里　高江と辺野古の二つの問題を中心に書きました。今回は国連での活動経験のあるメンバーが途中から関わったので、それなりに形にできました[*4]。

「琉球弧の先住民族会」の設立

上村　市民外交センターと一緒に九六年に沖縄から松島泰勝さんが国連に行って、九七年は新聞記者の玉城夏子さん、九八年には知念秀記さんたちが行きました。その後、知念さんを代表に沖縄で「琉球弧の先住民族会（AIPR）」が創設されます。今、宮里さんがそのAIPRの代表です[*5]。

宮里　当時の経緯はよく知らないのですが[*6]、九八年に国連の先住民作業部会（WGIP）に出席した知念さんが、そこで自分たちで声明を読みたくて組織の名前をつけたのがAIPRのスタートだったと思います。知念さんは相内俊一さんといっしょに、宣言草案のための作業部会（WGDD）[*7]にも行っているのですが、そのとき相内さんに相当論破されて、痛手を負って帰ってきました（笑）。知念さんは、ウチナーンチュが、国際的な先住民族

＊4　琉球弧の先住民族会（AIPR）・沖縄・生物多様性市民ネットワーク（沖縄BD）・反差別国際運動（IMADR）編「早期警戒と緊急手続きに基づく国連人種差別撤廃委員会への要請――日本国沖縄における米軍基地建設の現状」（仮訳）(http://img03.ti-da.net/usr/okinawabd/CERD%E5%92%8C%E8%A8%B3kfinalk.pdf)。

＊5　市民外交センターによる琉球／沖縄の先住民族支援については本書九四―九五ページを参照。

＊6　本書八一ページを参照。

＊7　本書八二ページを参照。

関係の会議に一年に一回くらいは沖縄（ウチナー）から直接参加すべきだと思っていたらしいです。ちょうどその頃、私ともう一人、照屋みどりさんという人が、東京で上村さんたちと一緒にCERDのリポートを書いて、ちょっとだけ物がわかるようになってから沖縄に帰りました。そして知念さんと一緒にやり始めて、AIPRという組織になりました。最初は、国連の会議に参加する人を募集する派遣団体みたいなものでしたけれども。今もまた派遣団体に戻っているな（笑）。

編集部　新聞に「国連に行く人募集」みたいな広告を出していましたね。

宮里　二〇〇三年ぐらいまでは新聞で募集すると一〇人も二〇人も問い合わせが来たのですが、二〇〇四年とか二〇〇五年ぐらいになるとぱったり来なくなりました。理由がさっぱりわからないのですが、一人も連絡してこないという年が何年も続きました。今でも行く人が決まっていなければ広告は出すことにしています。そうこうしているうちにWGIPがなくなり、その代わりに設立された先住[*8]民族問題に関する常設フォーラム（PFII）では何をやっているのかさっぱりわからず、AIPRとして参加すべきか迷っているうちに数年経ってしまいました。

上村　宮里さんはニューヨークで開かれた最初のPFIIにも参加されたのでしたね。

宮里　本当は行きたくなかったのですが、知念さんから「おまえ、行かないとどうなるかわかっているだろうな」と脅され、一言も英語をしゃべれないのに。あれも泣くほどつらかったです。もう二度とニューヨークに行かないと、あのとき決めました（笑）。常に行かない場所ばかり決めていて、もう沖縄から出ないと決めています（笑）。

　WGIPは知識がなくても、行って沖縄の現状を訴えればそれだけで意義があった。しかし、WGIPが国連になくなって、常設フォーラムや先住民族の権利に関する専門家機[*9]構では自分たちの主張を国際人権法の知識に照らし合わせて説明しないといけなくなってきた。そうなってはじめて、「おれたちには今まで何の蓄積もなかったんだ」というのがわかった。第一回目の専門家機構に渡名喜守太さんという若い研究者がAIPRメンバーとして参加したときは、猪子晶代さんたちのフォローがあったから発言できたのです[*10]が、

＊8　本書六六ページを参照。
＊9　本書六七ページを参照。
＊10　本書九九ページを参照。

二回目、三回目に参加したときは会議の事務局との交渉がうまくいかず、二つ持っていったリポートのうち、一つは発表できなかった。たくさんの先住民族や専門家が参加するこうした会議では、すべての参加者に自分たちの主張をアピールする時間があるわけではない。自分たちのような小さな団体がどのようにして事務局とパイプを築き、交渉していくか、AIPRの今後の課題は一〇〇も二〇〇もあるのですが、そのうちの一つです。

沖縄の問題は民族差別なんだ

宮里　私が二〇〇〇年に東京から沖縄に帰ってAIPRの活動を始めたとき、「沖縄の問題は民族差別の問題なんだ」と言うと、みんなから怒られました。「差別なんかじゃない。これは日米のはざまの問題だ」とか何かよくわからない説明をされ、「おまえは沖縄の運動を分断するのか」と言われて怒られました。しかし一〇年ほど続けていくうちに、やっと沖縄の新聞も県知事も沖縄は構造的に差別されていると言うようになってきました。

宮里護佐丸（みやざと・ごさまる）
1966年米軍政下琉球金武間切生まれ．1996年東京にて有志と「沖縄独立研究会」設立．1998年市民外交センター代表上村英明のもとで国際人権法学習会に参加．2000年帰沖．2001年琉球弧の先住民族会（AIPR）へ入会．2001年スイス・ジュネーブの人種差別撤廃委員会へ参加．2002年ニューヨークの先住民族問題に関する常設フォーラムへ参加．2010年 AIPR 代表に就任．

自民党系の知事がそう言ったときには、ちょっとガッツポーズをしてしまいました。沖縄の問題は差別なんだ、人権の問題なんだと言い続けて、この一〇年でやっと根づいてきたというのが、私たちの活動してきた一つの意味だし、結果だと思います。たとえば琉球諸島の言語についても、今ではウチナーの中でも、方言と呼ぶのをやめよう、沖縄語であると言う人たちが少しずつ増えてきています。二〇〇九年にユネスコがアイヌ語や小笠原諸島などの言葉とともに、奄美・琉球の言葉を消滅の危機に瀕していると発表しました。これについても、国連やユネスコへの沖縄の人々の訴えが間接的に影響していると思います。

上村　琉球民族を先住民族だとした、国連の「現代的形態の人種主義、人種差別、外国人嫌悪および関連する不寛容に関する特別報告者」のドゥドゥ・ディエン（Doudou Diene）さんの報告書が国連総会まで上がったのが二〇〇八年です。[*11] だから沖縄から国連に参加し始めてから、国連が沖縄を先住民族だと認知するのは早かったけれども、その結果が明らかになるのには時間がかかる。だから宮里さんたちの運動は、いまの辺野古や高江の状況[*12]のように、問題が急を要するときにはよけい理解されにくいだろうなと思います。

宮里　沖縄で運動に関わっている人のあいだで私たちの運動を全面的に理解してくれる人はほぼおらず、「あなたたち、沖縄の問題を国連に持っていって何の意味があるんだ。沖縄の中で頑張れ」と言われるのです。「沖縄の中でも頑張っているけど、国際社会と並行してやっていかなきゃいけないよね」と言っても、私たちの運動は成果がすぐに目に見えるものではないので、理解されません。今、環境が壊されてしまうかもしれない、来年には基地ができてしまうかもしれないと戦っている人たちには、私たちの活動はお金があって、暇のある人たちがやっているんだぐらいに思われているのではないでしょうか。

これは言ったほうがいいと思うから言いますけど、沖縄の中で先住民族問題をやるときに、一番大きな障害は沖縄にいるヤマトンチューです。日本人で、沖縄が大好きで、沖縄の運動も一緒にやりたいという人たちがいます。この人たちは沖縄の運動をびっくりするくらい一生懸命やってくれます。だけど、私

*11　本書九六ページを参照。
*12　インタビューが実施された二〇一二年二月の段階で、米海兵隊普天間飛行場の名護市辺野古沖への移設問題は未解決であり、また東村高江地区では、米軍のヘリパッド建設に反対する住民らの座り込みが続いていた。

たちは好きでウチナーンチュに生まれてないし、好きで米軍がたくさん基地をつくっている沖縄に住んでいるわけでもないのです。生活もあるし、親戚関係もあるので、思い切って「米軍反対」と言えない人たちもたくさんいる。そんな中で何とかかんとかやっているのに、そこに地縁、血縁もなく、ただただ純粋に「米軍出ていけ」と言えるヤマトの人が入ってくると、そういう人はとっても一生懸命やるものですから、その人頼りになってしまう。そんなときに沖縄の問題は民族問題ですとは、その人は自分が排除されると思うかもしれないし、周りのウチナーンチュもその人にいつも世話になっているものだから、言えなくなる。沖縄のいろいろな問題が民族問題で、人権の問題だという認識がどうしても広まらないのです。これが一番つらいです。

一生懸命のヤマトンチュー、だけど言えないウチナーンチュ

編集部　辺野古の問題を環境問題ととらえた、環境保護団体とウチナーの団体の協力関係はそれなりにありました。しかし、同じ問題を人権問題ととらえてしまうと難しいのでしょうか。

宮里　問題の根幹は民族差別だと説明しないといけないのに、「ほらほら、またヤマトンチュー差別が始まった」みたいな言い方をされる現状が大きな問題です。一生懸命やるヤマトンチュー、だけど言えないウチナーンチュ。

高江でも最初にヘリパッドの移設問題が明らかになったときに、高江区全体で反対決議をしました。だけど、実際に防衛施設局が来て工事を始めようとしたときに、座り込みをしてでもとめようとしたのは、みんなヤマトンチューだったわけです。そういうヤマトの人たちは、反対決議をしたのに座り込みに来ないウチナーンチュに不満をもつ。よそから来た人たちには、高江生まれ高江育ちの人たちがそれをやりたくてもできない状況が理解できないのです。そして、自分たちこそが正義だと活動している状況が、ウチナーじゅうにいっぱいあります。

編集部　近年、「沖縄の自己決定権」というキーワードが沖縄のメディアでクローズアップされました。ＡＩＰＲ[*13]の人たちも発言していたと思いますが、自己決定権という言葉を

＊13　本書一八四ページを参照。

つうじて先住民族という概念が沖縄社会に浸透してきたということでしょうか。

宮里　それもいつのまにか、ウチナーンチュの「琉球民族の自己決定権」ではなくて、「沖縄県民の自己決定権」にすりかわっている。「民族の自己決定権」ではなくて、自分のことは自分で決めますという程度の自己決定権として受容している人々が大多数だと思います。「民族の自己決定権」というと、琉球・沖縄民族ではない人たちははじかれるという意識が強いようです。私たちが今回CERDに文書を提出したことを『毎日新聞』が記事にしています。しかし、「沖縄民族だと強く主張する人もいるけれども、沖縄に住んでいる日本人もたくさんいるから、これはなかなか言えない」みたいに書かれていました。

沖縄における民族意識の現状

編集部　沖縄の人には先住民族という自己意識はあるのですか。

宮里　民族としての意識はあるはずです。自分はだれかと聞いたら「私はウチナーンチュだ」と答えます。宮古の人は「ミヤコビトだ」と言うし、石垣の人は「イシガキンチュだ」という。そういう言い方をするのは、自分たちは日本人とは違う、別の人たちなんだと考えているということです。しかし先住民族というと、未開の人たちというイメージがまだ強いのでしょうか。民族として自分たちを日本人と区別しているにもかかわらず、それを認識しない、したくないというのがウチナーンチュの難しいところなんでしょうね。日本人は自分たちよりも優れた人たちなんだから、自分なんか相手にもされないというゆがんだコンプレックスを大半のウチナーンチュは持っていると思います。今の若い沖縄の人たちにはそれがないというけど、私はうそだと思います。今の若い人たちは「沖縄ってすごい。沖縄の人なの、格好いいね」と言われることによって、見せかけの自信を持たされているとしか思えません。その自信は簡単にひっくり返される。自信が持続できないから、自分たちをちゃんと表現できない。それが今の沖縄の現状を固定しているのだと思います。

上村　先住民族の権利を議論したとき、歴史をしっかり押さえないと現状はわかりません。沖縄が琉球併合[*14]やその前から、どんな歴史を

*14　一八七二～七九年にかけて、琉球王国が征服されて、「沖縄県」が設置されるまでのプロセス。日本史では琉球王国政府が日本政府に逆らったために「琉球処分」と称されるが、プロセスは「韓国併合」と基本的に同じである。

経て現在に至るのか。ウチナーンチュとヤマトンチューの区別というのはどう考えても民族の違い以外の何ものでもないということを、日本の教育システムで学ぶ機会は少ない。

編集部　先住民族として、自分たちの言葉を教えたり、歴史を教える学校をつくるということも目指していきたいですか。

宮里　一足飛びに独立したいです。（笑）だけど、民族学校をつくるのをとりあえず第一段階として、今、目指そうと思っています。

編集部　現在は、沖縄の学校では沖縄史の授業は受けられないのですか。

宮里　私の子どものころにはありませんでした。今は副読本はあるのですが、それでも中学三年の受験が終わったほんの短い時期に学ぶ程度のようです。歴史もそうですし、言語もそうです。いま沖縄で成績優秀と言われている子どもたちは多分、徳川幕府の歴代征夷大将軍の名前は言えても、沖縄の歴史、たとえば第一尚氏と第二尚氏[*15]が別の尚氏だったということも知らないと思います。学校で沖縄のことを教わるのはマイナスにこそなれ、プラスにはならない。最近は学校でも沖縄の言葉をしゃべったほうがいいよと言いながら、子どもたちにボランティアで沖縄の言葉を教える沖縄語クラブみたいなものの予算はカットされて、なくなってしまうのが現実です。

今、私が住んでいるのは沖縄の首里という地域で、ここは沖縄の王朝のあった場所で空手の発祥の地でもあります。私の息子が通っている幼稚園の先生が「うちの幼稚園は沖縄の文化を大切にしていますから、空手を教えています」と言うのです。ご存知のように、空手は沖縄発祥の武術で伝承している人も多数います。よかった、いいところに入ったと思って「空手の先生は何という名前ですか」と聞いたら、「流派はわからないんですが、個人で独立されていて、○○さんというとてもいい方なんです」と。「その人はヤマトの人ですよね」「ええ、本土の方ですけど、児童館でボランティアをされていて、とてもすばらしい方です」と言うから、その人がやっている流派を調べたら日本の極真空手でした（笑）。だったら、沖縄の空手を教えていると言わないで、日本の空手を教えていますと説明したらどうなんですかと言ったら、すごく不満そうな顔をされて、まるでモンスターペアレン

*15　琉球王国は一四二九年尚巴志王の三山統一によって成立し、この王統が「第一尚氏王統」。その後、一四六七年、尚徳王の後を、尚泰久王の重臣であった金丸が王位を継承して、尚円王となった。この政権交代はクーデターによるものと考えられており、これ以降が「第二尚氏王統」と呼ばれている。

トみたいに扱われました。全く違うのに、空手といったら全部一緒だろうぐらいで通ってしまいます。そのうち沖縄語の先生を日本人がやるようになるんだろうなと思います。アイヌ民族の言葉も研究と称して日本人が学んで、それをアイヌの子どもに教える。教えられるアイヌの子どもも、その親たちもどれほど屈辱的かと思います。

ある年齢以上であれば、まだウチナーグチ[*16]をしゃべれる人がたくさんいるのだから、国連でアピールして日本政府から金を出させてウチナーグチを振興しようと提案したのですが、それは危ないと言う人たちがいました。いざ文科省からお金がおりて研究する段になれば、日本の研究者がこぞって研究しにくる。ウチナーグチの先生を養成しようというところまで話が進んで、先生になるためにはこれこれの資格が必要ですとなったときに、果たしてあなたのお父さんやお母さんが受かりますか、受からないでしょう。だけど東大、早稲田、慶應を出てますというヤマトの人たちが勉強のテクニックでこれをやった場合、この人たちが先生になってしまうんだという話をされたときに、とても怖くなりました。

アイヌ文化振興法という形でアイヌの人たちにはほんの少しのお金だけが行って、それをめぐってアイヌどうしの対立が起こるような状況が、沖縄でもそう遠くない将来起こりかねない。しっかり戦略を練ってやらないと思いました。

編集部　日本政府が言っている沖縄の伝統文化の振興策みたいなものへの警戒感ということですか。

宮里　そうです。「国立劇場おきなわ」を設立して琉球王国時代から伝わる芸能である組踊（国の重要無形文化財）の保存振興を図ることになったとき、私は踊りに全く興味がなくて知らなかったのですが、やり方が違うと指摘した新聞記事がありました。もともとの沖縄のやり方とは違うやり方になっているという。文化を振興しましょう、これは無形文化財にもなっているからちゃんと保存しましょうといっても、日本の都合のいいパッケージの中でしか生かしてもらっていない。実は文化を壊されていることに気づかない。気づかされない。

上村　アイヌ文化振興法もそうです。アイヌがアイヌだけでアイヌ語を勉強したいと要求

*16　琉球諸語のこと。日本の言語学では日本語は「本土方言」と「琉球方言」に大別されるが、「言語」か「方言」かは政治的に決定されることが多く、琉球民族の立場からは「琉球諸語（ウチナーグチ）」である。日本政府の統治によって、「沖縄方言」撲滅のため学校で「方言札」が用いられた他、沖縄戦時にも「沖縄方言」をしゃべった者はスパイとみなすという軍令が出された。

を出すと、文化の振興が目的だからだめと言われてしまう。結果的にアイヌ語教室には中学校の先生とか高校の先生とか、まさに大和民族が来るわけです。民族の視点とか権利というものがないと、新たな文化侵略になってしまう。それなのに文化は守られていますと政府は言うのです。

宮里　ある人たちだけに特別な文化的権利を与えるのは逆に差別だとか言い出します。そうではなくて、私たちの文化を守るために、もう一回作り直すためにこの法律はあるのではないのですかという問いが立てられない状況になっています。

上村　今回のＣＥＲＤの緊急対応措置に関して、明日、院内集会が行われます。[*17] それは国会議員と官僚と、人種差別撤廃条約の沖縄問題に関する勧告がなぜ実施されないのかを議論しようという趣旨です。政府や国会議員と、沖縄が（先住）民族なのかどうかを議論する機会は、本当に一〇何年ぶりです。

宮里　明日の集会が、ＡＩＰＲがこれまで国連でどのような活動をしてきたかを政府や国会議員にアピールする初めての機会です。参加する国会議員や役人が何を言ってくるかもわからない、自分たちの力もわからない中で、私たちには力がないのだとはっきり知るのが、今回の一番の目標です。これを知ったうえで、来年やるときにはもっとうまくやろうとしない限りは、いつまでたっても勝てないですから。沖縄選出議員で私は先住民族ですという人は恐らく一人もいないはずなので、この人たちに先住民族という視点を知ってもらうだけでも意味があると思っています。でも彼らが「私たちは同じ日本人ですよ」と言い出したらどうしようかとも思います。沖縄の中の人であればあるほど、「ウチナーンチュではあるけれど、もとをただせば一緒の日本人じゃないか」というとんちんかんな話をしがちなんですよ。かつて同じ民族だったかどうかが問題ではなく、いま現在ヤマトンチューと異なる扱いを受け、差別されていることが問題なのに。

上村　日本は戦後は右翼が民族派でした。リベラル派は自分たちは民族派ではないという自負があるから、民族という言葉が出てしまうと、それは右翼でしょうとなる。

宮里　民族イコール排他主義という認識がある。

*17　「沖縄に関する国連勧告の実施を求める院内集会」二〇一二年二月一四日午後二時〜三時三〇分、参議院議員会館にて開催。主催は人種差別撤廃ＮＧＯネットワーク（ＥＲＤネット）および琉球弧の先住民族会。

編集部　今の沖縄のこの状況でそれを言ってしまうと、かえって損だということぐらいは伝わるといいですね。

宮里　伝わるといいですね。沖縄県の有権者もだんだん日本人が多くなっています。

編集部　今、沖縄の国会議員の方は何人いらっしゃいますか。

宮里　照屋寛徳さん、山内徳信さん、瑞慶覧長敏さん、玉城デニーさん、赤嶺政賢さん、島尻安伊子さん、下地幹郎さんの七人ですね(当時)。七人のうち果たして何人に、ウチナーンチュ意識があるのかな。

座り込みだけではなく……

上村　宮里さんから見て、市民外交センターの存在はどのような意味があったのでしょうか。

宮里　私たちにとってものすごく意義があります。よく存在してくれたと思います。

編集部　最初は信用していなかったのに(笑)。

宮里　最初は全然信用していなかった。今でも疑っているかもしれない(笑)。だけど、上村さんと話をしなかったら私自身がいま沖縄に帰っているかどうかもわからないですし、ウチナーの中で先住民族と言い出す人たちはゼロではなかったでしょうけれど、理論立てて語れる人はいなかったでしょう。沖縄の現状を差別とか、人権問題とはとらえなかったと思います。

市民外交センターも若い人を育てないといけないという話題があるようですが[*18]、AIPRも同じです。いかんせん沖縄は就職難で、若い人は国連の人権活動ができるくらい英語が達者で能力があると、公務員に就職できるのです。そういう人に、やめてこっちに来てとはとても言えず、言っても聞き入れてもらえません。それと、沖縄で先住民族の問題をやると、女の子しか来ません。学生の男の子は一人も来ません。なぜだと思いますか？

編集部　マイノリティの立場に立って世の中を眺めるということが、男性であるがゆえにしづらいことはあると思います。たとえば就職活動とか職場でも、女性であるがゆえに不利益をこうむるという経験をしなくてもすんでしまいます。そういう男子学生にマイノリティの置かれた立場や思いを伝えるのは、想像力が働きにくい分、難しい。同じ大学生でも女性だと、知識として伝える以前に、共感

*18　本書一〇八ページを参照。

してもらえることも多い。沖縄では県民集会には男の子も行くのでしょう。あれは動員されているのですか。

宮里　若い男子大学生もそういう集会に来ていますね。だけど先住民族の活動には来ません（笑）。沖縄の大学の先生で優秀な人たちがいて、お友達なんですけど、この人たちも来ない。新垣誠[*19]さんとか、桃原一彦[*20]さんが最近ちょっと来そうですけど。桃原さんが何とか来てくれないかなと思います。

編集部　それでも先住民族や人権という視点に宮里さんはこだわり続けたいですか。

宮里　これしかないので。別なものがあったら乗りかえたいです（笑）。こんな難しい問題には取り組みたくない。でも、私の中で今これが一番しっくりきます。私が小さいころからいつもいらいらしていたり、おかしいと思っていた沖縄の現状が、先住民族という切り口から見ると、私が怒るのは間違いじゃなかったんだと思える。沖縄がこういう状況に置かれているのは差別なんだというのが、一番わかりやすい。だから、高江に行って座り込みをしたり、辺野古に行って座り込みをするのもいいですが、ＣＥＲＤのリポートも書きましょうよと言いたくなるのです。

上村　私も沖縄の外部の人間ですが、やっぱり先住民族という視点を考えないと、沖縄に降りかかっているいろいろな問題の一番根本的なところまでたどり着けない。基地問題もそうです。根本的にはヤマトとウチナーの関係性が問題で、表面化している様々な問題の根っこはそこにつながっている。歴史を再評価すれば、ヤマトンチューとウチナーンチュはやっぱり違う集団であり、そのうえでお互いがきちんとした関係を保つということができなければ、何も解決しない。

編集部　民族というとどうしても排他主義を連想させるという話もありましたが、先住民族という概念は常にそのような批判に直面してきたし、それを克服しようとしてきました。先住民族概念は単純に排他主義とか、違う民族とはつき合わないとか、それだけのことではない可能性も持っている。そこがいま一つ理解されにくいのでしょうか。

上村　われわれヤマトがウチナーンチュを単一民族社会の名の下に排除してきた歴史があります。ちょっと冷静に考えてみたら、われわれヤマトの人間が、ウチナーンチュが民族

＊19　沖縄キリスト教学院大学准教授。専門分野はディアスポラ、エスニシティ、沖縄、労働移民、グローバリゼーション。

＊20　沖縄国際大学准教授。専門分野は都市社会学、コロニアリズム、ジェンダー。

を主張したら排外主義的だと主張するのはおかしい。やっぱり多民族・多文化社会のあり方をしっかり議論しなくてはいけない。

編集部　でも、日本人は植民地主義者だと言っている野村浩也[*21]さんのような主張を日本人が聞くと、ちょっと引いてしまう感じはあるのでしょうか。ああいう発言をされている方々を沖縄の人はどう見ているのですか。

宮里　沖縄の人からの批判もとても大きいです。けれども僕はすごいと思います。私は野村浩也の仲間です（笑）。ああいうことを言いたくても言えなかった人がたくさんいるなかで、よく言ってくれたと私は思います。浩也さんは東京にいるときは、私から見るとあんなにきっぱりした感じの人ではありませんでした。その浩也さんがあんなことを言い出したから、何が起こったんだろうと思ったぐらいです。だけど、言いたかったことを代弁してくれたということで、あの本はすごく意味があったのだと思います。友達だけど、彼が言っていることに一〇〇％は賛成しませんが、あの理論構成は、言いたかったことを言えない人たちの力にはなっていると思います。

二〇一二年二月一三日

*21　一九六四年沖縄生まれ。広島修道大学教授。著書に『無意識の植民地主義――日本人の米軍基地と沖縄人』（二〇〇五）、『植民者へ――ポストコロニアリズムという挑発』（二〇〇七）ほか。

第9章

論考

ボリビアの動きから考える地球環境問題と先住民族

青西靖夫

中南米では先住民族の権利確立が進む一方で、鉱業開発やダム開発などによる先住民族の権利やテリトリーの侵害が後を絶たない。先住民族の権利の擁護に前向きな政権においても、社会的配分の原資としての地下資源開発から脱却できず、先住民族との協議や同意を巡って対立が続いている。こうした中でボリビアでは先住民族運動を基盤としてエボ・モラレス政権が誕生した。この論考では、ボリビアにおける先住民族の権利確立の動きと、先住民族の価値観に基づく環境運動を概観し、地球環境問題を考える一助としたい。

1　エボ・モラレス大統領誕生と先住民族の権利

先住民族出身のエボ・モラレスが二〇〇六年に大統領に就任して以来、南米のボリビア多民族国では先住民族の権利向上と社会的公正を目指した諸改革が進められてきた。

二〇〇七年一一月には、国連で承認された「先住民族の権利に関する国際連合宣言」に定められた四六の条文を国内法と同等の位置づけとすると定めた法第三七六〇号を公布。ボリビアはこの宣言を国内法に取り入れた世界最初の国となった。モラレス大統領は公布に際し、「この宣言を境に、先住民族の運動は抵抗から権力へ転換していかなくてはならない。しかしその権力とは党派的でも個人的、地域的なものでもなく、コミュニティを基盤に生きていく力を生み出していくためのものである。そしてすべての人々の問題の解決に取り組むためのものでなければならない。すべての人々のために働き、生活を守っていく責任、これこそが国連が私たちに与えた使命、私たちの使命なのである」[*1]と語っている。

また二〇〇七年に策定され、二〇〇九年に行われた国民投票で承認をうけて発布された新憲法の第三〇条においても先住民族の権利は広範に認められ、自決権、テリトリーへの権利、また生態系の適切な管理と利用に基づいて良好な環境に生きる権利などが明記されている。更には自治的先住民族テリトリーにおける管理権、第三者の正当な権利を侵害しない限りにおけるテリトリー内に存在する再生可能な自然資源への排他的権利も認められている。その一方で、行政的・法的措置に先立つ事前協議については明記されているものの、「同意」については触れられていない。

もう一つ重要な点は第八条に定められている「多民族社会における倫理的原則」である。国家は次のような原則を促進するとしている。「**ama qhilla, ama llulla, ama suwa**（怠けず、嘘をつかず、泥棒をしない）、**suma qamaña**（善く生きる）、**ñandereko**（調和的な生活）、**teko kavi**（よい生活）、**ivi maraei**（悪いもののない土地）、**qhapaj ñan**（高貴なる道）」。「善く生きる」ことは、アンデス地域の先住民族運動が取り上げてきた理念であり、エクアドルの憲法においても重要な要素となっており、先住民族による環境運動の中でも重要な柱となっている。

2　「母なる大地」の権利[*2]

モラレス大統領のもう一つの重要な取り組みは、母なる大地の権利を認めていこうというものである。モラレス大統領の働きかけもあって、二〇〇九年には国連において四月二二日が「母なる大地の日」と定められた。その制定に関する国連文書は「地球（大地）とその生態系は私たちの住み処であり、現在そして将来の世代の経済的・社会的・環境的なニーズが公正な均衡に至るためには、自然そして地球（大地）との調和を推し進める必要があることを認め、また様々な国や地域で「母なる大地」が地球―大地について言及する一般的表現であり、私たち皆が生活する地球と、人間及びその他の生物種との相互依存を示していることを認める」と記している。

この母なる大地の日の制定に際し、モラレス大統領は次のように語っている。*3

「二一世紀は母なる大地とすべての生き物の権利に関する世紀となるでしょう。自然と調和して生きるためには、人間だけが権利を有するのではなく、地球、動物、植物そしてすべての生き物たちが権利を有し、また私たちがその権利を尊重しなければならないということを認めなければなりません。……気候変動によって、私たちに今、起こっていることは、母なる大地の権利を尊重しなかったことから引き起こされているのです。だからこそ、国連は母なる大地とすべての生き物の権利を尊重しなければなりません」。

そして「母なる大地の権利に関する世界宣言」に向けて合意を形成すべきと提起し、四つの権利を掲げている。

一、生命への権利：どのような生態系や動物種や植物種も、雪も川も湖も、人間の無責任な行動によって排除され、絶滅させられない権利。人間は母なる大地やその他の生命が存在する権利を有することを認めること。

二、生物的な再生能力への権利：母なる大地はその生物多様性を再生させることができなければならないこと。地球・大地における人間活動も、資源も無限ではなく、開発も無限でない。限界は、動物種や植物種、森林、水源、大気が再生する能力によって定まっていること。

三、健やかな命への権利：母なる大地は汚染なしに生きる権利を有すること。人間だけが善く生きる権利を有するのではなく、川も魚も動物も木々もそして大地自らも、良好な環境で、毒物から解放されて生きる権利を有する。

四、すべてのものと、またすべてのものとの間で、そしてありとあらゆるものの調和と均衡の権利：母なる大地は、あらゆるもの、そしてすべての人々がお互いに依存しあっているシステムとして認められる権利を有すること。

3　国内における「母なる大地の権利法」の制定

前述のような国際的な動きと平行して、国内法としても二〇一一年に「母なる大地の権利法」が制定された。この法律は、母なる大地の権利を認めた上で、その権利の尊重を保障するための国家及び社会の義務と責任を定めたものである。それは変わっていくための意志、新しい生き方を築いていくための意志を明確に示したものと考えられる。

この法律では母なる大地の権利として次の七つを定めている。

一、生命への権利：生命システムの統合性、それらを支える自然システム及びその再生のための能力と条件を維持する権利。

二、生命の多様性への権利：将来の存在、機能、可能性を脅かすこととなるような形で、その構造の人為的改変、遺伝的改変を受けることなく、母なる大地を構成する多種多様な生命を保全する権利。

三、水への権利：生命システムの維持に必要な水の循環機能の維持及び質的・量的な水の存在を保全する権利。また母なる大地とそれを構成するすべての生命の再生産のために、汚染から保護される権利。

四、清浄な大気への権利：生命システムの維持に必要な大気の質と組成を保全する権利。また母なる大地とそれを構成するすべてのものの再生産のために、汚染から保護される権利。

五、均衡への権利：循環を維持し、また生命プロセスを再生産するために、均衡ある形で、母なる大地を構成するものの相互関係、相互依存、補完関係及び機能性を維持し、回復する権利。

六、回復する権利：人間活動によって直接また間接的に影響を受けた生命システムが適切な時点で有効に回復する権利

七、汚染から自由に生きる権利：母なる大地を構成するものが汚染から保護される権利、人間活動から生み出される毒性廃棄物や放射性物質から保護される権利。

また多民族国の義務として、「母なる大地の生命としての循環やプロセス、均衡の統合性と再生産能力を守りつつ、「善く生きる」のためのボリビア国民の必要性を充足するために、均衡の取れた生産と消費のあり方を開発すること」、「母なる大地を構成するものへの過剰搾取、生命システムやそれを持続させるプロセスの商品化、地球的気候変動の構造的原因及びその影響から母なる大地を擁護するために、多民族国家内また国際的に政策を展開すること」、「長期的なエネルギー主権を確立するために、消費節約、効率化、漸進的な代替なクリーンで更新可能なエネルギー源を導入していくための政策を展開すること」、「平和と、すべての核兵器、化学兵器、生物兵器他の大量破壊兵器の廃絶を促進すること」などが定められている。

4 「善く生きること」の再構築

アイマラ語でSuma Qamaña、ケチュア語でSumak Kawsayと呼ばれる「善く生きること：Vivir Bien」あるいは「善き生き方」は、現在のラテン・アメリカの先住民族運動の中で最も強く主張されている理念の一つである。誰かの犠牲で「よりよく」生きることではなく、競争しあうのではなく、お互いに補完しあった生活、人と人と、人と自然との調和を目指した生活、先住民族社会の伝統的な価値観に基づきながら新しい社会を生み出していこうという動きが進んでいる。この概念は前述のボリビア憲法（二〇〇九）だけでなく、エクアドルの憲法（二〇〇八）においても取り入れられている。

この「善き生き方」について、ここでは先住民族であるボリビアの外務大臣、ダビッド・チョケワンカ・セスペデスの文章を一部紹介する。*4

ボリビアは「善く生きること」を提起しています。これは他の誰かの犠牲で、「よりよく」生きることではありません。「善く生きること」は私たちのコミュニティにおける生活に基盤を持つものです。「善く生きること」は、「よりよい生活」、他の誰かより、「よりよく生きること」ではありません。「よりよい生活」は、隣人を前に搾取することを必要とさせ、深刻な競争を引き起こし、富をごくわずかな者の手に集中させるのです。「よりよい生活」はエゴイズムであり、他の者に対する無関心であり、個人主義なのです。「善く生きること」は贅沢や豊かさや浪費とは相反するものなのです。

開発の無残な失敗を前に、西洋世界は先住民族の現実とその経験から学び取ろうとしています。しかしその真の到達点を理解してはいません。持続的開発について語り始め、今は、調和的な開発とか、アイデンティティのある開発などと語っています。しかし開発について語り続けており、「善く生きること」ではなく、よりよい生活について語り続けているのです。

私たちの英知について理解することも吸収することもできないままに、また開発の本質やその意味についても分析することもできないままに、こうした開発への提案の中で、先住民族に対して、「近代化の利益」へのアクセスを探すべきだ、「市場への統合」や環境地理的な西洋の価値判断を通じて、より良い生活を探すべきだ、観光業だ、石油採掘だ、鉱業開発だ、あるいは他の経済的活動や生産的活動へと取り込もうとするのです。

彼らからみれば、収益性のない私たちの伝統や慣習を破棄すべきだというのです。地域での持続的な生き方を放棄し、自己決定の能力を忘れ、労働力になることを求めているのです。そして自然の略奪である、鉱物資源への自由なアクセスや石油採掘を許容することを求めているのです。新自由主義的な環境主義の経済プロセスにおいて機能的な存在となることを求め、私たちの必要性の解決を国家に求めるように、国家に従属することを求めているのです。

先住民族の知識を貶め、独自の「善く生きる」という考え方を徐々に葬り去り、コミュニティにおける共同体的な生活や文化を解体し、私たちの規範や価値観に相反する、外部からの提案を受け入れ、それに依存するようにしようとしているのです。それは私たち自身が持っている、自給基盤や、自身を充足させる能力や知識、そして、母なる大地・パチャママの要求に応える能力や知識を切り崩すものなのです。

開発こそが、人類の救世主であるかのごとくに、そしてそれこそが、私たちがよりよく生きることを可能とするのだと、私たちは信じさせられてきました。しかし現実には反対の姿を見てきたのです。世界中に極端な経済危機を吹き起こし、自然の危機を引き起こし、気候変動を引き起こし、共同体の生活に不均衡を生みだし、社会的なカオスと引き起こし、生命と地球の脅かしてきたのです。気候変動やその他の危機として立ち現れている人類と大地に対する脅威を前に、二つの道があります。西洋的な文明化の道を歩み続け、死や戦争や破壊を続けるのか、先住民族の道、自然と生命の調和の道を歩むのか。先住民族であることから守り続けてきた伝統的な知識や、生命を守るための科学的な生活知、大地に根付いた生活形態や知識、限りある大地の中での自然と人との共存のための価値観、こうしたものは、地球を救うためのよりよいオータナティブなのです。

「善く生きること」は私たち民族の生活のあり方を回復し、生きるための文化を回復することであり、また母なる自然、パチャママとの相互の尊重に基づく十全な調和に基づく生活を回復することなのです。

5　コチャバンバ会議——ボリビアと国際的な環境運動

ボリビアの存在が国際的な環境運動の中で大きく注目されたのは気候変動枠組み条約締約国会議とそれに連なる「気候変動および母なる大地に関する世界民衆会議」（コチャバンバ会議）である。二〇〇九年にコペンハーゲンで開催されたCOP15ではポスト京都議定書の採択を目指していたが、本会議でのコンセンサス形成を難しいとみると、先進工業諸国を中心とした約三〇カ国は「合意」文書をとりまとめ、全体会議での採択を目指した。これに対してボリビアやベネズエラなどがそのプロセスに異を唱え、その結果、「合意文書」は全体会議における決議としては採択されなかった。

締約国会議のプロセスに疑念を呈し、「先進諸国の一部の政府がすべての国のことを決定しようとするのを認めるわけにはいかない。決定はすべての人々の手にあるべきだ」として二〇一〇年四月二〇日から二二日にかけてボリビアのコチャバンバで開催されたのが「コチャバンバ会議」である。この会議には世界一四〇カ国から三万五〇〇〇人以上が参加し、最終的に「民衆合意」がまとめられた。[*5]

この「民衆合意」では、資本主義システムが、競争と進歩、際限なき成長という論理を押しつけ、人間を自然から切り離し、自然に対する支配という論理を築き、すべてを商品へと転化してきたとみなし、人類が資本主義の道を続け略奪と死を選ぶのか、自然との調和と生命の尊重という道へ踏み出すのかという選択の場に立たされていると訴えている。また世界中の人々に対して、「善く生きること：**Vivir Bien**」という提案の中で確認されてきた、先住民族の伝統的な知恵、実践の回復と再評価そして強化を提起するとともに、前述の「母なる大地の権利のための世界宣言」の制定を呼びかけた。

この宣言は、気候変動問題を社会正義の実現と重ね合わせて対処していこうとする国際的な環境団体や社会運動体の強い支持を受けるとともに、ボリビア政府はカンクンで行われたCOP16においても、「民衆合意」を基盤に、ただ一国、カンクン合意に反対の意思を表明した。

「この提案（民衆合意）は二〇一〇年四月にコチャバンバで開催された、歴史的な世界民衆会議に参加した三万五〇〇〇人の合意で生み出されたものです。この提案は気候変動に対する正当な解決策を探すものであり、またその根本的な原因に取り組んだものなのです。……民衆を代表してきている私たちは、その信念を、私たちの信念を放棄することはできません。気候的な正義を獲得するまで、私たちは世界で影響を受けているコミュニティの人々とともに戦い続けます」。

6　ティプニにおける道路建設を巡る社会紛争[*6]

ここまで見てきたように、先住民族の歴史と経験から産み出された「善く生きること」と「母なる大地の権利」という二つの理念に依拠する形で、ボリビアでは先住民族の権利の尊重と地球環境の保全を同時に進めるような制度的改革が実現されるとともに、国際的に影響力を持つ環境運動が形成されてきた。
しかしそのボリビアで、先住民族テリトリーにおける道路開発を巡って社会紛争が勃発する。ベニ県とコチャバンバ県の間に位置するイシボロ・セクレ先住民族テリトリー自然保護区（Territorio Indígena y Parque Nacional Isiboro Secure: TIPNIS：ティプニ）を縦断する道路計画が推進されようとしているのである。

ボリビアにおける先住民族運動の一つの画期となったのは一九九〇年に行われたボリビア東部低地の先住民族による「テリトリーと尊厳のための行進」であった。この運動の成果の一つが、今回問題となっているティプニの先住民族テリトリーとしての法的認可であった。そこは一九六五年から既に自然保護区として指定されていた地域であったが、あらためて先住民族テリトリーとして認められたのである。

この先住民族テリトリーを分断する形で計画されたのが、ヴィジャ・トゥナリ―サン・イグナシオ・モホス間の道路である。ボリビア政府は開発から取り残されているティプニを開発に取り込むことが目的だと述べているが、コカ生産者組織を基盤の一つとするモラレス大統領がこの地域内に耕作地を広げつつあるコカ生産入植農民との選挙キャンペーンでの約束を果たすためである、あるいは地域内での石油開発を念頭に置いているなど政府が道路計画を進める理由については様々に言われている。大きな問題の一つは道路建設の契約が地域の先住民族コミュニティへの協議を踏まえずに行われたことにある。

こうした状況の中、道路建設の中止を求める第八回先住民族行進が首都ラ・パスを目指して、八月一五日に開始された。しかし九月二五日、この道程において行進参加者が警察による弾圧を受け、多数の負傷者が出る事件が起きた。この衝突の後、モラレス大統領は道路計画の停止と、国民的対話の呼びかけを行う。その後ラ・パスを目指す先住民族行進は再開され、一〇月一九日、様々な社会組織の歓迎の中、ラ・パスに到着したのである。そして一〇月二四日には、道路建設の中止を定める法第一八〇号が議会で採択された。

しかし問題は解決に向かうのではなく、更なる混乱に向かっていく。法第一八〇号はティプニを通過する道路建設の中止を定めただけではなく、この地域を「触れることのできない」、これまで伝統的に利用してきた自然資源にすら手を触れることのできない場所として、定めたのである。この用語が取り入れられた経緯は定かではないが、モラレス政権は法に盛り込まれたこの用語を利用して、ティプニの先住民族を締め上げにかかった。地域住民が行っていたエコ・ツーリズムの免許を取り消すなど地域に居住する先住民族がその資源を利用する権利を制約し始めたのである。

更にはティプニ内のコカ農民などを主体とするグループが道路建設の推進を訴えた行進の後、政府は「イシボロ・セクレ先住民族テリトリー自然保護区の先住民族への協議法」、法第二二二号を公布した。協議を行い、地域の先住民族が道路建設の是非を決める法であると聞けば正統な判断であるかに思えるが、モラレス政権が提示する道路計画は既に定まったものであり、「事前」協議でもなければ、代替道路案を検討するものでもない。この「協議」法はティプニを「触れることのできない土地」とするのか、計画通りの道路を通すのか、という二者択一を強いる、「協議」の名を借りた脅迫となっているのである。

7 自然と人間との新しい関係性を築くために

ボリビア、そして中南米の先住民族運動は、自然との調和と生命の尊重に基づく新しい社会を築くために、様々な取り組みを進めてきた。それはモラレス大統領だけが進めたものではなく、各地の先住民族組織や地域住民が取り組んできたものである。しかしティプニの例でわかるように、ボリビア国内においても課題は山積している。先住民族間においても、自治のあり方、協議のあり方、そして「開発」のあり方は一様ではない。憲法を制定し、法律を整備するだけではなく、継続的な対話と合意形成のプロセスの中で模索していくことが必要とされているのである。

その一方でボリビアの先住民族の提案は、彼ら／彼女らだけのものではなく、私たちにも投げかけられているのである。特に福島第一原発における事故を経験しつつある私たちは、先住民族が提起する「善く生きること」や「母なる大地の権利」について耳を澄まし、深く考え、そして私たち自身の「善き生き方」を見いだし、実現していかなくてはならない。

＊1　La Razón, "Bolivia es el primer país en elevar a rango de ley la declaración indígena de la ONU," 2007. 9. 11.

＊2　ボリビア、コチャバンバで開催された「気候変動に関する民衆会議」に対する共同体的フェミニズムの声明では、「パチャママ」は「母なる大地」というスペイン語訳には入りきらない超越的な存在、精神的なものであり、「〝母なる〟大地」はパチャママを矮小化しているものだと見なすとともに、女性に「解決策」を押しつけようとすることへの批判、被害に対する権利の回復と共同の責務としての回復のための共同作業を求めることなどを提起している。"PRONUNCIAMIENTO DEL FEMINISMO COMUNITARIO EN LA CONFERENCIA DE LOS PUEBLOS SOBRE CAMBIO CLIMATICO," 2010. 4. 22.

＊3　Morales, Ayma Evo, Hacia Una Declaración Universal de los Derechos de la Madre Tierra, DE LOS DERECHOS DE LA MADRE TIERRA, Nueva York, 2002.

＊4　Choquehuanca Céspedes, David, "Hacia la reconstrucción del Vivir Bien," ALAI No. 452, 2010, pp. 8–13 より一部抜粋。長い引用であるがボリビアの先住民族運動の理念を共有するためには不可欠であると考えて紹介した。

＊5　「民衆合意」については、「開発と権利のための行動センター」のブログを参照のこと（http://cade.cocolog-nifty.com/）。

＊6　ティプニにおける社会紛争については、「開発と権利のための行動センター」のブログを参照のこと（http://cade.cocolog-nifty.com/）。

あおにし・やすお：開発と権利のための行動センター

ノーベル平和賞を受賞した，グアテマラ先住民族のリゴベルタ・メンチュウさんの来日．
左は上村英明氏（1993年，写真提供：上村英明）

Column

COP10で一緒に仕事をしたけれど……

越田清和
ほっかいどうピーストレード
事務局長

市民外交センターのことを初めて知ったのは、私が札幌で「世界先住民族会議」の準備に関わっていた一九八八年か一九八九年のことだ。この「世界先住民族会議」（実行委員長は萱野茂さん、事務局長は計良光範さん）は、アジア太平洋資料センター（ＰＡＲＣ）が中心になって進めた「ピープルズ・プラン21世紀」の一環として、札幌と二風谷、釧路を移動しながら行われた。

この会議に参加した市民外交センターのメンバーの紹介で、一九八九年の秋、私は上村さんに会っている。先住民族会議の準備をする中で、国連で準備されている「先住民族の権利宣言」や「土地の権利」に関する文章などを読み、先住民族の権利について手探りでまなび始めた頃だったので、上村さんの話をきいて「同じようなことを先にやっている人がいるんだなあ、さすが東京だ」と思った記憶がある。

私はその後フィリピンに行き、先住アエタ民族の調査と支援を行い、一九九三年から東京のＰＡＲＣで働くことになった。その頃には上村さんだけでなく事務局の高瀬喜代江さんに会うことも多かった。だから、何となく一緒にやっている仲間だと思ってきた。

でも、市民外交センターがどんな活動をしているのか、本当のところ、よくわかっていなかった。国連の先住民作業部会など人権諸機関にアイヌ民族の代表を送るための支援をしていることは知っていたが、どう関わっていいのかよくわからなかった。

一九九〇年代の初めには「先住民族の10年市民連絡会」の活動が始まり、市民外交センターもその活動に巻きこまれていくので（というより、市民外交センター抜きの「10年連絡会」は考えられない）、この二つが、私の中で「一緒の仲間」になっていったのである。私も、もう少し活動に関わりたかったが、何しろＰＡＲＣの仕事だけで精一杯でなかなか一緒に何かすることができなかった。

Column

そんな私が、市民外交センターと一緒に活動し、独自の活動についてきちんとわかったのは、二〇一〇年一〇月に名古屋でCOP10（生物多様性条約第一〇回締結国会議）が開かれた時、その会議に参加するため世界中からやってきた先住民族の受け入れをした時のことだ。生物多様性条約のプロセスに関わってきた「生物多様性国際先住民族フォーラム（IIFB）」から日本での受け入れを要請された市民外交センターが、誰かコーディネーターをやれるヒマな人間はいないかと周りを見渡し、私に白羽の矢（？）が立ったのだ。

この仕事は面白かった。一〇〇人を超える（最終的には一八〇人近くになった）先住民族を受け入れるために、ビザ発給のための招待状や身元保証書を書いたりすることから始まり、ホテルの予約、IIFBの戦略会議の設定などなど、事前の準備が大変だった。上村さんや木村真希子さんと何度も名古屋に行き、名古屋で手伝ってくれる人たちと打ち合わせをした。戦略会議の会場選びもうまくいき、COP10に参加した先住民族が歌や踊りで楽しんだIIFBのレセプションもいい雰囲気だった。

COP10会議中は、毎日「COP10先住民族ニュース」という速報を出した。市民外交センターの人たちや青西靖夫さんを中心に「取材班」をつくり、会議での議論、IIFBの主張などを素早く紹介したが、いろんな人に「いいですね、すごいですね」とほめられた。

私はコーディネーターだったが、ものごとを大雑把にしか考えないというイイカゲンな人間なので、市民外交センターの優秀なスタッフに頼りきりだった。でも、楽しく大きな仕事をやり遂げたという自負はある。

市民外交センターと自分の関係は、いまだによくわからない。まあ「仲間」ということでいいか。

第10章

インタビュー

「先住民族の権利」活動にかかわって

親川裕子＊沖縄大学地域研究所特別研究員

聞き手：上村英明・木村真希子

ウチナーンチュ同士が分断されないために

親川　私が先住民族問題にかかわり始めたのは二〇〇〇年の沖縄サミット[*1]の頃からです。沖縄サミットにあわせて、市民外交センターの主催した国際人権法ワークショップ「サミットをこえて――オキナワを国連へ」が名護であった。私もぶらっと行ってみたら、会場が予約ミスでなんの準備もされていなかった。

木村　そうでしたね。

上村　急ごしらえで空いた場所に会場を設営することにし、一緒にいす運びとかしましたね（笑）。

木村　上村さんが「こういうのが市民運動なんだ」と言っていたのを覚えています（笑）。

親川　みんなでフロアにいすと机を出し、隣のホールでは絵本の読み聞かせ会か何かをやっていて子どもたちの声が響いていて、そこで上村さんと阿部浩己[*2]さんが話された。

　私は両親から全くウチナーグチを教わらなかったんです。上手な日本語を使って学校を出ることが正しい道だと言っていた。けれども、たまに祖母のうちに行って話をして「おばあ、何言ってるの」と言ったら「裕子はウチナーグチはわからんからね」と日本語で言い直されるとき、ウチナーグチを知らなければ祖母と会話ができないなと思って悲しい思いをした。私のいとこたちは祖母のうちの周辺に住んでいるから、わかる。私の父は沖縄

＊1　本書九五ページ参照。

＊2　一九五八年伊豆大島生まれ。神奈川大学教授。専門は国際法・国際人権法。著作には以下がある。現在、日本平和学会会長、国際人権法学会理事長を務める。『抗う思想／平和を創る力』（二〇〇八）、『テキストブック国際人権法第3版』（共著）（二〇〇九）、『国際法の暴力を超えて』（二〇一〇）。

北部の山原（やんばる）で生まれ育って、ヤンバラー、ヤンバラーとばかにされた経験から、子どもたちにはそんな苦労をさせたくないという両親なりの教育方針だったんです。今はその気持ちは本当にわかるけれども、ウチナーグチを知らないことで自分の足元がぐらついている感じはぬぐえませんでした。

大学四年生だった一九九七年に名護市へのヘリポート移設の問題が起こり、地域が基地問題で分断されるところを見た。私は普天間基地がある宜野湾市で生まれ育ったので、名護の自然環境の中に基地が移るというのは異常だと思っていて、住民投票*3にもかかわっていました。基地への賛成・反対で名護が分断され、学生のあいだでもあの子はどこどこでアルバイトをしているから賛成派だよとかというのがあって、友達関係もおもしろくなくなっていたんです。

大学を卒業後は普通の会社員をしていて、運動からは離れていたんですけれども、社会人二年目のときにあのワークショップに出て、先住民族の権利というものが自分の中にすっと落ちてきた。基地賛成・反対でウチナーンチュ同士が分断されずに米軍基地をなくす運動を考えるうえで、国際人権法や先住民族の権利がヒントになるんじゃないかと思った。

上村　沖縄では五月一五日の沖縄本土復帰記念日や六月二三日の「慰霊の日」（沖縄県が制定する記念日で、沖縄戦において日本軍の組織的戦闘が終結した日とされる）には、ヤマトから労働組合の人が行ったりする。私から見ても、何でヤマトンチューの人がこんなにいっぱいいるのという感じがある。親川さんが参加したワークショップでも、私だって阿部さんだってヤマトの人間だったじゃないですか。

親川　運動をしているヤマトンチューは、運動をしたいから沖縄に来ているわけですよね。でも沖縄の人たちはやりたくてここにいるわけじゃない。やらないという選択もあるはずなのに、「沖縄の人も、もっと頑張ってくださいね」とヤマトンチューに言われ（笑）、反論する気にもなれないというか。だからあのときも、上村さんという人がまた説教しに来ているんだねという気持ちはあった（笑）。だけど話を聞いているうちに、この人が言っていることは今まで聞いた話と全然違うぞと思った。

*3　一九九七年一二月二一日に名護市で実施された、米軍のヘリポート建設の是非を問う住民投票。建設賛成が約一万四〇〇〇票に対し、反対が約一万六〇〇〇票と上回った。比嘉哲也市長（当時）は基地建設を受け入れ辞任し、翌年実施された市長選で当選した岸本健男市長は一九九九年一二月に、普天間飛行場移設を条件付で受け入れた。

上村　最初に会ったとき、親川さんは車の販売をしていて。ばりばり反基地運動をやっている人ではなくて、大学を出てきちんと仕事をしている人が来てくれるのはすごくうれしかった。いす運びまでさせられたのに怒りもせずに（笑）。

親川　一九九七年の住民投票は反対派が勝ったんだから辺野古に基地はできないと思ったんです。だから、やることは終わった、運動から離れて社会人として仕事をやっていこうと思ったのですが、サミットのときにうさん臭いなと思った。自分の中にあったサミットに対しての違和感が、あのワークショップで「あ、これだな」と腑に落ちたんです。サミットで世界各国の首脳が来るから営業を自主規制してくださいと言われて、会社が四〜五日間休業になった。そのときにちょうどワークショップの後の懇親会で、右に阿部浩己先生、左に上村さんに挟まれて「国連には先住民作業部会というものがあるよ。一度行ってみない？　だれでも行っていいんだよ」と言われた（笑）。サミット景気に沸いて半狂乱のウチナーンチュとは真逆なことをしたいなと思って、作業部会に行くと決めて仕事を辞めたんです。

運動にもいろいろなやり方があるはず

親川　私はシュプレヒコールを上げる反対運動というのはとても嫌で、名護の住民投票のときにも、「命どぅ宝・ウーマンパワーズ（やる気ーず）」を名乗って、女性たちなりのやり方で、シュプレヒコールを上げない、労組の旗はないという運動のあり方をつくっていた。運動にもいろいろなやり方があるはずと思っていた。「何で沖縄に基地はこんなにいっぱいあるの？　私たちの人権がじゅうりんされているのではないの？」ということを考えるきっかけ、そしてウチナーンチュ同士が争わなくていい運動のあり方として、国連への参加は有効なのではないかと思ったのです。それから二〇〇〇年の国連先住民作業部会に行って、沖縄の問題は日本の中にいると特殊に見えるけれども、国際的な見地から俯瞰すると普遍的なことなんだと改めて感じました。沖縄の反基地・平和運動に国際法を活用するという新しい方法が有効だと感じて、琉球弧の先住民族会（ＡＩＰＲ）の活動に参加するようになりました。

普天間の近くにずっと生まれ育って、基地があるのが当たり前でしょ、基地はなくならないでしょ、どうしようもないんじゃないのと思考をとめてしまうことは私にとっては決して気持ちが晴れる決断ではないんです。何かできるんじゃないか、こんな方法はどうかな、ここではちょっとシュプレヒコールでも上げておくか、ここでは県庁座り込みに加わっておこう、そして国連の作業部会にも行って国連を活用してみようか、新聞でウチナーンチュの皆さんにいろいろ伝えたいねとか。

『けーし風』[*4]という雑誌に関わっているのですが、そこでも記事を書きたいねとか。ここ一〇年、AIPRの活動を通していろんな人とつながって、伝えられるチャネルがいろいろ見えてきたと思います。

同じウチナーンチュ同士でも、先住民族の権利と言ったら引いちゃう人が多い。そういう人たちといっしょにやっていくために、どういう言葉で伝えていけばいいのか。難儀だけれども、やっていかないといけない。弁護士さんでも、国際法とか国際人権法の意識は

親川裕子（おやがわ・ゆうこ）
1975年普天間基地を抱える宜野湾市出身．1998年名桜大学卒業後，自動車販売会社に営業として就職．2000年市民外交センター主催の国際人権法ワークショップに参加以降，NGO「琉球弧の先住民族会（AIPR）」の活動に関わる．2008年沖縄大学大学院修士課程修了．地域研究修士号取得．現在，沖縄大学地域研究所特別研究員・非常勤講師．新沖縄フォーラム刊行会議季刊誌『けーし風』編集委員．豊見城市教育委員会文化課にて地域史の仕事に携わる．

＊4　一九九三年に沖縄で創刊された市民派の季刊誌。発行母体は新沖縄フォーラム刊行会議。

必ずしも十分ではないとどこに行っても感じます。沖縄弁護士会の法曹の人たちに対して私たちの主張を伝えていくことも、取り組みたい課題です。真喜志好一[*5]さんとかは、AIPRがやりたいことをわかっている。だから、西表島の海辺を高額納税者が全部買い取ってリゾート地域にしようとしている問題では、訴訟のなかで買い取りに反対する原告の論拠として先住民族の権利を使ったりし始めている。COP10をきっかけに、沖縄の環境保護運動の人たちがAIPRと連携するようになったり[*6]、ここ二、三年、AIPRに関心を寄せている人たちがすごく増えたと思います。民主党政権以降の沖縄をめぐる一連の問題が、いいきっかけだったんじゃないのかな。

上村　先住民族と言うと引いちゃう人が多いというのは沖縄では本当にそうだと思います。その点、親川さんはジュネーブの先住民作業部会に行ったし、二〇〇一年にダーバンで開催された国連の反人種主義・差別撤廃世界会議も行ったし、その後ニューヨークでの女性差別撤廃委員会（CEDAW：女性差別撤廃条約の実施を審査する委員会）にも行って、すごいフットワークが軽いですよね。

親川　多分、何も考えていないんだと思います（笑）。直感で動くんです。それで後から、多分こういう理由で行ったんだろうなと自分で問い直すんです。

私のやっていることを伝えたかった

親川　AIPRの活動にかかわるようになって、作業部会に行ったりダーバン世界会議に行ったりするうち、わかったつもりだった先住民族の権利についてちゃんとわかっていなかったと感じるようになった。意気込みだけではなく知識も必要なんだ、大学院に行って勉強しようと思った。ジェンダーの勉強をしに東京の大学院に行こうとも考えたんだけれども、なぜか沖縄大学の大学院を選びました。修士課程の一年目は新崎盛輝[*7]先生のもとで沖縄現代史や歴史などを勉強させてもらって、新崎先生が退官された二年目は屋嘉比収[*8]先生が指導教員を引き継いで下さって、修論を書いた。私は大体いつも直感で動いて、後から「ああ、そうだったんだな」ということが多いんです。そのときも沖縄以外の大学院に行かなかったのは、新崎先生、屋嘉比先生のもとで修論を書くことで、AIPRがやってい

＊5　一九四三年那覇市生まれの建築家。沖縄の市民運動・環境保護運動に深く関わっている。主な建築作品は、佐喜眞美術館、壺屋焼物博物館など。

＊6　本書九七―九九ページ参照。

＊7　一九三六年東京生まれのウチナーンチュ。沖縄大学名誉教授。歴史学者であると同時に反戦・平和運動家。主著は『沖縄現代史』（一九九六）、『現代日本と沖縄』（二〇〇一）など。

＊8　一九五七年糸満生まれ。日本近代思想史や沖縄学を専攻する一方、『けーし風』編集委員を務めた。主著は『沖縄戦、米軍占領史を学びなおす』（二〇〇九）、『「近代沖縄」の知識人』（二〇一〇）など。

ることを沖縄の有識者とか学問的権威の方々に伝えたかったから大学院に入ったんだと後からわかった。

修論の中間発表とかでいろいろな先生から質問されると、自分自身がわかっていない、こう答えたいのに言葉が出ない、理論武装ができていないと、正直、泣くことが多かった。私は正しいことをやっているじゃないの、何であなたたちはわからないのと(笑)。「研究者め！」みたいな気持ちはあったんですけれども、大学院はあくまでも研究の現場であって運動の現場ではない。やっぱり、そこで通じる言葉が必要なんだ。じたばたして考えて、泣いて、わめいて、伝えたいことがこれなのに何で伝わらないのかなという経験をさせてもらった。そのうち、先生方が逆に「親川さんの言いたいことはこういうことなんじゃないの？」とわかってくれるようになった。それと同時にAIPRの活動がすごく客観的に見えてきて、何が弱いなとか、これでいいんだとかというのを確認させてもらった大学院の二年間だったなと思います。

先住民族の権利と女性の人権

親川　私自身は、二〇〇九年にCEDAWに行ってから、先住民族としての沖縄人の権利と沖縄人女性の問題に関心をもつようになりました。

一九八五年に、沖縄の女性たちはナイロビで実施された第三回世界女性会議[*9]に行っているんですよね。沖縄の女性たちが国際社会に訴える活動というのは歴史があったんです。戦前・戦中・戦後、女だからといって義務教育の小学校・中学校に行けなかった沖縄の女性たちが、NPOの支援で設立された夜間中学校で学んでいます。彼女たちは女だからといって学校教育を受けられなかったため日本語を学べず、役所に書類を届けるのにも、結婚して子どもができてPTA活動に参加するときも、読み書きができないからとても苦労した。女性差別撤廃条約の第一〇条にあるように、教育の権利は保障されるべきだと思います。それは戦後補償という意味だけではなく、人として当然の権利なんです。

自動車の販売会社を辞めたあと、AIPRの活動をしながら市町村の女性行政にかかわる仕事を四年間しました。戦後六〇年たっても解決されない沖縄の人権じゅうりんと、殴

＊9　女性の地位向上を目的として国連によって開催された世界会議のひとつ。

られても夫にしがみつかなければ生きていけない妻の状況とが、共依存という意味ですごく重なってみえた。男女共同参画社会基本法では守ってもらえない女性の人権の活動があるんじゃないか。それで、マイノリティ女性にとっての複合差別[*10]の問題をもう少し考えたいと思っています。複合差別という観点から、沖縄における先住民族の権利とジェンダーの関係をどのように語ることができるのか。たとえば、沖縄には、風葬にした遺体を墓に納め、数年後に骨を洗ってまたお墓に入れるという洗骨の風習がありましたが、沖縄の女性たちは一九五〇〜六〇年代に洗骨廃止運動を推進した。洗骨が沖縄の伝統だと言えたとしても、洗骨をするのが女性の役割だった。肉親、とくに自分の子どもの場合は精神的に非常につらく、そうしたこともあって洗骨を廃止し火葬にする運動をしたのです。いま私から見れば当然ですが、沖縄の男性には、こうした女性の運動が沖縄の伝統を失わせるように感じる人もいます。

　季刊誌『前夜』で連載されていた目取真俊[*11]の『眼の奥の森』（二〇〇九）という小説があります。戦後すぐ米兵にレイプをされて精神異常を来してしまう女性（小夜子）が、戦後五〇年後、六〇年後になって精神病院の中で初めて自分が受けた被害を語れる状況になるというストーリーです。現実にも、沖縄戦のトラウマをその直後には語れなかったけれども、時間を置くことによって自分の中で整理できて、やっと語れるようになった女性たちがいる。いま精神科医の蟻塚亮二先生、女性史家の宮城晴美[*12]さん、ジャーナリストの山城紀子[*13]さんたちが、そういう実態調査を始めようとしています。被害が多ければ多いほど、重ければ重いほど、傷が深ければ深いほど、語るためには時間と場所が必要。安心・安全で、聞き手にそれを聞ける知識と態度がないと語れない。

　沖縄の女性問題というと、どうしても米軍基地、軍人・軍属からの性被害がクローズアップされてしまうけれども、それだけではなく、琉球・沖縄の伝統文化のなかで女性がどのように位置づけられてきたのかを、先住民族の権利とジェンダーという視点から整理していきたいなと思っています。

できる人が、できる範囲で

＊10　社会的弱者は、複数の差別（人種・民族・階層・障害・性など）を経験していることが多い。とくにマイノリティ女性の複合差別は深刻である場合が少なくない。

＊11　一九六〇年今帰仁生まれ。小説家。一九九八年芥川賞、二〇〇〇年川端康成文学賞を受賞。代表作に、『水滴』（一九九七）、『魂込め（まぶいぐみ）』（一九九九）など。

＊12　沖縄出身の女性史家。主な著書に『母の遺したもの』（二〇〇八）など。

＊13　沖縄出身のフリージャーナリスト。

親川　市民外交センターという存在があったからこそ、多分ＡＩＰＲも続けてこられたんだと思うんです。財政的な支援はもちろんのこと、人的なサポートがある。

　市民外交センターは、専従スタッフが常駐する事務所とかないじゃないじゃないですか（笑）。本当にみんな手弁当で頑張っているというのがあるからこそ、やっぱりここまで来られたんだと思います。逆に、ちゃんとした組織であったら体制側や右翼の攻撃の対象にもなりやすいし、崩しやすいわけですよね。だけれども、そうじゃないからこそ柳のようにしなやかに風に吹かれて、できるときに、できる人が、できる範囲でやっていくという、がちがちの運動ではないところがある。

　ＡＩＰＲも、確固とした組織がないふわーんとしたもので、だからこそいろいろなやり方をみんなが尊重して認めていける。沖縄からいろんな人が国連の会議に行って、上村さんから学んだ宮里護佐丸さんたちが沖縄に帰ってきてと、人が出入りすることによって血流が回っているというか、動脈硬化を起こさずにやってきたというのがあるかなと思う。先住民族としての沖縄の権利を主張するけれど、がちがちの沖縄独立論というわけではない。だから、ＡＩＰＲは何が目的なのかよくわからないのよねとかと言われるんですけれども（笑）。でも、国連や自由権規約委員会の日本政府に対する勧告や質問を引き出すのに貢献するといった成果をだしていけば、わかってくれる人たちはわかってくれる。それが、やっぱりＡＩＰＲの強みで、市民外交センターというお手本があったからだと思う。今までの運動のやり方とは違うからこそ、私も続けてこられたと思うんですよね。そういう意味で、いろいろなことを学ばせてもらったかなと思う。市民外交センターの蓄積が、やってきたものの経験値が、ＡＩＰＲはできて一〇年ぐらいですけれども、二〇年おくれで伝わっている部分はあるのではないかなと。

　正直、問題を探して歩くようなことはしたくないんです。どこかに差別問題がないか、常にだれかを心配して歩くような人にはなりたくない。でも何かが解決したときに、また新たな課題が生まれるんだろうな。思考をとめてはいけない。気づいたら目をつぶることはできないな、だったらやっていくしかないなと思っています。

東アジア批判的雑誌会議（二〇一二年六月、ソウル）での親川氏（右端）〈写真提供：親川裕子〉

言葉が鍛えられ、人がつながっていく

親川　今年（二〇一二年）の沖縄の平和市民連絡会[*14]の総会での、新崎盛輝さんの基調講演がすごくおもしろかったんです。彼は戦略目標として「東アジア地域における沖縄の役割」を挙げた。東アジア地域における沖縄の役割、中国と日本との橋渡し的な役割が必要なんじゃないか。沖縄は歴史的主体として、共同体意識を持っている存在なんだ。民衆の自己決定権、平和と自治、自己決定権を行使できる琉球・沖縄人の主体性が重要だ。ユーゴスラビア、ボスニア・ヘルツェゴビナとか、ソ連邦が崩壊したときに独立国になった地域からその後の状況を学びながら、自分たちの立ち位置を考えていこうではないか、みたいなことを言ってくれてたんです。[*15]これはＡＩＰＲがずっと言ってきたことだと思いました。沖縄を代表する知識人のひとりである新崎先生の立場が、私たちと近くなったんですよね。こうやって人はつながっていくんだなと思っています。

新崎さんは二言目にはいつも「後期高齢者になったから、これからは一歩引いて最後の本の執筆に取りかかろうかなと思っていますよ」とかと言うんだけれども、一方で池宮城紀夫先生というもう七〇歳近くになる弁護士の先生は「六五歳を過ぎた皆さんは座り込んでください。みんなで逮捕されに行きましょう」と。暇と時間があるんだから、高齢者がやれと（笑）。その裏には、自分たちの世代が復帰を選択したことのけじめをつけようとしているのかなと思うんです。

沖縄の問題は、復帰にしろ何にしろ、総括されていないとよく言われます。総括しようとしたときに新たな問題が起こるから、みんな走り続けてその時間がないわけです。環境アセスメントの問題に取り組まないといけない、西表島のリゾート訴訟にかかわらないといけない。そうやっていろいろな人たちがいろいろな問題に取り組みながら、ＡＩＰＲはその大もとの琉球・沖縄人としての自己決定権を国際人権法を使って人々に訴えていく。それで、国連や国際社会からの勧告や意見を引き出して国内の法制度にフィードバックさせるために、法曹界の人たちや一般市民とつなげる。これから私はそういうメッセンジャー的な役割になりたいと思っています。市民運動の言葉や国際人権法の言葉を、多くの人

＊14　沖縄から基地をなくし世界の平和を求める市民連絡会（略称：平和市民連絡会）。反戦、反基地、人権、女性、環境の問題にとりくむ団体と個人によって構成される。

＊15　『新崎盛暉が説く構造的沖縄差別』（二〇一二）でも、ＡＩＰＲによる国連への働きかけの意義が述べられている。

に伝えられるように翻訳していく。そういう中で私自身も言葉が鍛えられていくし、人がつながっていく。いろいろな媒体を通して、ここではここまで言おうとか、ここではそういう言葉では通じないから別の言葉に置きかえて表現しようとか、八方美人になってしまうかもしれないけれども結果的に通じたらいいんじゃないかなと思っています。そういう意味で、これからもいろいろな人といろいろな会話をしてつながっていきたい。

知念ウシ[*16]さんがおもしろいことを言ってくれたんですけれども、私はできるだけけんかはしたくないんだよねと話したら、親川さんはいつも逃げているからだめなんだよと言われたんです。どうせナイチャーが聞いてくることは決まっているから、空手の型のようにこう来たらこう返すというのを学べと言われたんです。それで、なるほど、こういうやり方もあるんだな、ウシさんのやり方はこうなんだなとわかりました（笑）。常に他力本願で、だれかの陰に隠れているタイプの私は私のキャラクターに合わせて運動をやっていこうかなと思っています。

沖縄の選挙はいまだに保守・革新の対立の構図がはっきりしていると言われますが、保守側は日本青年会議所などをつうじて若手をどんどん育てている。一方で革新側に人材が育っていないから、県知事選挙にも宜野湾市長選挙にも伊波洋一を出馬させないといけない状況になっていると思う。だから、若い子たちがどんどん鍛えられる場をつくっていきたい。上村さんの指導する大学院生として学んだ平良識子[*17]さんは、いま那覇市議会議員として活躍しています。この本でコラムを書いている我如古朋美さんも上村さんの院生です[*18]。私も、金銭的にも知識的にも理論的にも若手をサポートをするような立場になっていきたいと思っているんです。自分が前に出ないといけないときは出ないといけない。でも若手にも場を与えていく。以前、沖縄大の屋嘉比さんが「親川さん、国際会議にどんどん出てください。どんどんじたばたして右往左往して、もまれていくことで練られていくので、ゆっくり焦らずやっていってください」と言ってくれた。今度は自分が若い人にそう言ってあげられるようになり、その中で自分も育っていきたいと思っています。

*16 那覇市生まれのライター。著書に『ウシがゆく――植民地主義を探検し、私を探す旅』（二〇一〇）など。

*17 一九七九年生まれ。沖縄国際大学卒業。恵泉女学園大学大学院修了後、二〇〇五年から那覇市議。ＡＩＰＲのメンバーでもある。

*18 本書一八六ページ参照。

自分の中に遊びを持ちながら……

木村　裕子さんは『けーし風』の特集を企画したことがあったじゃないですか[*19]。でも、あのときは親川裕子じゃなくて「普天間航」という別の名前を使っていたから初めは気がつかなくて、「だれがこんな特集を」と思っていたら裕子さんだった（笑）。あれは何でペンネームを使ったんですか。

上村　文章を読んだときに、何でこんなにわかっているのかと思った（笑）。

親川　あのときは外資系企業にいたから、ちょっと遠慮しましたね。それで使った覚えがある。たまには、そういうのも楽しいんじゃない。車と一緒で、ブレーキもアクセルも遊びがなかったら急発進・急停止してしまうじゃない。自分の中に遊びを持ちながらなよなよしてやっていくのが私のスタンスかなと思っています。

上村　今日の親川さんの話を総合すると、市民外交センターは今のままでいいんじゃないという結論になっちゃう（笑）。

親川　いいんじゃない。だめなの？（笑）

上村　案外、自由構造はいいのかもね。

親川　今、団体に所属することに抵抗を持つ人は多いじゃない。でも、市民外交センターと名乗って活動しているのは少数精鋭の限られた人たちかもしれないけれども、それに賛同している人はすごくたくさんいると思うんだよね。

木村　確かに、今のＡＩＰＲのあり方もそういう感じですね。

親川　だらだらやるんじゃなくて、ちゃんと成果を引き出すために戦略を持ってやるときはやる。ＡＩＰＲもとても自由構造的だけれども、何かをやるときにばしっと固まってやるので、それでいいと思うんですよね。年がら年じゅう活動に追い回されるんじゃなくて、たまに少し忙しくなるときに頑張るかみたいな。

木村　そういうのが一年に一回とかあったら上出来ですよ。

親川　みんなが疲弊していったら相手の思うつぼだとも思う。体制側は私たちに崩れてほしい、なくなってほしいと思っているはずだから。それとも何とも思っていないか、どっちかだと思います（笑）。

二〇一二年四月一五日

＊19　「特集　国連勧告をめぐって　脱植民地主義と沖縄の自己決定権」『けーし風』第六七号（二〇一〇年六月）。

AIPP 総会（2012年）．左は AIPR の当真嗣清氏（写真提供：木村真希子）

Column

アイデンティティとルーツを辿って

我如古朋美
恵泉女学園大学大学院

私は大学時代、日本語教師を目指し台湾に教育実習を受けに行った。そして担当の先生の紹介で一人の台湾原住民族と話す機会があった。原住民族の方は日本語の教師を目指す琉球人（ウチナーンチュ）を見て「貴方は日本人なの、それとも琉球人なの」「アイヌと琉球は何が共通しているの」と質問をしてきた。自らの言葉である琉球語を話せないこと、また話せない原因になってしまった言葉を他国に教えようとしている私。そんな琉球人に対し、何かに気づいてほしくて彼が発した言葉だった。そのことがきっかけで、私は自らのアイデンティティについて考えるようになった。自信を持って「琉球人」だと言いたい。しかし「琉球人だ」と言えない自分がいた。祖父母たちとはあきらかに違う。また、父母たちとも違うということを世代を通して感じた。琉球語も話せない、沖縄の歴史や宗教、文化についても知らない。日本の教育を受け育った私は、中身は琉球人でありながら、外は日本人という何かに覆いかぶされ作られたもののように感じた。だからこそ心の中で葛藤があった。

言葉を教えることで、教える側も学習者もいろんな人の様々な意見を聞いたり話をして相手を理解することができる。それは、平和に繋がる一つの手段である。それと同時に言葉というものがコミュニケーションだけではなく、その民族の文化や宗教など、これまで辿ってきた歴史や知恵、想い（感情？）を含むものであると強く感じた。私はこのような経験を通して、民族の根幹である言葉を失うことは土地との繋がりが薄くなることにも繋がるのだと強く思った。自分の生まれ育った村々や沖縄全体として共通する言葉がある中で、私の住む沖縄の場合、琉球語ではない他の言語を公用語として強制されている。考えれば考えるほど、とても複雑な思いになった。

沖縄で生活していれば、日本人と琉球人の違いも、沖縄の文化に関してもさほど意識することはない。しかし進学のため沖縄を出て生活することで、周りの日本人との違いに気づき琉球人であること

Column

をはっきりと意識するようにもなった。そこで、唯一自分に残された沖縄の訛りがなくなってしまうのではないかという恐怖が生じた。沖縄の中で生活していれば感じなかっただろう。そして大事なことに気づいた。それは、沖縄の文化が私の心の支えになっていたということ。沖縄の文化や歴史の中で自分が作られているのだから、自分の核の部分で沖縄が消えることはなかったのだ。

街を歩いていて沖縄の言葉が聞こえれば、「琉球人ルヤガヤー?!（琉球人かな?!）」と親近感や安心感を持つ。三線の音が聞こえるとカチャシー（庶民の元気踊り）したくなるし、エイサーを見れば肝ドンドン（胸がドキドキ？ 血が騒ぐ?）する。それは、生まれた時から育まれてきたものであり、教育として後から覚えこまされたものではない。教育は、後から変えることはできる。しかし、文化は体の一部になっていて変えることはできない。沖縄の自然の中で育ち、文化の中で育まれたものが、結局自分というものを形成しているのだということに気づかされた。

今まで自分の言語や文化、歴史などに無関心だった私は、このような経験を経て「郷土文化は宝」なのだと感じた。またそれと同時に自分のルーツを見つめ直すことの大事さというのを感じた。アイデンティティや言語、文化などについて考えることが、今こうして人権活動をおこなうことに繋がっている。沖縄は同化が進み、日々日本化している。私は琉球人というアイデンティティを持つことによって、今まで見えなかったことが見えてくるようになった。言語や米軍基地問題をはじめ沖縄の様々な問題は過去から現在に大きく繋がるものであり、一つのことから枝分かれして派生している。はっきり言えば、人権問題と密接にリンクした民族問題と言えるかもしれない。今後私たち琉球人が行動していく中で、一人一人のアイデンティティが問われるだろう。失いかけているものに対して、失ってから気づいては遅い。失う前に気づき、守っていかなければいけないのだ。

1993年の国際先住民年の開会プログラムの一環として、国連経済社会理事会でパフォーマンスを披露するフィリピンの先住民族（1992年12月：UN Photo/John Isaac）

第11章

論考

先住民族の自己決定とグローバリズム

オーストラリアからの示唆

塩原良和

1　グローバリズムへの抵抗としての先住民族の権利

二〇〇七年九月、「先住民族の権利に関する国際連合宣言（以下「権利宣言」とする）」が、国連総会において圧倒的多数の賛成で採択されたことは、先住民族の権利運動にとっての大きな進展であった。本書の第5章でも述べられているように、日本政府も賛成票を投じ、一九九七年のアイヌ文化振興法の成立以来停滞してきた「総合的なアイヌ政策」の整備の機運が高まった。しかし、日本政府は権利宣言に示された先住民族の権利を承認し法制化することにいまだに消極的である。とりわけ同宣言の要である「自己決定権」やその基盤となる「土地権」を日本でどのように具現化していくかについては、政府内においても学会・言論界においてもほとんど議論が進んでいない。*1 日本におけるもっとも知られた先住民族であるアイヌ民族のあいだでも、国内における差別や貧困、不平等の是正を求める運動の文脈において、自己決定権や土地権の要求が前面に押し出されたことは少なかった。

では、先住民族にとって自己決定権や土地権がなぜ重要なのか。先住民族とは、祖先の土地（ホームランド）を植民地化によって収奪された人々の末裔である。多くの場合、植民者たちが形成した国民国家の政府が規定した私的所有権の枠組みによってホームランドは奪われていった。それゆえ先住民族がホームランドを回復するためには、従来の個人の私的所有権とは異なる集団的権利としての土地権、あるいはそのような権利が発生する根拠を意味する概念である先住権原が認められることが必要である。[*2] また、先住民族の文化やアイデンティティはホームランドと緊密に結びついていることが多いため、外部の人間が勝手に土地を開発できないようにしなければ、先住民族は文化やアイデンティティを守ることができない。もちろん、今日ではホームランドを離れて暮らす先住民族も多いし、ホームランドで暮らす人々でさえ、植民者の社会とのハイブリッドな文化やアイデンティティを形成している。そうだとしても、祖先の土地との関わり方を自分たちで決める権利をもつことは、植民地化された社会で生きる先住民族が文化・アイデンティティ・生活様式を自己決定する権利を意味するがゆえに重要である。

だが先住民族がホームランドを維持したり、(今日のオーストラリアのように) かなりの土地が先住民族に返還されても、問題は解決しない。先住民族は植民地化された歴史のせいで、雇用やビジネスで植民者たちと競争する際に不利なスタートラインに立たされる。いっぽう今日の先進社会では、個人は社会保障や労働政策、あるいは労働組合といった中間集団の庇護から投げ出され、孤立した労働者としてグローバルな市場競争に対峙することが「自立」の名のもとに正当化される傾向が強まっている。そうしたなか、もともと経済社会的に脆弱な立場に置かれてきた先住民族は、社会・経済的にますます排除されやすくなる。すると、経済的困窮ゆえにホームランドを「自発的に」民間資本に明け渡さざるを得ないかもしれない。だが、こうした先住民族の窮状は集団として不平等を被った結果ではなく、個人の「自己責任」とみなされ、正当化されがちである。

それゆえグローバリズムの価値観が影響力を増している国家においては、もともと脆弱な立場に置かれた先住民族が共同体と切り離され、孤立した個人として市場競争に放り込まれることのないように、社会的中間集団としての先住民族共同体を維持し、その社会関係資本によって彼・彼女たちが協働して市場競争に対処できるようにしておくことが重要である。したがってそうした共同体の生活基盤となり、人々のつながりの象徴的な拠り所となるような場所、すなわちホームランドを確保することが必要である。つまり先住民族がホームランドを保持することには、グローバリズムに対する「抵抗の場所」を確保するという側面があるのだ。それゆえ先住民族の伝統的な生活様式が比較的維持されている地域だけではなく、日本やオーストラリアのように資本主義が高度に発展した国々においても、先住民族の自己決定権や土地権の保障は重要な課題なのである。

2 「自決」と「自立」のトレードオフ？——オーストラリアの先住民族政策

先住民族がグローバリズムに抵抗する場所としてのホームランドと、それを担保する権利としての自己決定権と土地権の重要性を問題提起するのが本稿の目的である。しかし現実には一九八〇年代以降広がりをみせるグローバリズムと市場原理主義に順応した経済・社会政策に、不利な立場に置かれた人々が抵抗するのは容易なことではない。[*3] 一九九〇年代までに先住民族の自己決定と土地権・先住権原の承認が一定程度確立したオーストラリアでさえ、先住民族の「自決＝自己決定」権と土地権を保障する制度やその正当性が後退している。そこでは、グローバリズムの影響のもとで先住民族の経済的「自立」への政府・世論の要求が強まった結果、先住民族の「自決」権が実質的に後退するというトレードオフの関係がみられるのだ。

「自己決定」から「格差是正」へ

一七八八年に英国が植民地化を始めて以来、オーストラリアの先住民族（アボリジニ・トーレス海峡諸島民）は、オーストラリアが「無主地（テラ・ヌリウス）」であるというフィクションのもと、暴力による征服、「保護」という名の隔離や同化政策の対象となり、低賃金・無賃労働者として搾取されてきた。しかし一九六〇年代以降、先住民族が差別や同化政策に強く異議を申し立てるようになると、連邦政府は一九七二年に同化政策を転換し、土地の返還と「自己決定」を基本理念とした先住民族政策を採用した。その後の政権においても先住民族の自己決定の保障という方針は実質的に継続し、一九七六年に制定された北部準州アボリジニ土地権法をはじめ、各州で先住民族の土地権が保障された。またこの頃活発になった「ホームランド（アウトステーション）運動」により、同化政策の時代に先祖の土地を離れて町などに移住した多くの先住民族がホームランドに戻って暮らしはじめた。現在でも、北部準州の先住民族人口の多数がホームランドで暮らしている。その結果、連邦政府はそのような先住民族が都市部から離れたホームランドで暮らせるように、住宅や基本的な公共インフラを整備・維持する責任を負うことになった。[*4] 一九八九年には、アボリジニ・トーレス海峡諸島民委員会（Aboriginal and Torres Strait Islander Commission: ATSIC）が設立された。ＡＴＳＩＣは連邦政府が設置した行政委員会であり、選挙によって先住民族を代表する地域評議会と評議員から構成され、連邦政府の先住民族に対する社会福祉サービスの配分や運営を決定する権限が与えられた。[*5] そして「無主地」というフィクションを否定して先住民族の先住権原を認めた一九九二年のマボ判決と、それを受けて一九九三年に制定された先住権原法を経て、オーストラリアの先住民族政策は国際的にみても先進的となった。[*6] また、こうした土地権・先住権原の保障と自己決定政策は、先住民族の貧困を改善するための公的資金の投入や行政サービスの拡充と軌を一にしてきた。長期にわたる社会的排除や貧困によって経済的自立性を奪われてきた先住民族共同体の社会的市民権を回復するために不可欠だったからである。こうして二〇〇〇年代までには、先住民族向けの社会福祉はオーストラリア国家の政策のなかで一定の位置を占めるようになった。[*7]

だが一九九〇年代になると、国際人権規範と福祉国家理念に基づく自己決定政策のもとでは、先住民族の貧困や社会問題の改善が進まないという非難が高まった。[*8] ハワード保守連合政権（一九九六年〜二〇〇七年）では、連邦政府の施策は大幅に後退した。一九九六年には先住権原が拡大する可能性を示したウィク判決があったにもかかわらず、ハワード政権は実質的に権利が縮小する先住権原修正法を一九九八年に成立させた。[*9] 自己決定政策の象徴であったＡＴＳＩＣは二〇〇五年に廃止された。

ハワード政権の最末期である二〇〇七年六月に、「北部準州緊急対応（Northern Territory Emergency Response: NTER）」（一般的には「介入 Intervention」とも呼ばれた）政策が開始された。その直接の契機となったのは、北部準州の先住民族共同体での深刻な児童性的虐待をメディアが報じたことである。ハワード政権は北部準州の労働党政権（当時）にはこの問題に対処する能力がないと非難し、先住民族の子どもの人権を擁護するためと称して連邦政府による介入を決定した。[*10] ただし、このＮＴＥＲ政策は子どもの虐待防止にかぎらず、非常に広範囲にわたって先住民族共同体の生活に介入し、政府の管理下に置くことを目指すものであった。[*11] 指定された先住民族の居留地ではアルコールの売買が大幅に制限され、居留地の入り口にはポルノグラフィの持ち込みを禁止する看板が立てられ、住民の誇りを傷つけた。辺境の先住民族居留地には雇用の場が少なく、住民の多くは何らかの社会保障・福祉給付によって現金収入を得ているが、こうした公的給付を受給者が自由に使用できないようにプリペイドカードで管理する「所得管理制度（income management）」が導入された。

ＮＴＥＲ政策は、政府が指定した土地に住む先住民族全員に、その人が児童虐待をしていようがいまいが、生活能力があろうがなかろうが一律かつ強制的に適用されたため、人種差別的であると強く非難された。そこで二〇〇七年一一月に登場したラッド労働党政権、およびそれに続くギラード労働党政権は、世論や先住民族の反発を抑えるべく軌道修正しようとした。しかし、その後も所得管理制度の差別的側面などが厳しく批判された。[*12]

また二〇〇八年一一月、連邦政府と各州・北部準州・首都特別地域（ACT）政府から構成されるオーストラリア政府会議（Council of Australian Governments: COAG）は、「全国先住民族改革協定（National Indigenous Reform Agreement: NIRA）」を締結した。ＮＩＲＡは先住民族と非先住民族間における、平均寿命、幼児死亡率、教育、雇用などの「格差を是正する（Closing the Gap）」というスローガンを掲げ、就学前児童教育、学校教育、保健衛生、健全な住環境、経済的参加、安全な共同体、ガバナンスとリーダーシップという六つの施策の柱を設定した。[*13] とりわけ北部準州においては、この「格差是正イニシアチブ（Closing the Gap Initiatives）」のもとでＮＴＥＲ政策を二〇一二年六月まで継続していくこととした。[*14]

本稿執筆時点（二〇一二年三月）では、ＮＴＥＲ政策や格差是正イニシアチブの成果を強調する連邦政府に対して、インフラ整備の遅れや先住民族の子どもの登校率の伸び悩み、子どもの自殺の頻発など、投入された公的資金に見合うだけの成果が上がっているかを疑問視する論調がメディアではみられる。[*15] しかしより根本的な問題は、こうした政府の施策がトップダウン式という点にある。NTER政策の導入時に、連邦政府が先住民族と十分協議しなかったことが先住民族側の不信を招いたことは政府の再検討報告書も認めている。[*16] こうした上からの「介入」を正当化するために先住民族が「自立できない個人」と位置付けられたこと自体が、「自分たちのことは自分たちで決める」という自己決定権の侵害であると受け止める先住民族もいた。[*17]

ラッド／ギラード労働党政権でも、先住民族に個人としての「自立」を求める政府の姿勢は変わっていない。[*18] ただしラッド首相は二〇〇八年二月、オーストラリア政府が過去に先住民族に対して犯した不正義を公式に謝罪し、二〇〇九年四月には前任者のハワードが反対した先住民族の権利に関する国際連合宣言に賛成を表明するなど、比較的柔軟な姿勢を示した。NTER政策や格差是正イニシアチブにおいても、現地の先住民族の意向を反映させる姿勢が強調されるようになった。[*19] もちろん、それは依然として形式的なものに過ぎず不十分であるという批判もあった。[*20] しかし重要なのは、先住民族に対するパターナリズムを隠そうとしなかったハワード保守政権とは異なり、労働党政権では、先住民族の自己決定権を真正面から否定することなく自己決定政策の後退を正当化できる論理が強調されるようになったことである。それが、先住民族の自己決定権や土地権は政府が「格差是正」を「効率的に」進めるうえでの障害になるがゆえに、抑制されてもやむを得ないという「規制緩和」の論理であった。

「規制緩和」としての自己決定権・土地権の後退

「規制緩和」の論理は、NTER政策の開始時にハワード政権が「入域許可制度（permit system）」の廃止を表明した根拠となった。入域許可制度は一九七六年アボリジニ土地権法によって確立された制度で、外部の者がホームランドに許可なく立ち入るのを先住民族の伝統的土地所有者が拒否できる仕組みである。そもそもNTER政策は女性や子どもの安全を守ることを目的としていたのに、それと無関係にみえる入域許可制度の廃止がなぜ正当化されるのか。連邦政府はその理由を、先住民族のための子どもの教育や保健衛生の改善のために働く職員や、住宅建設・インフラ整備に従事する建設会社の従業員などが、いちいち許可を取らずにホームランドに入れるようにするためと説明した。つまり「作業時間の節約」という「効率性」の観点から、先住民族の自己決定権・土地権の象徴としての意味をもつ入域許可制度が否定されたのである。[*21] 当然、この決定は先住民族共同体の反発を招いた。[*22] 当事者の圧倒的多数が入域許可制度の再導入を求めたことは政府の報告書も認めている。[*23] そこで労働党は政権をとると再導入を決定した。[*24]

入域許可制度の廃止問題とともにNTER政策では、政府が先住民族の土地を五年間、行政サービスの提供やインフラ整備を名目に強制的に借り上げることを可能にする措置の導入が問題視された。入域許可制度と同様、政府職員や委託業者の社員が、先住民族の土地に自由に出入りできるようにするためという理由であった。[*25] 政府は当初、先住民族に賃料を払うことなく土地を強制的に借り上げる方針であった。のちに賃料を払うことに合意したが、支払いはスムースに進まず、批判を招いた。[*26] そこで政府は、先住民族に自発的に長期間貸し出してくれないかと交渉することにした。[*27] こうした長期に渡る土地借り上げに基づく先住民族向け住宅の整備は、二〇〇八年一一月にCOAGで締結された「遠隔地先住民族向け住宅に関する全国協力協定（National Partnership Agreement on Remote Indigenous Housing: NPARIH）」、およびそれに先立つ二〇〇八年四月に連邦政府と北部準州政府の共同事業として開始され、のちにNPARIHの一部となった「先住民族向け住宅とインフラに関する戦略的プログラム（Strategic Indigenous Housing and Infrastructure Program: SIHIP）」によって進められることになった。[*28] NPARIH／SIHIPは公共事業であり、政府が借り上げた先住民族の土地で民間業者に住宅の改築や新築を行わせた。建設会社を中心としたふたつの企業連合体（「アライアンス（Alliance）」）が結成され、政府からの契約を受注して工事を開始した。

NPARIH／SIHIPの事業が本格化した契機のひとつは、二〇〇七年七月にNTER政策が開始された直後に連邦政府と北部準州政府との間で交わされた覚書であった。この覚書は北部準州の遠隔地における先住民族の住宅状況を改善するために連邦政府が多額の資金提供を約束するとともに、先住民族のホームランドで非先住民族の土地と同様な公営住宅の建設や土地・借地管理を行うことを目指していた。[*29] これまで論じてきた入域許可制度の廃止や五年間の強制的土地借り上げなどの施策は、この覚書と同時期に発表されたものである。つまりこうした施策には、先住民族のホームランドにNPARIH／SIHIP事業のために非先住民族の建設会社が進出し、住宅建設・インフラ整備を円滑に進めるための環境を整備するという効果が結果的にはあった。先住民族の自己決定権や土地権は非先住民族企業がホームランドに進出する際の「障害」とみなされ、それを除去することはいわば「規制緩和」の一環として正当化されたのである。なお、アライアンスによる住宅建設工事が当初の計画通りに進まないことに批判が集まり、またアライアンスを構成する民間企業が公共事業から不当な利益を得ているのではないかという疑惑も報じられた。[*30]

「アーキテクチャ」と自己決定の相克

NTER政策と格差是正イニシアチブは、北部準州のホームランド政策にも大きな影響を与えた。都市から離れた遠隔地のホームランドに住む先住民族の生活は、祖先の土地との確かな文化的・情緒的絆に支えられ、その保健衛生状態は都市の周辺に住む先住民族よりもむしろ良好であったとされる。[*31] にもかかわらず政府は、そうしたホームランドに雇用機会がなく人々が福祉給付に頼って暮らしていることをいたずらに問題視し、かれらの「自立」をうながすためにホームランドを発展させるのではなく比較的大きな町に移住させ、民間の経済活動に就業させて福祉支出を削減し、それと並行して行政サービスやインフラ整備を効率化しようとした。もともとNPARIH／SIHIPは遠隔地にある小規模なホームランドにおける住宅整備を事業の対象にしておらず、もっぱら比較的大きな町で行われることになっていた。[*32] 二〇〇九年五月に北部準州政府が開始した「働く未来（Working Future）」政策では、「テリトリー発展タウン（Territory Growth Town: TGT）」構想が発表された。北部準州周辺の比較的大きな二〇の町がTGTに指定され、政府の予算で住宅や公共サービス（学校、警察署、裁判所、保健衛生施設、インターネット接続等）、インフラ（水道や電気、道路等）の整備が集中的に行われることになった。また小売店などの商業施設も積極的に誘致された。[*33]

こうした措置が、北部準州のホームランドの住民をTGTの周辺に移住させるように誘導していたのは明らかであり、それゆえこの政策が、権利宣言で規定された先住民族の土地権を侵害しているという主張も多かった。[*34] オーストラリアを現地調査した「先住民の人権および基本的自由の状況に関する国連特別報告者」[*35]であるジェームズ・アナヤは、オーストラリア政府の格差是正イニシアチブを一部評価しつつも、先住民族の社会経済的福利のみを追求するのではなく、自己決定権や文化・共同体の健全な発展と両立をはかるべきだという声明を二〇〇九年八月に発表した。そして土地権は先住民族の経済社会的発展や自己決定権、文化の保全にとって根本的に重要なので、かれらが自らの土地を統べる力を強制借り上げなどによって削ぐべきではないと指摘した。[*36]

ただし「働く未来」政策によるTGTの整備が、権利宣言に規定された土地権や自己決定権の直接的な侵害にあたるかどうかは議論の余地がある。先住民族がホームランドに住む権利自体をはく奪しているわけでも、強制的に移住させるわけでもないからである。実際、北部準州政府は先住民族がホームランドに住み続けることに「反対しない」と明言した。だが政府がホームランドに公共サービスをどの程度提供するかは、基本的に最寄のTGTからどのくらい遠いかに応じて決定された。[*37] TGTから近いと判断されれば、じゅうぶんな行政サービスが受けられないことになる。つまりこの政策の狙いは先住民族から土地権を直接奪うことではなく、先住民族が（近代的な意味で）便利な生活をしたければTGTに移住せざるを得ないような物理的条件（この場合は、TGTに行政サービスやインフラ、商業活動を集中させること）をつくりだすことで、かれらがホームランドを離れると「自己決定」するように仕向けることにあった。このような物理的条件を米国の法学者であるローレンス・レッシグは「アーキテクチャ」と呼ぶ。[*38] 政府はアーキテクチャに手を加えればわざわざ法を改正しなくても、政府にとって都合の良いように先住民族たちに「自己決定」してもらうことが理論的には可能なのである。それゆえ、このようなやり方で先住民族の土地権や自己決定権を骨抜きにされないためには、既定路線化した政策を「法や国際条約に違反している」と批判するだけでは不十分である。いったんアーキテクチャが確立してしまえば、弱い立場にある人々がそれに抵抗して「自己決定」するのは難しいからだ。

3 ローカル／ナショナル／グローバルな協働に向けて

これまで論じてきたように、グローバリズムの影響が強い国家では先住民族の自己決定の権利は先住民族の経済的「自立」に対する障害とみなされ、経済・社会政策の「規制緩和」という名のもとにその制度的保障の後退が正当化されうる。しかもこの「自決」と「自立」のトレードオフは先住民族の権利を法で規制して正面から否定することよってだけではなく、社会保障政策、土地政策、雇用促進政策といったさまざまな領域における新自由主義的「改革」をつうじた「アーキテクチャ」の再設定によっても規定路線化されうる。こうした企てによりホームランドを手放してしまえば、もともと経済社会的に脆弱な立場にある先住民族は孤立した個人として苛烈な競争にさらされ、社会的下層へより排除されていく可能性が高い。またナショナルな政策決定過程においてアーキテクチャがいったん規定路線化してしまえば、先住民族がローカルなレベルでそれに抵抗するのは困難である。したがって先住民族の自己決定権を弱めるようなアーキテクチャがそもそも作られないように、ナショナルなレベルの政策決定プロセスに先住民族の意志をじゅうぶんに反映させる必要がある。そのためには、そうしたプロセスに先住民族の意思を代表して参加する組織、すなわち先住民族の全国代表組織の存在が不可欠である。

二〇一一年六月、その前年に法人として認可された「オーストラリア・ファーストピープル全国会議（National Congress of Australia's First Peoples：以下「コングレス」と呼ぶ）」の最初の全国会議が開催された。コングレスは、二〇〇五年に廃止されたＡＴＳＩＣに代わるオーストラリア先住民族の全国代表組織になることを目指して設立された。しかしＡＴＳＩＣと異なりコングレスは民間の法人として運営され、政府や政党から財政的に自立することで独立性を保つことが意図された。またコングレスはＡＴＳＩＣの重要な役割であった政府の先住民族政策の予算やサービスの配分には関与せず、その中心的な活動は政府への提言やアドボカシーであるとされた。[*39]

ただしオーストラリアでは、先住民族の多様なニーズや意見を適切に代表できないと、このような全国代表組織に反対する先住民族もいる。[*40] 全国レベルの代表性を担保するのは確かに容易ではない。本稿執筆時点（二〇一二年三月）、コングレスは先住民族の自己決定権と土地権を擁護する姿勢を強調しているが、それが連邦政府の政策決定プロセスに影響を与えるためには、ローカルなレベルでの先住民族の多様な意見を適切に代表できるかどうかが鍵となるだろう。いっぽう、コングレスの主張が権利宣言をはじめとする国際人権法や国連での先住民族の権利をめぐる議論を強く意識していることも注目される。現代世界においては、一国の経済・社会政策は政府だけではなくグローバルな政治・経済情勢によって決定される部分も少なくない。それゆえ各国の先住民族組織が、国際人権法や国際機関を媒介として国境を越えた協働を強めていくことも不可欠である。

今日、先住民族がグローバリズムに抵抗する拠点を保持する権利として自己決定権と土地権を確立する重要性が高まっている。そのためには、ローカルなレベルでの多様な先住民族共同体の意思を適切に代表しつつ、グローバルなレベルでは国際人権法を理論的基盤としたトランスナショナルな協働のネットワークを築きながら、ナショナルな政策決定プロセスに影響力を行使できる全国代表組織の存在がますます重要になっている。現在のところ全国代表組織をもたない日本の先住民族運動にとっても、こうしたナショナルな組織の設立が大きな目標とされるべきなのではないだろうか。[*41]

＊1　権利宣言における先住民族の自己決定権の規定については、第4章の苑原俊明の論考を参照。

＊2　細川弘明「先住権のゆくえ――マボ論争からウィック論争へ」西川長夫ほか編『多文化主義・多言語主義の現在――カナダ・オーストラリア・そして日本』人文書院、一九九七年、一八九―一九三頁。

＊3　たとえばナオミ・クラインが主張するように、グローバリズムあるいは新自由主義の拡張を目指す勢力は災害や金融危機、テロや戦争などの「非常事態」に人々が判断停止状態に陥っている隙に自らの政策を実現させようとする（ナオミ・クライン著、幾島幸子・村上由見子訳『ショック・ドクトリン――惨事便乗型資本主義の正体を暴く』岩波書店、二〇一一年）。後述するオーストラリアのNTER政策は、まさに「非常事態」における「緊急対応」と称して導入された。

＊4　Marcelle Burns, "Closing the Gap between Policy and 'Law': Indigenous Homelands and a Working Future," *Law in Context* 27(2), April. 2011, p. 115.

＊5　鎌田真弓「国民国家のアボリジニ」小山修三・窪田幸子編『多文化国家の先住民——オーストラリア・アボリジニの現在』世界思想社、二〇〇二年、一三六―一三八頁。

＊6　細川弘明前掲論文、一七八頁。

＊7　Emma Kowal, "The Politics of the Gap: Indigenous Australians, Liberal Multiculturalism, and the End of the Self-Determination Era," *American Anthropologist* 110(3), September 2008, p. 339.

＊8　Sarah Maddison, *Black Politics: Inside the Complexity of Aborginal Political Culture*. Crows Nest NSW: Allen and Unwin, 2009, pp. 24–43.

＊9　飯笹佐代子『シティズンシップと多文化国家——オーストラリアから読み解く』日本経済評論社、二〇〇七年、一一五頁。

＊10　Standing Committee on Legal and Constitutional Affairs, The Senate（SCLCA）, *Social Security and Other Legislation Amendment（Welfare Payment Reform）Bill 2007 and Four Related Bills Concerning the Northern Territory National Emergency Response*. Canberra: Commonwealth of Australia, 2007, pp. 1–2.

＊11　Maddison, op. cit., pp. 13–14.

＊12　この論点については稿を改めて詳細に論じる予定である。

＊13　*Closing the Gap Prime Minister's Report 2012*, pp. 1–2.

＊14　Department of Families, Housing, Community Services and Indigenous Affairs（FaHCSIA）, *Closing the Gap in the Northern Territory Monitoring Report July-December 2010*（chapter one）. Canberra: FaHCSIA , p. 3.

＊15　たとえば以下を参照。"NT tragedy compels policy change," *The Age*, February 13, 2012; Rebecca Puddy, "Sluggish uptake of new remote services," *The Australian*, October 15, 2011; Milanda Rout, "$1.35 m bill for signs attacked as a waste," *The Australian*, November 1, 2011; Lauren Wilson and Patricia Karvelas, "Evidence backs intervention, Macklin insists," *The Australian*, November 1, 2011.

＊16　Commonwealth of Australia, *Report of the NTER Review Board*, 2008, p. 11.

＊17　Department of Families, Housing, Community Services and Indigenous Affairs（FaHCSIA）, *Northern Territory Emergency Response Evaluation Report 2011*. Canberra: FaHCSIA, November 2011, p. 45.

＊18　Commonwealth of Australia, *Policy Statement: Landmark Reform to the Welfare System, Reinstatement of the Racial Discrimination Act and Strengthening of the Northern Territory Emergency Response*, 2009.

＊19　*Closing the Gap Prime Minister's Report 2012*, pp. 25–27.

＊20　たとえば以下を参照。Concerned Australians, *Opinion: NTER Evaluation 2011*, November 2011.

＊21　*Northern Territory Emergency Response Evaluation Report 2011*, op. cit., p. 37.

＊22　Ibid.

＊23　Commonwealth of Australia 2008, op. cit., p. 41.

＊24　Commonwealth of Australia, *Australian Government and Northern Territory Government Response to the Report of the NTER Review Board*, 2009.

＊25　*Northern Territory Emergency Response Evaluation Report 2011*, op. cit., p. 36.

＊26　Commonwealth of Australia 2008, op. cit., pp. 39–40.

＊27　*Northern Territory Emergency Response Evaluation Report 2011*, op. cit., p. 36.

＊28　Australian National Audit Office, *Implementation of the National Partnership Agreement on Remote Indigenous Housing in the Northern Territory*. November 2011, pp. 15–23.

＊29　Ibid., p. 21.

＊30　Ibid., p. 23.

＊31　Burns, op. cit., pp. 116–118.

＊32　Ibid., p. 120.

＊33　Northern Territory Government, "Territory Growth Towns,"（factsheet）.

＊34　たとえば、Amnesty International Australia, *The Land Holds Us: Aboriginal Peoples' Right to Traditional Homelands in the Northern Territory*. Broadway NSW: Amnesty International Australia, 2011.

＊35　本書第４章の苑原俊明の論考を参照。

＊36　James Anaya, "Statement of the Special Rapporteur on the Situation of Human Rights and Fundamental Freedoms of Indigenous People," *Indigenous Law Bulletin* 7（14）, Sep./Oct. 2009, pp. 20–22.

＊37　Northern Territory Government, "Outstation/homeland policy: headline policy statement," May 2009.

＊38　ローレンス・レッシグ、山形浩生訳『CODE VERSION 2.0』翔泳社、二〇〇七年。

＊39　National Congress of Australia's First Peoples（NCAFP）, *Fact Sheet*, 2011.

＊40　たとえば以下を参照。Stuart Rintoul, "Price slams First Peoples over intervention stand," *Weekend Australian*, October 29, 2011.

＊41　本書第６章の阿部ユポ氏のインタビューも参照。

しおばら・よしかず：慶應義塾大学教授

おわりに

木村　真希子

私がはじめて市民外交センターの活動に参加してから、一四年の月日が経ちました。その間に、学生の身分から非常勤といえども大学で学生さんを教える立場となり、外交センターでもボランティアという気軽な立場から、副代表という責任ある役職を務めるようになりました。授業で国際人権ＮＧＯの立場から見た国連や、アジアの紛争地の話をすると、ＮＧＯで働きたい学生、国際協力や国際人権に興味のある学生からしばしば相談を受けます。私自身、明確な答えを持っているわけではないので、いつもなんと答えていいか手探りです。ここでは、私が市民外交センターに関わるようになったきっかけと、どのように活動を継続してきたかということを述べて、若い人たちが将来を考える上での手助けになればと思います。

私が「先住民族」という言葉に初めて出会ったのは、インドとビルマの国境地帯で独立運動を続けるナガ民族のことを調べていた時でした。ナガの人々は一九四七年に独立を宣言しますが、国際社会から認められず、インドとビルマという二つの国民国家に分割して編入されます。ナガの人々は諦めず、独立運動を続け、一九五〇年代からは武装化した活動を展開しました。ナガ紛争は現在も最終的な解決は付いておらず、インド政府との停戦と交渉を続けています。

「国民国家」という近代国際秩序を形成する前提の単位は、「一民族一国家」という原則があるはずなのに、なぜナガの人々の独立は認められないのか？　インド政府が大量のナガの村を焼き払い、虐殺を行っているにもかかわらず、国際社会が何もできないのはなぜか？　そして、なぜいまだに広範な人権侵害が起きているのか？　こうした疑問への回答を、学問の世界で見つけることはできませんでした。

唯一、国連人権委員会の先住民作業部会という機関が、ナガの組織に人権侵害状況を訴える場所を提供していました。国連の先住民族関連の文書を読むうち、世界にはたくさんの民族が独立の訴えをしていること、しかし既存の国家政府の代表が構成団体である国連ではほとんどの訴えは門前払いされていたことを理解しました。そしてまた、日本からもアイヌ民族が先住民作業部会に参加していることを知りました。それまでナガランド問題だけを見ていた私にとって、それはちょっとした衝撃でした。インドはナガランドにひどいことをしている国だと思っていたわけですが、日本も構造的には変わらず、先住民族への差別によって成立している国だとわかったからです。

こうしたことがきっかけで、市民外交センターの活動に興味を持ち、参加するようになりました。当初は大学院で南アジアの民族問題について研究を継続する傍ら、沖縄の人たちとの勉強会に参加していましたが、二〇〇三年から国連人権委員会（当時）の先住民作業部会に、そして二〇〇五年から先住民族問題に関する常設フォーラムに参加するようになりました。ナガランドなどインド北東部の紛争地から参加する先住民族の活動を参与観察しつつ、沖縄やアイヌ民族の参加者のサポートをしたわけです。

ほとんど手弁当で国際会議に参加し続けることは簡単ではありません。私が参加を継続する原動力となったのは、国際的なネットワークを駆使して活動する先住民族団体やＮＧＯの人々、特にアジアの先住民族リーダーとの交流から得るものが多かったからだと思います。どこの国でも先住民族はマイノリティで、圧倒的に弱い立場にあります。国内で差別や人権侵害に関する訴えを展開しても是正は困難ですが、国連の人権機関を通すことはひとつの有効な戦略です。また、アジア地域の先住民族がまとまってネットワークを形成し、共同で申し入れを行えば、さらにその力は強くなります。第7章でも述べたようにアジアは地域ネットワークの活動が盛んですが、こうした活動を展開しているアジアの先住民族リーダーたちからは多くのことを学びました。そのひとつが、草の根の団体との連携の重要性です。国連での活動はどうしても英語などの国連公用語ができる人が中心になりがちで、そうすると都市部の教育を受けた人をスタッフに抱える団体の声ばかりが反映されることになります。それを是正するため、毎年一回、アジアの先住民族地域で準備会議を開催して、その地域の草の根の団体にも国連会議への参加を呼びかけたり、AIPPというアジア地域のネットワーク団体が各国の先住民族地域でプロジェクトを実施しています。

こうした姿勢は、実は市民外交センターの活動のあり方にも通じるところがあります。市民外交センターの先住民族支援活動には、特に定まったポリシーなどはありませんが、特徴を挙げれば「普通の人が疑問に思っていること、おかしいと感じたことを国連で訴えることをサポートする」ということです。これは、一見当たり前のように思えますが、簡単なことではありません。国連は巨大な組織であり、さまざまな専門機関に分かれていて、毎年扱うテーマも違います。沖縄の基地問題を訴えたいと思っていても、「今年のテーマは教育です」ということが往々にしてあります。その年、その機関で発言できるテーマの中で、単に言いたいことを言うだけではなく、いかに効果的に国連の機関の中で提言が生かされるように発言するか。これを追求していくと、草の根の要望を反映させるよりも、むしろ国連のそのときどきの会合に合わせて文書を作成する方がよっぽど効率的かつ見栄えのいい文章ができます。実際、多くの政策提言に携わるNGOは、専門化しています。しかし、私たちはあえて、高度に専門化するよりも、草の根の要望を反映させることにこだわっています。それはやはり、当事者の声、それも一般市民の声を国連に届けることに意義があると思っているからです。

第5章でも言及しましたが、これはなかなか大変な作業です。国連の会場で議題と違うことを読むとそこで発言を終了させられてしまうため、その時の議題に合わせつつ、発言者の伝えたい内容を盛り込むという作業が必要です。こちらからの押しつけにならないよう、かつ効果的に内容を伝える文章を作成する作業の中で、誤解や衝突が生まれることもあります。簡単な作業ではありませんが、こうした地道な過程と、そこから生まれてくる信頼関係にこそ市民外交センターのような団体が存在する意義があるのではないかと思っています。

多くのNGOが専門化し、マネジメントや資金獲得に関する方法論が確立していく中で、市民外交センターのようにボランティアだけで成立する団体は稀有な存在でしょう。けれども、こういう形態を取ってきたからこそ、そのときどきで本当に必要だと感じる活動に限られた資金と人手を投入することができたのではないかとも思います。その都度、できることは限られていますが、それを積み重ねていくと社会に大きな変化をもたらすことができます。国際人権や国際協力など、直接的に問題に関わる職業につかなくとも、問題に関わり続けることはできるのです。市民外交センターの三〇年は、それを証明してきた貴重な試みだったといえるでしょう。

最後に、本書の刊行にご協力いただいたすべての皆様、そして法政大学出版局の奥田のぞみさんに心より御礼申し上げます。今後も皆様とともに、地に足がついた運動を続けていきたいと考えています。

○東南アジア地域での子どもたちへの奨学金

身近な地域での人材育成・教育は，先住民族の社会でもあらゆる問題解決への重要な基礎となります．タイ北部にある山岳民族カレン民族のモワキ村にある小学校は，自らの民族の先生が教え，音楽や踊りなどの伝統文化や言葉を学ぶことができます．生徒は約80名ですが，2010年度からこの小学校の運営費の一部を負担しています．

○先住民族の視点から地球環境保全への取り組み

2010年の生物多様性条約締約国会議で先住民族フォーラムの受け入れ団体となったことをきっかけに，先住民族の権利の視点を日本の環境保全活動に反映させるよう取り組んでいます．2011年度に設立された国連生物多様性の10年市民ネットワークに参加し，国内の環境NGOと連携を図っています．

○アジア・太平洋をはじめ，世界各地の先住民族と交流・支援

アジア各国の先住民族団体と交流し，人権侵害の状況を伝える活動などに協力しています．また，アフリカなどで先住民族言語での出版活動を助成したり，中南米の先住民族とアイヌ民族の間の人的交流の促進にも協力しています．

ピースタックスに参加してください！

ピースタックスは、市民外交センターの活動を支えています。ゆうちょ銀行の「自動払込み」制度を利用して、あなた自身が決めた金額（月額300－500円を基準）を下の手続きを通して払って下さい。

①貯金通帳と印鑑をもってゆうちょ銀行に行き「自動払込み」の手続きを申し出る．

②「利用申込書」に必要事項を記入し，捺印する．

＊払込先口座番号：00180-1-149925

＊加入者名：ピース・タックス

＊「費用の種類」は「33会費」になります．

③「利用申込書」の「備考欄」に「月々引き落とし希望額」を忘れずに記入して下さい．手続きが完了すると，毎月希望額＋手数料25円が自動的に引き落とされます．

ピースタックスについて

ピースタックスは，あなたが「平和」のために自発的に払ってみようという「税金」であり，市民外交センターが1986年12月に始めた新しいタイプの平和運動です．日本は，ひとりひとりの生活実感はともかく，世界有数の経済大国になりました．このため，「円」は海外で大きな力をもっています．国によっては，私たちの300円が数千円から数万円の価値にもなるのです．この強い「円」を第三世界で必要とする人たちに使ってもらおうというのが，ピースタックスの発想です．税額は月300円（コーヒー1杯分）を基準に，自分で決めるという方式で，どなたにも参加していただけます．そして，この資金の運用によって，国境を越えた「信頼」，つまり「平和」を築くことを目的としています．

ピースタックスは，少額でも，10年も20年も長期的に海外支援活動に使いたいと考えています．このため，毎月300円を基準に，無理のない額を月々払っていただくことを原則にしています．どんなに少額でもかまいませんが，ピースタックスにはできる限り長く参加してください．

ピースタックスの資金を活かして，市民外交センターは次のような活動をしています．

○アイヌ民族と沖縄・琉球民族等が国連に参加するための支援

アイヌ民族および沖縄・琉球民族をはじめ，世界各地の先住民族の国連参加を支援し，政策提言を行います．これは，先住民族の若者に対する優れた人材育成プログラムでもあります．

タイのモワキ村小学校で勉強するカレン民族の子どもたち

	アがUNDRIPの支持を表明．アイヌ政策推進会議設置．	月国連報告会「国連・先住民族の権利に関する最新動向：女性差別撤廃委員会，常設フォーラム，専門家機構報告会」を開催
2010年	民主党が普天間基地の県外移設を明言．UNDRIPに反対票を投じたニュージーランド，カナダ，アメリカ合衆国がUNDRIPへの支持を表明．10月生物多様性条約第10回締約国会義（CBDCOP10）が名古屋で開催	4月第5回第2次先住民族の国際10年記念ワークショップ2010「国連から日本へす～ぱ～め～ご～さ～：ウチナーンチュは『自己決定の権利』の主体である」をAIPRと共催．5月「人権高等弁務官とのミーティング」共催．10月「生物多様性に関する国際先住民族フォーラム」の現地ホストとしてCBDCOP10に参加．【第5章・越田コラム】
2011	東日本大震災と福島第1原発事故	6月～12月AIPR×SGC連続講座（全6回）を開催
2012	持続可能な開発に関する国連会議RIO＋20	1月脱原発世界会議に参加

作成：萩原剛志

2004年		6月「もうひとつの世界のためのグローバル民主主義キャンペーン（GDCAW）」（米国大統領選に関する日韓NGOによるインターネット投票）を開始．11月国連第10会期WGDDで「アジアの先住民族と政府との対話会議」を主催
2005	第11会期WGDD．国連改革に関する事務総長報告『より大きな自由を求めて』が発表	6月「国連改革に関する日本NGOの共同宣言：世界市民に責任を負う国連へ」を発表．8月国連改革パブリックフォーラムの開催が始まる
2006	国連改革により人権委員会廃止（先住民作業部会も含む）．人権理事会設置	12月～翌年1月連続合同学習会「先住民族とコモンズ」を共催．3月第2次先住民族の国際10年記念ワークショップを開催（年1回）．8月バヌアツ共和国に平和の奨学金の視察
2007	国連総会，先住民族の権利に関する国連宣言（UNDRIP）を採択	5月シンポジウム「アイヌ文化振興法から10年：アイヌ民族のいま，そしてこれからを考える」を共催．12月先住民族の権利に関する国連宣言の仮訳を作成，合同セミナー「『先住民族の権利に関する国連宣言』の意義と今後の運動を見据えて」を開催
2008	G8北海道洞爺湖サミット開催．ボリビアがUNIDRIPを国内法化．オーストラリア連邦政府首相ケヴィン・ラッドが先住民族アボリジニに対する強制隔離政策を謝罪．カナダ連邦政府首相スティーヴン・ハーパーが先住民族の子どもの寄宿学校強制入学を謝罪．先住民族の権利に関する専門家機構開始．先住民族サミットinアイヌモシリ開催．「アイヌ民族を先住民族とすることを求める決議」が衆参両議院において全会一致で採択．「アイヌ政策のあり方に関する有識者懇談会」を官房長官が設置	10月ブックレットNo.3『アイヌ民族の視点からみた「先住民族の権利に関する国際連合宣言」の解説と利用法』刊行
2009	第8会期PFII．日本政府が内閣官房に「アイヌ総合政策室」設置．鳩山首相が歴代首相として初めて，国会でアイヌ民族を「先住民族」と明言．オーストラリ	3月第4回第2次先住民族の国際10年記念ワークショップ・公開シンポジウムを開催．5月「アイヌ政策のあり方に関する有識者懇談会」に意見書を提出．11

1995年	世界の先住民の国際10年（〜2004年）．宣言草案作業部会（WGDD）開始 官房長官の下に「ウタリ対策のあり方に関する有識者懇談会」が設置	国際人権文書翻訳出版助成プロジェクト開始．6月江戸川区の現事務所に移転
1996		7月松島泰勝さんが沖縄から初めて作業部会に出席【第5章】．9月ブックレット No. 2『第14回国連先住民作業部会報告書：先住民族の国連活動事例と参加マニュアル』発行
1997	アイヌ文化振興法公布．札幌地方裁判所：二風谷ダム判決で土地強制収用は違法・アイヌ民族を先住民族と認める．カナダ連邦最高裁判所：デルガムーク判決	9月「先住民族の国連活動20周年にあたって：第15回『国連先住民作業部会』参加報告」を開催．12月15周年記念レセプション開催
1998		4月江戸川NGO大学開校，SGCも参加．8月「アジア・太平洋戦後補償国際フォーラム」に参加，マーシャル諸島，ナウルの被害者を招待．9月キリバスへの奨学金視察，代表の上村，大田昌秀沖縄県知事と作業部会について意見交換．10月自由権規約委員会にNGO報告書を提出
1999	イヌイットが自治権をもつヌナヴト準州がカナダに成立．琉球弧の先住民族会（AIPR）の結成	5月国連NGOとして経済社会理事会の特別協議資格を取得．7月法務省が設置した「人権擁護推進審議会・答申案」に意見書を提出
2000	G8九州・沖縄サミット開催．ローマ法王ヨハネ・パウロ2世が，先住民族に対する教会の歴史について謝罪．	
2001	反人種主義世界会議（WCAR）がダーバンで開催	2月人種差別撤廃委員会へのNGO報告書を提出．8月WCARに参加
2002	先住民族問題に関する常設フォーラム（PFII）がニューヨークに設置	5月第1回PFIIに参加【第5章】．6月「市民外交センター設立20周年記念シンポジウム：多民族・多文化社会日本の実現に向けて：先住民族の実践から見えてくる未来」を開催．9月「第1回常設フォーラム及び第20回先住民族作業部会：沖縄報告会」を開催
2003		6月「先住民族の権利ネットワーク」設立ワークショップ「『世界の先住民族の10年』の総括と今後の展望」を共催

略年表

	先住民族関連	市民外交センター
1982年	先住民作業部会（WGIP）開始	3月市民外交センター（SGC）設立（初台に事務所）．5月「犬・猫反核署名の会」発足（後に「どうぶつ反核署名の会」に改名し，1984年8月まで継続）【広岡コラム】
1984		1月英文機関紙「Message from People in Japan」発行（太平洋・カリブ島嶼国を中心に14カ国に発送）
1985		2月フィジーの台風被害（エリック台風）に関する募金をフィジー大使館に送る．8月事務所を三鷹市に移転
1986	中曽根康弘首相，単一民族国家発言	12月「ピースタックス」開始
1987	アイヌ民族，先住民族作業部会に初参加	2月アイヌ民族に関する通報を国連人権センターに送付．3月「ピースタックス通信」第1号発行．8月アイヌ民族の代表が第5会期WGIPへの初参加を支援【第5章】
1988	ダイスWGIP議長による権利宣言原案（前文12段落，本文28箇条）．ダイス議長来日	3月活動の年次報告書を作成開始．9月国連参加報告会を開催
1989	ILO第169号条約採択	10月実践国際人権研究会の開始（「国際人権NGOネットワーク」の前身）【第1章】
1990		7月朝日新聞が「平和の奨学金」を報道（バヌアツ2名，ソロモン諸島4名）．8月ブックレットNo. 1『先住民族の権利と国連の人権活動』発行【第2章】
1991		4月「武器貿易禁止条約」草案を世界各地のNGOや政府に送り始める
1992	オーストラリア・マーボ判決．国連環境開発会議（地球サミット）がリオで開催	6月設立10周年記念パーティ開催．11月「国際先住民年・市民連絡会」発足し，参加【第3章】
1993	世界人権会議（WCHR）がウィーンで開催．国際先住民年．先住民作業部会が権利宣言の草案確定	6月WCHRに参加．7月世界人権会議報告会を開催
1994	人権小委員会が作業部会草案を支持．沖縄の米軍兵士による少女暴行事件．萱野茂氏，アイヌ民族初の参議院議員に	4月「市民外交センター規約」施行

市民外交センターの30年間の運営を支えてくださった方々

（50音順・敬称略）

相内俊一
石沢巳行
石田　浩
伊藤文美
猪子晶代
上村英明
加藤知愛
喜久里康子
木村真希子
黒岩美枝子
塩原良和
柴田史子
菅沼彰宏
苑原俊明
高瀬喜与江
土屋真美子
手島武雅
名村晃一
西川　穂
萩原剛志
増戸　弘
松井　浩
三上貴穂
広岡守穂
Dietz, Kelly
すべてのピースタックス会員のみなさま

……30年間、ありがとうございました！

※氏名掲載の許可をいただいた方のみ挙げさせていただきました

編著者・監修

上村英明（うえむら・ひであき）
熊本市生まれ．早稲田大学大学院経済研究科修了．現在，恵泉女学園大学教授・市民外交センター代表．主な著作に『ワンニャン探偵団』（1984 年），『北の海の交易者たち』（1990 年），『先住民族の「近代史」』（2001 年），『知っていますか？アイヌ民族一問一答〈新版〉』（2008 年）など．

木村真希子（きむら・まきこ）
横浜市生まれ．慶應義塾大学法学部卒業．ジャワーハルラール・ネルー大学にて Ph. D 取得（社会学）．現在，大学非常勤講師，ジュマ・ネット運営委員，ナガ・ピース・ネットワーク世話人，市民外交センター副代表．主な著作に「先住民族ネットワーク―アジアの草の根運動と国際人権を架橋する」（2011 年，勝間靖編著『アジアにおける人権ガバナンスの模索』），カカ・D. イラル著『血と涙のナガランド―語ることを許されなかった民族の物語』（2011 年，共訳）など．

塩原良和（しおばら・よしかず）
埼玉県生まれ．慶應義塾大学大学院社会学研究科後期博士課程単位取得退学．博士（社会学）．現在，慶應義塾大学教授．市民外交センター事務局．主な著作に『ネオ・リベラリズムの時代の多文化主義』（2005 年），『変革する多文化主義へ』（2010 年），『共に生きる』（2012 年）など．

市民外交センター
人権問題，特に先住民族の権利問題に取り組む NGO として 1982 年 3 月に設立．人権，環境，教育，開発，平和など多くの分野にまたがる先住民族の権利の問題に国際的に取り組んでいる．1999 年には国連・経済社会理事会の「特別協議資格」を取得．http://www005.upp.so-net.ne.jp/peacetax/

市民の外交　先住民族と歩んだ30年

2013 年 2 月 10 日　　初版第 1 刷発行

編著者　上村英明／木村真希子／塩原良和
監　修　市民外交センター
発行所　財団法人 法政大学出版局
〒 102-0073 東京都千代田区九段北 3-2-7
電話 03（5214）5540　振替 00160-95814
印刷：三和印刷，製本：根本製本
装幀：竹中尚史

ISBN 978-4-588-67516-4